CAUSALIDADE E RELAÇÃO NO DIREITO

CIP-BRASIL. CATALOGAÇÃO NA PUBLICAÇÃO
SINDICATO NACIONAL DOS EDITORES DE LIVROS, RJ

V746c

Vilanova, Lourival, 1915-2001
Causalidade e relação no direito / Lourival Vilanova. - 6. ed., rev. - São Paulo : Noeses, 2023.

290 p. ; 23 cm.
Inclui bibliografia
ISBN 978-65-89888-82-6

1. Causalidade (Direito). 2. Argumentação jurídica. 3. Direito - Filosofia. I. Título.

22-81311 CDU: 340.12:343.23(81)

Meri Gleice Rodrigues de Souza - Bibliotecária - CRB-7/6439

Lourival Vilanova

CAUSALIDADE E RELAÇÃO NO DIREITO

6ª edição revista

2023

editora e livraria
NOESES

Copyright © Editora Noeses 2023
Fundador e Editor-chefe: Paulo de Barros Carvalho
Gerente de Produção Editorial: Rosangela Santos
Arte e Diagramação: Renato Castro
Revisão: Georgia Evelyn Franco
Designer de Capa: Aliá3 - Marcos Duarte

2023

editora e livraria
NOESES

Editora Noeses Ltda.
Tel/fax: 55 11 3666 6055
www.editoranoeses.com.br

Aos meus filhos e netos
MÁRCIA CRISTINA
ANA LÚCIA
CARLOS FERNANDO

SANDRA CRISTINA
SIMONE
SÉRGIO
MARIANE
LUCIANA

Aos professores

PAULO DE BARROS CARVALHO
JOSÉ SOUTO MAIOR BORGES
HELENO TORRES
CELSO ANTÔNIO BANDEIRA DE MELLO

Em homenagem às

Faculdade de Direito do Recife
(Universidade Federal)

Faculdade de Direito
(Universidade de Lisboa)

ANOTAÇÕES QUE PRECEDEM À 6ª EDIÇÃO DO "CAUSALIDADE E RELAÇÃO NO DIREITO"

Sai à luz, finalmente, a 6ª edição do "Causalidade e Relação no Direito", obra magnífica do jusfilósofo Lourival Vilanova. Impressiona notar como texto tão profundo, tão intenso nas suas proposições, consegue transmitir mensagens claras, incisivas, precisas e, de certo modo, inusitadas.

Como o exemplo sempre foi instrumento fundamental para a aquisição do saber, esclarecendo-o, vejamos o que ocorreu na circunstância que vou mencionar: não faz muito tempo, o autor destas linhas procurava argumentos para pavimentar a dogmática afirmação de Alessandro Levi, segundo a qual a "*relação é o conceito jurídico fundamental*". Pesquisei vários livros de Teoria do Direito, perpassando, entre eles, celebrados doutrinadores, alguns até com trabalhos específicos sobre a matéria. Cheguei a encontrar trechos, naturalmente valiosos, mas que se aproximavam, timidamente, do tema investigado, sem, contudo, me deparar com atos linguísticos mais densos e elucidativos. Eis que, percorrendo as reflexões do professor pernambucano, neste volume (ora reapresentado em novíssima edição) encontrei o assunto que procurava, amplamente exposto, com a precisão e desenvoltura peculiar a seus escritos, além de penetrado vivamente com os largos recursos que nossa língua portuguesa pode oferecer.

Com efeito, o trabalho que o leitor tem em mãos é livro da mais alta qualidade jurídico-filosófica, composto e entretecido na esfera do pensamento, nos domínios iluminados da razão, mas penetrado por instantes de rara inspiração, onde o engenho crítico-construtivo mistura-se com centelhas de manifesta criatividade, proporcionando o adequado rigor à mensagem e outorgando ao discurso a força e o aprofundamento que o conteúdo requer. Afinal de contas, sabemos que o Direito é, necessariamente, *aliorrelativo,* todavia, nem por isso a proposição deixa de suscitar o suporte de raciocínios associativos para justificá-la.

Quem se dispuser a acompanhar os movimentos intelectuais do grande mestre, o que não deixa de ser um desafio às nossas reservas mentais, o estudioso verá brilhar o estro analítico- descritivo e, por que não dizer poético, de Lourival Vilanova. Sentir-se-ão, desde logo, os impulsos de entusiasmo com que conduz seu modo de pensar, sentimento que se transporta ao leitor, retribuindo o esforço e sacrifício de enfrentar texto difícil, porém extremamente enriquecedor.

Faço tais observações, lembrando-me da iniciativa de ter percorrido este escrito muitas vezes, nos grupos de estudos que mantemos há 39 (trinta e nove) anos, ininterruptamente. Quero crer, portanto, que as referências mencionadas não sejam tomadas como meros elogios a quem tenha ensinado e, sobretudo, influenciado tão ilustres gerações.

Fazenda Santo Antônio de Palmares, 17 de julho de 2023.

Paulo de Barros Carvalho

Professor Emérito e Titular de Direito Tributário da PUC/SP e da USP.

Membro titular da Academia Brasileira de Filosofia.

APRESENTAÇÃO À 5ª EDIÇÃO

O pensamento jurídico no Brasil alcançou padrões nobilíssimos com a obra consistente e profunda do Professor Lourival Vilanova. Sabendo que as palavras exprimem ideias, ainda que essas últimas não se sintam inteiramente à vontade dentro delas, como que aprisionadas e contidas, as noções tendem a expandir-se, procurando acomodação em outros vocábulos. Certamente, foi assim que o mestre pernambucano desenvolveu uma sinonímia ampla e vigorosa para sustentar a base empírica de seus textos. Como ele mesmo o disse (*"A Faculdade de Direito e sua destinação histórica e científica" – Diário de Pernambuco – 31/08/90*), depois de semanas de estudos, às vezes de horas de leitura de lógica ou de teoria do conhecimento, lidando com termos de perfil conotativo exato e com frases curtas, curtíssimas até, com formas e fórmulas abstratas, sentia a imperiosa urgência de retomar a leitura de trechos de Stendhal ou de Goethe, de Simmel ou de Nietzsche, de Eça, de Machado ou de Euclides da Cunha. E o jus filósofo lia esses autores em voz alta, com a mão recurva, fazendo as vezes de caixa acústica, para recuperar, através da audição, a sonoridade da linguagem, intercalando, em seus escritos, uma profusão de imagens, esteticamente sugestivas, na sequência dos conceitos mais abstratos. Pôs em prática, desse modo, um estilo forte e expressivo, plataforma daquilo que veio a ser reconhecido como o método do *constructivismo* lógico-semântico.

O ano do centenário dessa figura exponencial das letras jurídicas brasileiras vem sendo celebrado com grande entusiasmo. Congressos, seminários, conferências e outras homenagens tiveram por objetivo enaltecer sua trajetória ao longo de uma existência intelectualmente rica e conduzida com enorme seriedade, para traçar um modelo de trabalho efetivo no trato com os objetos culturais, dentre eles, por sua preferência pessoal, o domínio do Direito, no qual concentrou seus estudos, dedicando-lhe páginas memoráveis.

A Editora Noeses, nascida ao tempo dos *Escritos Jurídicos e Filosóficos* (Axis Mundi/Ibet – SP 2003), que já deu à estampa a 4ª edição de *As Estruturas Lógicas e o Sistema do Direito Positivo*, orgulha-se por lançar, agora, a 5ª edição do *Causalidade e Relação no Direito*, texto que representa, por assim dizer, o coroamento de uma cosmovisão bem ordenada, composta por agudas e instigantes meditações sobre o domínio do jurídico. Trata-se de leitura imprescindível para a compreensão de seu pensamento, como um todo, já que tem por objeto, precisamente, a entidade que o direito positivo visa a disciplinar, no que concerne ao plano da intersubjetividade. Recordemo-nos de que o próprio *"social é uma estrutura relacional. O fato social mais simples, o protofato, é a relação minimal de um com o outro"*. Quem sabe, atento a isso, Alessandro Levi, na sua *Teoria Generale del Diritto – 1953*, tenha estabelecido na "relação" o conceito jurídico fundamental. E é curioso notar, também, como esse aspecto atiçou a poderosa capacidade de análise do pensador brasileiro, em direção às camadas mais profundas do conhecimento. Aliás, já foi dito, *"os átomos do contínuo social são interações"* e a "causalidade", como gênero de determinação que articula o domínio do fáctico, ao ingressar no mundo do Direito assume o caráter de "imputabilidade", vale dizer, "causalidade jurídica".

Penso ser um privilégio ter acesso a obra tão refinada, tecida com a energia e a força de alguém que se dedicou, inteiramente, à pesquisa e às reflexões mais elevadas sobre a trajetória do ser humano no curso da sua existência.

Junho de 2015

PAULO DE BARROS CARVALHO

PREFÁCIO À 4ª EDIÇÃO

1. Natureza não é um complexo de coisas enormemente diversificadas que compõem o nosso mundo circundante. É um complexo de fatos segundo invariações causais. Ela mesma, a natureza transforma-se em cultura, se as leis causais passam a ser suportes de objetivações de valores. E o ser humano, com sua internidade psicológica, sujeito a leis causais – nisso, também, é natureza –, transita para o plano do ser-pessoa, criando ou apropriando-se das objetivações de valor, que nesses suportes se estabilizam. Sem essa estabilização, o ingênito fluir da corrente psíquica, com sua infixidez, tornaria impossível o discurso humano na espécie superior de história.

2. Em análise, que sempre é metodicamente artificial, distinguimos: i) *o nível dos fatos* ocorrentes causalmente; ii) *a experiência desses fatos* tempo-espaciais, ou só temporais (os fatos psíquicos); iii) o nível das leis, que fixam em estruturas lógicas as relações uniformes entre os fatos: não têm propriedades físicas, químicas, biopsíquicas, ou outras desse *statusi* ontológico. Num conjunto A, de elementos a, b, c, temos elementos e relações. As relações de identidade, de igualdade, de pertinência não se confundem com elementos de A.

3. A causalidade natural não pode fundar-se em si mesma, ou por via lógico-formal. Por mais que se dê M como antecessor causal de N, a interatividade não abrange exaustivamente a experiência que é infinita. Por isso, com uma

ocorrência advinda, "o", não se fecha o campo de possibilidades: ocorreria "o" + 1, que falsearia a lei causal empiricamente comprovada. Essa lei repousa no *postulado (empiricamente inverificável) da uniformidade de repetência do devenir.* Sem o *pressuposto da invariância das leis* naturais o conhecimento seria topicamente acantonado no aqui e agora, ou desconcertantemente probalitário.

4. A causalidade normativa ("se A, então deve ser B", ou deve ser, "se A, então B") que logicamente é um *dever-ser de uma implicação,* tem por *pressuposto a existência de um sistema.* Em que altura do processo histórico (da pré-politicidade *até alcançar a politicidade estatal)* o direito adquire a *forma-de-sistema* é problema que pomos entre parênteses. O que o sistema adquire, com sua efetividade subjacente, é o pressuposto empírico da causalidade estatuída pela norma. Só no interior de um sistema vale a causalidade normativa. Pressuposto supraempírico, para conferir a unidade sistêmica, seria a norma fundamental, o postulado-limite. Além dele, o jurista ingressa em outras órbitas.

5. Sob o ponto de vista da Teoria Geral do Direito, que difere do ponto de visa histórico, sociológico, político e filosófico, o conhecimento distingue: i) o fato tipificado na hipótese e o *fato tipificado* na consequência; ii) a norma que institui a relação jurídica da causalidade; iii) o sistema dentro do qual a norma vale, em relação-de-pertinência (por ser gerada segundo as *normas geratrizes de normas*). A relação normativa da causalidade faz-se ou se desfaz de modo intrassistêmico. As relações com outros sistemas sociais não jurídicos não comprometem sintaticamente a autonomia geratriz de normas jurídicas. Tais sistemas é que ofertam a matéria social para preencher as formas normativas. As relações intersistêmicas articulam-se no âmbito mais abrangente da sociedade global.

6. Os dados éticos, sacrais, econômicos, políticos, científicos e de outros sistemas de valores ingressam no interior do sistema normativo-jurídico, sem desfazerem-se como sistemas também autônomos, mas amoldam-se, de algum modo,

às formas sintagmáticas que a gramática do sistema jurídico impõe. Sob esse aspecto, o sistema jurídico é autogerador. Autocompositivo, dotado do que KELSEN denominou de um *selbsterzeugunsprozess.* E não surpreende. HJELMSLEV, prolongando teses que vêm de SAUSSURE e de CHOMSKY, sustenta a concepção da linguagem como sistema autônomo.

Para essa tese da autonomia geratriz, não são leis físicas, ou biológicas, ou biopsíquicas que determinam suas possibilidades combinatórias das expressões e dos conteúdos de significação. Não obstante, entre sistemas de linguagem e mundo-de-objetos, seu entorno, verificam-se constantes e complementares interações. Sociologicamente, linguagem e mundo circundante, físico e social, interpenetram-se. Os objetos são construções semióticas. Os suportes da tipificação semiótica provêm do sistema de linguagem.

7. A juridicização e desjuridicização, respectivamente, trazem fatos do mundo e os submetem à causalidade normativa, ou os retira do sistema, abrindo-lhes a porta para que sejam devolvidos ao juridicamente inexistente (sem eficacidade). Muitas vezes, a causalidade natural ingressa no sistema, como suporte fáctico de fato jurídico. Entra sim, mas com base em ato-de-valoração, segundo critérios axiológicos do sistema. Pode estar na base de atos jurídicos ilícitos, o que (na nulidade) dá margem ao corte da causalidade. Na ilicitude penal, é possível subjazer causalidade factual na ação. Mas o sistema pode prever "causas excludentes da imputabilidade": a ação causalmente executada alcança resultado penalmente ilícito. É ação preenchente do *tipo,* mas sem *antijuricidade.* A causalidade natural não vale como suporte fático da causalidade normativa. Outras vezes, inexiste causalidade natural como suporte fáctico do fato ilícito penal. É o que se dá na causalidade por omissão. Não é qualquer não-fazer que fundamenta a imputabilidade. É, antes, a omissão de uma *conduta que se* podia *e devia cumprir.* Por isso, GRISPINI e BETTIOL julgam descaber sustentar a tese da causalidade da omissão do âmbito naturalístico. A causa do resultado, no deixar de fazer,

é uma causa em sentido normativo: o omitente tinha o *dever jurídico* (ético ou religioso à parte) de impedir o resultado.

8. A tese da causalidade normativa, no interior do sistema jurídico, não conflita com a causalidade entre os sistemas socioculturais. Entre o próprio sistema jurídico e os demais sistemas socioculturais existe causalidade, de cuja natureza não se pode dizer que seja normativa, no sentido que aqui se expõe. Entre o sistema político e o sistema econômico, basta exemplificar com o liberalismo, homólogo em ambos. M. WEBER mostrou a relação fatorial entre ética protestante e capitalismo. Seria dispersar-se no tema, verificar as interconexões entre individualismo, constitucionalismo, Estado-de-Direito, teoria do povo-órgão (soberania da nação) e os demais sistema socioculturais. Tais sistemas condicionam-se (causalidade recíproca). O processo de mudança social é intersistêmico. Tanto se dá a sacralização do Poder quanto a politização do sacral; tanto uma politização da economia quanto uma despolitização da mesma; tanto o tradicionalismo em setores mais resistentes à mutação quanto evolução acelerada (revolução) pelas condutas de racionalização, com o fim de planejar expectativas.

9. Por tudo isso, não se confunde a causalidade normativa entre fatos jurídicos e consequências (direitos/deveres, pretensões/obrigações, ações/exceções), constituída pelo sistema do direito positivo, com a *causalidade sociocultural que existe em todo subsistema sociocultural* (tal como SOROKIN exaustivamente analisa em: *Sociocultural causality, Space, Time*, p. 14-26, 38-78).

Cada subsistema tem uma estrutura tricomponencial – *three-componential structure*. Há relações causais (diversas das naturalísticas) intra/intersistêmicas. A estrutura em três capas consta: i) de um *sistema de significações* (normas, valores, ideias, teorias científicas e filosóficas, ética, religião); ii) agentes em interação de condutas; iii) veículos ou suportes físicos em que se materializa o sistema de significações (*system of meanings*).

10. Um sistema de significações sem um sistema de linguagens, que permeia todos os subsistemas sociais, permaneceria em estado ideacional: ficariam desprovidos de objetivação, sem a relação estável entre o simbólico e seus referentes, inviabilizando a comunicação. Suprimindo-se o *system of meanings* (observa SOROKIN), os subsistemas socioculturais contariam tão só com sequências causais de ordem naturalística, desfazendo-se a totalidade em agregados (*congeries*) carentes de *sentido*, e, com isso, insusceptíveis de interpretação (a hermenêutica da cultura assenta em sentidos, valores e normas).

11. Como todo o sistema de significações, o sistema de normas jurídicas só é viável (concretizando-se, realizando-se) se o sistema causal, a ele subjacente, é, por ele, modificável. Se o dever-ser do normativo não conta com o *poder-ser* da realidade, se defrontar-se com o *impossível-de-ser* ou com o que é *necessário-de-ser*, o sistema normativo é supérfluo, ou *meaningless* (observa KELSEN, *General theory of law and state*, p. 41-44). Descabe querer impor uma causalidade normativa contrária à causalidade natural, ou contra a causalidade social.

Observe-se que na alteração tecnológica do mundo (e até no mais humilde instrumento com que o homem primitivo modifica o seu contorno natural) é através de leis naturais que isso é possível. A atuação humana é mediante a relação meio/fim: o meio é a causa idônea que leva ao efeito, que é fim da ação. Normar conduta humana importa em articular suas partes na relação meio/fim. Essa é a ontologia teleológica da ação.

12. Utilizamos os conceitos de *validade* e *eficácia* tomando-os de PONTES DE MIRANDA. Sua teoria é sobre a validade (e a invalidade) de *atos jurídicos*. A invalidade, na espécie de *nulidade*, acarreta a ineficácia. Corta o lado efectual da relação jurídica: direitos/deveres, pretensões/obrigações, ações/exceções. O ato jurídico, em direito privado ou público, em regra, é o ato sem-efeitos, que requer, em nosso sistema, ser desconstituído processualmente, passando para o nível da *inexistência*.

Na teoria pura do direito, a validade é a propriedade existencial, quer na norma individual, da norma geral ou do sistema total de normas. A *relação-de-pertinência* articula, em graus superpostos, a totalidade sistêmica. E eficácia é o comportamento *conforme ao dever-ser*, e a *aplicação da norma* de que se desviou o comportamento. A eficácia global é condição da validade do sistema total. Mas uma norma individual pode ter sua eficácia suspensa (até a entrada em vigor): é válida sem *ainda* se eficaz.

Dissemos o mínimo sobre os conceitos de validade e eficácia nos dois últimos autores citados. O normativismo é comum a KELSEN e a PONTE DE MIRANDA. Por isso, validade e eficácia são conceitos intrassistêmicos. A eficacidade, sem sentido sociológico, é conceito pertinente a um sistema cognoscente descritivo. Quer dizer: *apofântico, não deôntico*, ainda que em KELSEN a validade e a eficácia pareçam colocar-se em dois planos. Justamente quando ele insiste na tese de que a eficácia não é *conditio per quam* da validade. Em termos lógicos: não há via *inferencial indutiva ou dedutiva* que conduza da efetividade (*effectiveness*) à validade. A factual conformidade da conduta em face da norma juridiciza-se pela incidência da norma válida. Por isso, o conceito de eficácia é intrassistêmico. A eficácia ou ineficácia, não juridicamente qualificadas, alojam-se em outros sistemas sociais de condutas intersubjetivas.

13. Temos tomado a Teoria Geral do Direito como teoria dos conceitos normativos fundamentais, prolongando a abstração generalizadora a partir das ciências jurídicas especiais. O conceito de norma é o ponto de intersecção de outros no mesmo nível de linguagem, formando um plexo, um feixe conceptual que representa o pressuposto da experiência especificamente jurídica (suporte fáctico, fato jurídico, relação jurídica, fonte geratriz de norma e outros). Pressuposto não é o anteposto temporalmente: é o preposto em função epistemológica, que delimita, em corte abstrato, o subconjunto do jurídico dentro do conjunto total do universo social.

14. A teoria normativa é uma teoria instrumental para a ciência e a práxis dos juristas. Vale a pena ouvir um não-jurista, mas notável sociólogo. Refiro-me a TALCOTT PARSONS, que assim escreve: "Elimination of the normative aspect, altogether eliminates the concept of action itself and leads to the radical positivistic position" (*The structure of social action*, p. 732).

Os itens acima expostos sofrem a compreensão que um prefácio impõe. Requerem desenvolvimento. O propósito do autor é tão só o de demarcar o campo temático e o compromisso metodológico que estão na base deste livro.

Recife, 16 de janeiro de 2000.

LOURIVAL VILANOVA

PREFÁCIO À 2ª EDIÇÃO

1. Este livro está ligado a cursos monográficos dados em duas instituições do mais alto prestígio. Uma, a Faculdade de Direito do Recife, Universidade Federal, onde, na Pós-graduação, apoiado na situação de Catedrático de Teoria Geral do Estado, prelecionamos há mais de um decênio as disciplinas Teoria Geral do Direito e Teoria Geral da Constituição. Outra, a Faculdade de Direito da Universidade de Lisboa, onde, a convite do seu Conselho Científico, ministramos curso no primeiro semestre letivo de 1982.

Uma parte do trabalho foi elaborada em Lisboa, que a deixamos sentimentalmente vinculado. De regresso, relemos ensaios de GILBERTO FREYRE, sobretudo *Aventura e rotina*. (Impressiona a experiência brasileira do reencontro a gente portuguesa, de onde em onde, exclamamos: eis nós mesmos.). E constatamos o acerto de suas análises, agilmente penetrantes, sobre o fundo da cultura luso-brasileira, num exercício de hermenêutica, que fariam um SIMMEL ou um ORTEGA y GASSET, se trabalhassem sobre mundos históricos concretos para obter o perfil individual, o rosto único de uma cultura, que se estende no tempo e no espaço, nestes, os nossos, e não em outros tempos e espaços.

2. Este estudo acha-se articulado em níveis teóricos superpostos, mas que se interpenetram metodologicamente. Permeia-o a *teoria das estruturas lógicas* (a teoria formal das relações). A esse primeiro nível sotopõe-se a *Teoria Geral do*

Direito, que é tomada como um prolongamento das *ciências jurídicas dogmáticas*: o ponto que liga os campos específicos de conhecimento jurídico é a *parte geral* de cada campo ou as denominadas teorias gerais (teoria geral do direito civil, teoria geral do direito público-político, teoria geral do direito penal, teoria geral do processo, teoria geral do direito tributário, teoria geral do direito administrativo). Muito da chamada *parte geral* é uma zona de intersecção entre o (digamos) subcampo específico, e a órbita da Teoria Geral do Direito.

Assim, evitamos o hiato entre as ciências jurídicas especializadas e a Teoria Geral do Direito. O comum ponto de partida de todo conhecimento jurídico-dogmático é a *experiência do ordenamento jurídico positivo*. Do concreto da experiência transita-se, por graus de abstração, até o nível superior. O movimento é simétrico, reversível. Regressa-se da Teoria Geral do Direito para encontrar os dados da experiência, que é o direito espontaneamente observado, ou jurisprudencialmente aplicado. Os conceitos abstratos sem a contraparte dos dados da intuição (experiência) são vazios, para dizê-lo em paráfrase kantiana.

3. Não tomamos a Teoria Geral do Direito como uma enciclopédia ou uma sinopse de conhecimentos jurídicos, metodologicamente diversos: antropológico-sociais, sociológicos, históricos, filosóficos, incluindo os propriamente jurídicos (dogmáticos). Tudo no afã de evitar a parcialização sociologística, normativista, historicista, empiricista, logicista, positivista, idealista, jusnaturalista. Metodologicamente, a Teoria Geral do Direito obtém-se por *generalização*, por sucessivos graus de abstração no *interior* das ciências jurídicas, que tomam como objeto de conhecimento o sistema de normas positivas, quer dizer, as normas incidentes nos fatos naturais e sociais, e os fatos naturais e sociais enquanto qualificados por normas. Normas provenientes de *todas as fontes*, que o ordenamento as tem como produtoras de regras de conduta. O *normativismo*, como legalismo, está historicamente superado; tematicamente é assunto cansado, gasto, que descabe combater com vitoriosa audácia. Não faltam (e quantos!) os que os identificam com a teoria de KELSEN. E superiormente

eliminam o kelsenismo como teoria abstrata, lógica, formalista. Com ligeireza fácil.

A Teoria Geral do Direito é uma parcialização *metódica* do conhecimento jurídico. Põe entre parênteses temas iurídicos que complementam sua visão parcial. Não é tese sua a da incomplexão do direito: o direito somente para os juristas, pois seria tão só normas. Também não se reduz à lógica do direito. O *processus* metódico usado na teoria geral é a *generalização*. O usado na lógica é a *formalização*. Exemplificando: se tomamos um contrato de locação. Como ato aqui e agora, constatamos uma relação jurídica concreta, com determinação dos termos-sujeitos da relação. Se buscamos a norma contratual da locação, encontramos a relação jurídica específica, mas abstrata. Se passamos a nível mais alto, encontramos a relação jurídica negocial, como tipo genérico. Se pomos entre parênteses a tipificação negocial, deparamo-nos com a relação jurídica como estrutura mais abstrata, compondo, porém, qualquer relação jurídica específica ou concreta. Um nível de *gênero supremo*, mas ainda *no interior* do conhecimento jurídico da Ciência do Direito.

Essas sucessivas passagens de níveis fazem-se por generalização e abstração, circunscritas no *domínio jurídico material*. Agora, se em lugar de uma relação jurídico-material, genérica, pomos entre parênteses a concreção material e retemos tão apenas que uma relação jurídica tem a estrutura "R (A, B)", ou "R (A, B, C)" – relações diádicas, triádicas, nádicas -, saltamos do domínio, exorbitamos, ultrapassando a linha demarcatória do conhecimento jurídico, geral ou especializado, ingressando no *domínio das estruturas lógicas*. Generalizando, no mais alto nível, topamos com o limite do domínio material. Ao alcançar o domínio da lógica só é possível pela *formalização*: fixação da *forma estrutural*, pondo em evidência as *variáveis A, B, C* e a *lei de composição R*, o modo como ligamos as variáveis.

4. Com o título *Causalidade e relação no direito*, marcamos os limites em que se movimenta este ensaio. Não examinamos a teoria da causa nos atos jurídicos, nem a teoria da causa no direito penal. Temos em conta a causalidade como *relação-de--implicação* entre a *hipótese fáctica* e a *consequência jurídica*,

que têm como contrapartes, na realidade, o *fato jurídico* e a *eficácia* (os efeitos). Na relação-de-implicação inexiste licitude ou ilicitude (causas lícitas e causas ilícitas, falsas causas. V. o estudo de JEAN DABIN, *La teoría de la causa*, p. 90 et seq.). A causalidade é um nexo estatuído pelas normas. Como nexo, é uma relação formal, lógica. O juízo-de-valor que orienta o estatuir, para tal fato, tais e tais efeitos, compõe a relação normativa, que é *axiológica*, *deôntica*, ademais de ser *lógica*. Sobre a causalidade natural e a causalidade normativa do direito penal tocamos no tema: a causa compõe ou não o fato jurídico ilícito, dependendo do sistema jurídico a valoração que o fato natural da causa mereça.

5. Tudo depende da *convenção semântica* que preside a linguagem em uso. Evidente que a expressão "relação jurídica" ora apresenta denotação restrita, ora ampla. Não se dá relação biunívoca entre expressão verbal e conceito. Por isso, ora usamos em sentido restrito, ora em sentido amplo, mas sempre advertindo o leitor do uso semântico da locução.

Pode-se examinar o que existe de subjacente sociológico na teoria da relação jurídica, como modelo de relacionamento interindividual, projeção do individualismo no direito privado, e dele expandindo-se para o direito público. Como o individualismo acha-se em crise (v. MARCEL WALINE, *L'individualisme et le droit* p. 168 et seq.), com ela vem o desprestígio teórico e prático da tese do direito subjetivo. Sabe-se, a relação jurídica é estruturada em torno do sujeito, portador do direito subjetivo. KELSEN sempre advertiu o seu substrato ideológico.

O conceito de *situação jurídica* não suplanta o de relação jurídica. Nada melhor que as considerações de LEGAZ Y LACAMBRA: "A pluralidade de situações jurídicas de um sujeito implica pluralidade de relações jurídicas..." (L. LEGAZ Y LACAMBRA, *Filosofía del derecho*, p. 751; *v.* p. 703-769, dedicadas ao exame das relações jurídicas e das situações jurídicas).

A gênese histórica e sociológica de um conceito não compromete, só por isso, sua valia. Parece-nos que o de relação jurídica independe da morfologia social ou política: onde os homens entram em relações, surgem normas, e entre tais normas vão, progressivamente, destacando-se as normas do direito. Com estas, os suportes fácticos de conduta ingressam em estruturas relacionais, *sub specie juris*. Mesmo já antes do Direito – se se admitem sociedades pré-jurídicas, como as há pré-políticas –, o social é uma estrutura relacional. O fato social mais simples, o protofato, lê a relação minimal de um com o outro.

6. O autor deste ensaio, para não permanecer no plano da teoria geral das relações, nem tão só no outro plano, o da teoria geral das relações jurídicas, para evitar fazer tão apenas Lógica, ou tão somente Teoria Geral do Direito, ingressou em temas específicos, reservados aos juristas especializados. Ingressou prudentemente. E deles explorou *o que valia a título exemplificativo* em face da conceptualização *generalizadora* da Teoria Geral do Direito, e da *formalizadora* da ciência lógica. Sempre mantendo a convicção fundamental de que as análises abstratas, sem a mediação das ciências jurídicas dogmáticas, não alcançam minimamente o direito positivo, que se compõe dialeticamente de realidade social e de estruturas normativas – donde a *normatividade do fáctico* e a *factualidade do normativo*. Incorrem no risco de circunvergirem num vácuo conceptual (elaborando conceitos vazios de referências semânticas ao mundo de fatos). Com o que perdem em instrumentalidade diante das ciências empíricas, sobre as quais se erguem, em sucessivos graus de abstração e de sistematização, guiadas por dúplice finalidade, que mutuamente se fecundam: o conhecimento teorético e a racionalização do mundo exterior social, o saber-pelo-saber e o saber-de-dominação do universo circundante, como *técnica de controle social*, no dizer exato de KELSEN.[1*]

LOURIVAL VILANOVA

---

1. (*) Sugerimos ao leitor, não familiarizado com a Lógica simbólica, reservar os dois primeiros Capítulos para o fim de seu estudo. Todavia, em conjunto, as poucas dificuldades são superáveis com a Teoria Geral do Direito. A Lógica está usada comedidamente, com recursos intuitivos da linguagem dos juristas.

SUMÁRIO

Capítulo I

TIPOS DE CAUSALIDADE. CAUSALIDADE NO DIREITO

1. Nível genérico do problema

A causalidade não é uma relação específica, quer dizer, restringida a este ou àquele domínio de objetos. É um gênero de determinação que, em princípio, pode valer para todo o vasto domínio de objetos reais – para todo o domínio do fáctico, excluindo-se, então os objetos abstratos ou formais (a área dos objetos lógicos e dos objetos matemáticos). O que se acha em um ponto do tempo e do espaço, como estado, início ou mudança de estado, em estática ou em transformação, existindo ou vindo a existir, não é autodeterminado, como causa-de-si-mesmo. Sendo causa-de-si-mesmo, seria a um tempo causa e efeito, o que destruiria a polaridade relacional dos dois termos. Seria um começo absoluto, ou um término absoluto, quando na sucessividade relativa às posições de causa e efeito são pontos de uma relação serial infinita. Ou, pelo menos, constitui uma trajetória que se fecha como um sistema de pontos, onde não se pode fixar o ponto inicial e o ponto terminal.

Só obtemos a causalidade, como um gênero de determinação que articula o domínio do fáctico, mediante a abstração generalizadora. Temos de pôr entre parênteses o que é diferencial do fato físico, do fato biológico, do fato psíquico, do fato sócio-histórico, *isolando a causalidade como relação*, cujos termos são fornecidos por subárea ou por subdomínio de fatos. Os fatos de cada subdomínio especificam a causalidade, que não perde, por isso, suas propriedades abstratas, as que elevam ao nível de lei geral de causalidade. A causalidade física, a causalidade biológica, a causalidade psicológica, a causalidade sócio-histórica (que abrange a causalidade sociológica e a causalidade histórica) são irredutíveis entre si, como espécies, mas confluem como subtipos de uma lei universal de determinação. Universal quer dizer com validade para todo um universo-de-objetos. Ou, ainda, que especifica a relação de um conjunto de entidades. Estas – objetos, fatos – pertencem ao conjunto-universo porque se articulam com a relação causa/efeito. É, por assim dizer, a propriedade definiente (em rigor, *relação*, não *propriedade*) da pertinência de *n*-objetos ao conjunto universal.

No trato de nós outros com o mundo circundante, no qual se insere nosso mundo interior, constatamos meras relações de sucessividade e de simultaneidade e relações causais. Mas, como dado de nossa experiência imediata com o mundo, sempre comprovamos relações causais concretas, individualizadas no tempo-espaço, agora-e-aqui. Uma esfera em movimento que contata com outra em repouso provoca um plexo de efeitos únicos em sua concreção existencial, mas constantes e repetíveis em suas propriedades abstratas. A alteração no sistema de partículas das duas superfícies em contato, mais o movimento, num tempo concreto, são manifestações efectuais únicas. Em rigor, provém de elaboração *conceptual*, não dos *dados imediatos*, até mesmo o enunciado protocolar do aqui e agora da relação.

2. A causalidade na experiência

Na experiência imediata com os objetos do mundo exterior, não percebemos a relação causa/efeito como percebemos as propriedades dos objetos. Colhido o dado numa sentença protocolar diremos "aqui e agora o objeto individual *A* é anterior a *B*", ou são simultâneos. Anterioridade e, seu simétrico, posterioridade, ou simultaneidade entre *A* e *B*, não são dados. Enunciar que *A* é causa de *B* adiciona uma relação que não é temporal. A relação temporal de anterioridade e sucessividade e a de simultaneidade podem ser captadas mediante a percepção, pois que, meramente, esta constata "*A* antes de *B*", "*A* simultâneo com *B*".

O mero relatório do dado fáctico termina nisso. Enunciar que o objeto ou fato individual *A* é causa do fato ou objeto individual de *B* envolve uma operação lógica não manifesta: a de *relação* entre *A* e *B*. E uma relação abstrata, ainda que concretizada no tempo-espaço. Mais ainda: a individualização de uma variável, como *A* ou *B*, não se perfaz sem subjacentemente constituir um conjunto ou classe (unimembro pelo menos), à qual as variáveis individuais pertencem como substitutos simbólicos de membros seus.

Por outro lado, caracterizar minimamente *A* como causa (e *B* como efeito) importa em subsumir *A* na classe dos fatos ou objetos que são causa. Perfaz-se o conjunto: os fatos tais, que são causa de alterações no mundo exterior; como se perfaz o conjunto: os fatos tais, que são efeitos no mundo exterior. Mas sabemos que um conjunto ou classe *não é um dado imediato de nossa percepção exterior*. É uma construção conceptual que assenta em operações lógicas definidas. Podemos, com os mesmos objetos, construir conjuntos ou classes diversas, tudo dependente do *critério seletivo de notas ou propriedades* definientes da pertinência aos conjuntos (para só tomarmos o modo intencional ou conotativo de formação de conjuntos).

Por isso o simples enunciado individual "este *A* é causa deste *B*" importa num ato classificatório prévio. Se *A* fosse o único membro da classe, e também *B*, teríamos um enunciado formalmente geral. Ao dizermos *todos* os membros da classe *X*, à qual pertence o único membro *A*, emitiríamos um enunciado universal, válido para o universo lógico da classe *X*. Mas suponhamos que a classe *X* tenha elementos em número finito mas indeterminável, o subsumir *A* individual na extensão de *X* importaria numa generalização, *i. e.*, no isolar em *A* o seu núcleo genérico de notas, as notas comuns a todos os membros de *X*.

Como se vê, em análise sumária, o simples enunciado que protocolariza o fato, "este *A* é causa de *B*", envolve operações que ultrapassam o limite da experiência, os *dados imediatos* da percepção do mundo exterior. O conhecimento causal parte da experiência, a ela regressa, mas nele coparticipam o empírico e o conceptual, os fatos e as operações lógicas. A reconstrução gnosiológica, assim, nem se explica com o empirismo radical, nem com o racionalismo radical.

3. Uniformidade da relação

Pela via meramente lógica, não podemos decidir se as relações empíricas de causa/efeitos são individuais ou universais. Bem pode dar-se que a relação entre *A* e *B* seja única, irrepetível para além do tempo em que se verifica. A lógica só *decide* se há relação, se a relação é *simétrica* ou *assimétrica* (*A* é causa de *B*, mas *B* não é causa de *A*), se há *transitividade* (quando *B* assume a posição de causa de *C*), se *A* tem relação consigo mesmo – *reflexidade* (*A* causa de *A*, ou *A R*

A). Se há transitividade, o sistema causal tem continuidade e fechamento.

Mas onde há *sistema fechado*, não o decide a lógica. É um problema empírico e gnosiológico. Também se a relação causal *R* se repete indefinidamente, depende da textura do sistema de fatos e do grau de abstração conceptual. Num sistema sócio-histórico, a causalidade total é única, enquanto causalidades parciais têm repetência. As formas de interação são iterativas. As totalidades histórico-culturais são individuais. A totalidade coordena as causas parciais, articula as relações, imprimindo-lhes uma direção e uma unificação (a cultura grega no período de Péricles, o Estado moderno).

Mediante cortes abstratos no todo causalmente estruturado, isolam-se as causas e os efeitos relevantes, alcançando-se o *limite* da relação causal uma a uma (à causa *A* corresponde um e somente um efeito *B*). Essa univocidade é fácil de obter-se no mundo natural. No mundo social, rege a causalidade múltipla (*A'*, *A"*, *A'''* são, cada um por si, suficientes de *B*). Agora, para se ter a relação causal, individual aqui e agora, como iterativa, há de se pressupor a *hipótese da uniformidade* do curso dos fatos. As relações verificadas são uniformes e constantes, para um sistema parcial de fatos, ou para o sistema total de fatos. É o princípio não só da *existência de leis*, mas da *constância* das leis mesmas: há um cosmos, não um caos, e este cosmos permanece articulado com leis constantes.

Nesse grau de generalização, chegamos à concepção do *princípio universal de determinação causal* de que as leis causais e específicas (leis causais físicas, leis causais biológicas, leis causais sociais) são expressões. Bem se vê que essa generalização não se alcança pela via indutiva. Pela via indutiva obteremos a formulação de enunciados existenciais (um *A*, alguns *A*, ou existe um *A* que é causa de *B*), que nunca serão exaustivos de um universo-de-objetos em número indeterminado, ou em número infinito. Ou o conjunto *X* de fatos consta de x', x'', x''', ... x^n, ou de x', x'', x'''. Nos dois casos, não alcançaremos, pela via indutiva, ao último elemento, que autorize a formulação universal "para todos os x do conjunto X...". O quantificador "todos" resulta de um *produto lógico incompleto*. Só gramaticalmente é universalizador. Logicamente não quantifica uma implicação (para todos os elementos x de X, se... então...).

4. Nota sintática do problema

Não tem aplicação a causalidade no domínio da lógica e no domínio matemático. Uma proposição não é causa ou efeito de outra proposição. Numa inferência dedutiva, a(s) premissa(s) não é(são) antecedente(s) causal(is) da conclusão. A relação unívoca entre os membros de um conjunto A não se acha causalmente vinculada com o membro do conjunto B. Os membros de um mesmo conjunto não se inter-relacionam como causas e efeitos, porém por apresentarem a propriedade definiente do conjunto. Tanto menos as relações entre as equações componentes de um sistema de equações vinculam-se por nexos causais.

Os fatos psicológicos de pensar, raciocinar, calcular, estes, sim, como atos, em sentido fenomenológico, ocorrem em sequências temporais, tecidas causalmente. Sem outros atos subjacentes – de percepção, de memória, de associação, de atenção –, sem os atos complexos que dão suporte à linguagem, seriam inviáveis. Há subjacentemente, relações psicofísicas, relações biopsíquicas, relações internamente psíquicas, relações de causalidade entre uma série de fatos e outra série de fatos, entre fatos de ordens diversas, e entre fatos da mesma ordem (causalidade psicofísica – física em sentido largo – e causalidade intrapsíquica).

Sem o suporte causal dos atos ou modos da consciência cognoscente, as relações puramente lógicas não se objetivariam. É certo, um enunciado verdadeiro ou um enunciado falso são susceptíveis de alterar a ordem da série de fatos psicofísicos e dos fatos puramente psíquicos. Mas não se dá uma ação direta entre o domínio das formas lógicas e o corpo dos fatos. O objeto lógico, em si mesmo, pode ser abstraído da corrente temporal da consciência. Intercede nela mediante os atos cognitivos de apreensão, atos estes que alteram as séries de outros fatos psíquicos (afetivos, voluntários etc.). Sem mediação, o *logos* não se interpõe.

Há relações, que não são causais, entre a linguagem e os enunciados. Psicologicamente, uma proposição está reciprocamente associada com a sentença ou oração. Da estrutura gramatical vamos à estrutura proposicional, e reciprocamente. Essa relação tem seu lado causal, mas a relação-de-significado entre uma estrutura de frase e uma estrutura formal não é causal. A relação em seu aspecto causal não é unívoca: uma mesma proposição ora causa um processo psíquico, ora outro diferente. A relação é da forma: a proposição p dá, indiferentemente à sua valência, os efeitos E, ou E'' ou E'''. Um enunciado descritivo pode provocar uma reação comportamental própria de um enunciado prescritivo e vice-versa. Não se verificam, assim, os pontos causais um-a-um. A oração, "Há incêndio aqui", comunica uma proposição cuja projeção efectual é diversificada (medo, pânico, desmaio, fuga – o que se passa na mente de cada um é individual, ligado à sua euidade, não homogêneo nem uniforme no curso de suceder pessoal). O sistema dos objetos lógicos (e matemáticos), pois, tem sua sintaxe, seu modo de articulação interna, que se não altera pelo contato com o sistema dos fatos.

5. Uma distinção

Preliminarmente, distingamos a causalidade no Direito e a causalidade do Direito. Num caso, a causalidade é interna: ocorre no interior do sistema jurídico, como sistema de normas cujos referentes são fatos. A causalidade interna, portanto, não é internormativa, ou interfactual: é entre duas classes de objetos – as normas e os fatos. O que, no final, exprime a dualidade do fato sociocultural.

No outro caso, trata-se de pôr em relação de causalidade o sistema social e o sistema normativo. O sistema social é um sistema totalizador. Dentro dele, vários subsistemas, em intercorrência causal. O isolamento de um subsistema (o econômico, o político, o religioso, o jurídico – para somente indicar os principais) é temático. Resulta de uma abstração simplificadora, com fins metodológicos e gnosiológicos.

Há relações dentro de cada sistema parcial – relações intrassistêmicas – e relações entre os sistemas parciais, e entre estes e o sistema total – relações intersistêmicas. Podemos, até certo limite, estudar um sistema parcial como se fosse isolado, desconectado, como sistema fechado. Depois, há de se retomar as inter-relações. As relações intrassistêmicas nem sempre são de um só tipo: ora são relações meramente temporais, ora relações funcionais de meios/fins, ora relações funcionais quantitativas, conteúdo de equações cujas variáveis tomam valores numéricos. Entre estas, as relações causais. As relações causais não se dispõem como meras séries de eventos, de fatos, de coisas, de processos físicos ou de processos sociais, mas tomam configurações: grupos, classes, nações (microssociedades e macrossociedades). Há fatores de totalização, processos de globalização (*Ganzheitsprozessen*) inserindo as séries de causas e efeitos do universo social nas *estruturas*, que adquirem propriedades novas, que não residiam nos componentes, antes de sua inserção na totalidade.[1]

A distinção diltheyana entre organização exterior da sociedade e sistemas culturais permite a dualidade de classes de relações: as sociológicas e as próprias de cada sistema cultural. A ciência, a política, o direito não surgem em desnexo com a "organização exterior". Há de se buscar a explicação causal. Mas há um desdobramento interno, um movimento no interior do sistema parcial que não se explica pela causalidade (ou somente com ela). E um desenvolvimento dialético interno,

1. Sorokin toma os "systems of meanings" (valores, normas, ideias) como fator de totalização. São eles que tecem "... a vast and complex network of meaningful causal relationships entirely undiscoverable through the externalistic probalistic approach..." e constituem um "empirical sociocultural system". *V. Sociocultural casuality, space and time*, p. 92.

decorrente das relações que articulam a textura do sistema parcial: o desdobramento de um sistema matemático, de um sistema lógico, de um sistema econômico, de um sistema jurídico, de um sistema religioso, não se faz em causalidade apenas. Obedece a relações, específicas a cada sistema parcial. Há, assim, um automovimento, relativamente independente de agentes externos, como sistema fechado. O que se alcança nas ciências formais, e reduzidamente nas ciências empíricas (restrinja-se para as ciências socioculturais).

Nas Ciências Empírico-Naturais, os fatores do contexto social ora são impedientes, ora aceleradores da descoberta de verdades. Mas uma coisa é a vinculação sociológica de uma Ciência a um processo social, e outra é seu valor-de-verdade, ou sua função instrumental de alteração do mundo físico e social circundantes.

6. A ambiguidade

Quando falamos em sistema, sempre corremos o risco de ser deslocados de um nível para outro. Não ocorre isso quando tratamos de sistema científico, cujo referente com ele não se confunde. Não assim com os sistemas científico-sociais, pois seus referentes são sistemas (e subsistemas) sociais. Para nos restringirmos ao Direito, temos os planos dos fatos jurídicos, que compõem um sistema social, inter-relacionado com os demais sistemas sociais. E, de outro, o sistema da Ciência do Direito, ou, em sentido mais amplo, os sistemas das ciências jurídicas, dogmáticas e não dogmáticas.

Num sistema social como o do Direito, há relações de causalidade, conferindo ordem ao sistema. Sem tal ordem, não seria sistema, mas uma desconexão, um tal desvínculo entre os elementos do sistema que este se desfaria numa justaposição casual, num caos. E há, por outro lado, uma conexidade ordenada no sistema do conhecimento científico. Por leis causais, ou outras leis empíricas, ora se entendem as relações que estão compondo o real mesmo, ora a formulação, em textura de linguagem, dos enunciados ou proposições que procuram reconstruir conceptualmente aquelas leis que se encontram na realidade. Digamos, leis de nível *n'* e leis de nível *n"*. As leis de nível *n"*, as que estão no plano da Ciência, articulam-se, no interior do sistema científico, consoante relações lógicas (pois são enunciados ou proposições com valor veritativo) e orientam-se gnoseologicamente pela verificação positiva com os fatos. Só atendendo a esses dois requisitos. Obtém o sistema a validez lógico-formal e a validez sintético-material (a coerência interna e a concordância externa com o sistema dos fatos).[2]

Essa falta de univocidade do termo "sistema" e do termo "lei" – o fato de um só termo *T* ter os conceitos *C'* e *C"* – corrige-se no uso do contexto. Em dois contextos *K'*; e *K"*, o termo *T* recebe seus significados unívocos. Sem especificação do contexto advém a ambiguidade.

Assim, completando o que foi dito na epígrafe anterior, dizemos: há um automovimento, uma dialética interna no sistema social do Direito, como há esse automovimento no sistema da Ciência jurídica. As leis lógicas do sistema científico (de coerência, de dedutibilidade, de relações, de classes, de funções formais etc.) não são leis causais. As leis causais regem os fatos, e são formuladas conceptualmente como enunciados. A forma de sistema. A não contraditoriedade, as possíveis relações válidas que entre si se estabelecem entre os enunciados. Tudo isso não é efeito de causa extrínseca nenhuma. O enunciado da lei não se confunde com a lei mesma. A não ser que adotássemos a tese gnosiológico-transcendental de que a causalidade é pura síntese categorial, que o sujeito põe sobre os dados imediatos sentidos. Mas, ainda, nessa tese, cabe distinguir os níveis *n'* e *n"*, o real e o conceptual, o dado ontológico (objetal) e a forma lógica do enunciado implicacional ("para todos os casos, se *A* se dá, então *C* se dá"), o sistema-de-objetos e o sistema científico que delimita esse campo de objetos como suporte de sua referência cognoscente.

---

2. São os níveis que sublinha S. Stebbing (*A modern introduction to logic,* p. 196-201): um, o sistema científico; outro, o sistema de objetos.

7. O Direito como norma e fato

A radical contraposição entre o Direito como fato e o Direito como norma, como fundamento para a distinção entre a Sociologia do Direito e a Ciência do Direito, não é exata como técnica metodológica, pois contraria a ontologia mesma do Direito. Se o fosse, teríamos duas séries de objetos: uma em relações de causa/efeito, e outra em puras relações-de-validade. Numa certa fase de sua teoria, Kelsen sustentou que a Sociologia do Direito ocupava-se com os "fenômenos paralelos" às normas, quer dizer, com os fatos sociais do comportamento correspondentes às normas de um sistema positivo.

Ter-se-ia um paralelismo socionormativo, assim como se teve o paralelismo psicofísico. Com a diferença de que as leis de Fechner e Weber valiam-se da causalidade para explicar como as séries de fatos físicos acompanhavam ou correspondiam à série de fatos psíquicos. Duas causalidades: a puramente física (biofísica) e a puramente psíquica. Mas como havia, em face da observação e da experiência, uma correspondência entre a série *A* e a série *B*, só mediante a teoria da causação recíproca poder-se-ia explicar a regularidade das relações entre os processos físicos, os biológicos (fisiologia dos processos neurológicos) e os psíquicos (os processos da classe *A*, ditos físicos, em sentido amplo, e os da classe *B*, ditos psíquicos). O corpo e, com ele, o mundo circundante, sem o qual o corpo não se delimita como um sistema, e a mente, reciprocamente, funcionavam como causa e efeito (causalidade psicofísica).

Na teoria do paralelismo kelseniano, o sistema de normas válidas "... mit dem korrespondierendem Ablauf des kausal determinierten menschlichen Verhaltens bleibt ..." (Kelsen, *Der soziologische und der juristische Staatsbegriff*, p. 104). Tem-se, então, uma série de fatos, causalmente vinculados, e outra classe de objetos, as normas, cujas inter-relações são lógico-formais e jurídico-materiais, propriedades que confluem no conceito de validade.

Essa correspondência (*Uebereinstimmung*) entre o sistema de fatos sociais e o sistema de normas não é causal. Um enunciado de dever-ser válido não é causa nem efeito de um fato. O fator causal da conduta, como fato social, é a representação da norma. A representação é a força motivacional. Subjacentes às normas acham-se a representação, a vontade, o sentimento (*Vorstellung, Wille, Fuehlen*). A facticidade ou eficácia, articulada causalmente, repousa nesses atos psíquicos, que não se confundem com os conteúdos objetivos (Kelsen, op. cit., p. 93): os atos são a *conditio sine qua non,* não, porém, a *conditio per quam*; são condições fácticas da existência, não da *spezifische Geltungsexistenz* dos enunciados normativos. Digamos: as normas não são imediatamente eficazes, porque então inserir-se-iam na corrente da causalidade. Alteram, sim, as séries causais da conduta mediante os atos psíquicos que elas determinam. Um ato não é neutro ao conteúdo objetivo de uma norma. O conteúdo dessa direciona-o, interfere no fluxo da vivência.[3]

8. Multiplicidade heterogênea

O universo social é uma multiplicidade contínua: não é uma multiplicidade homogênea, como a série dos números inteiros, em que a todo número corresponde um sucessor, de tal sorte que, se num ponto da série se tem n, noutro, $n + 1$, com as mesmas propriedades do antecessor. Ali, uma multiplicidade heterogênea, feita de segmentos, não meramente justapostos, mas em inter-relação. Seccionar um ponto é uma pura abstração. Os átomos do contínuo social são interações. A interação social não é reflexiva. O indivíduo não se relaciona consigo mesmo, mas com o outro. A intersubjetividade é, pelo menos, binária, quer dizer, dois, pelo menos, indivíduos em recíproca causação. Nunca um sujeito é só agente, outro só paciente (causa/efeito). Quem emite uma ordem altera o comportamento de outrem: se a ordem é cumprida ou descumprida, alterada também é a conduta do emitente da ordem.

3. Inexiste ação individual sem um “framework of relations”, pode dizer-se com Parsons. E tudo ocorrendo dentro de uma “normative orientation”, “in the direction of conformity with norms”. V. *The structure of social action*, p. 732 et seq.

Podemos adotar outra representação gráfica auxiliar para a representação do social. Denominamos círculos sociais. Melhor, são subsistemas de um sistema global, com relações causais infrassistêmicas e relações causais intersistêmicas. Direito, Economia, Moral, Ciência, Religião, Política, Arte representam frações materiais ou conteudísticas que se objetivam por meio das interações que se configuram em círculos sociais. Como recurso metodológico provisório, à espera de ulterior recomposição complementar, no universo social distinguimos as formas sociais e os conteúdos objetivados, os modos de entrelaçar-se sociologicamente e as regras de conduta, os bens produzidos, as pautas éticas de comportamento coletivo, as teorias científicas, os dogmas e os símbolos, o poder e suas concretizações tipológicas, as formas estéticas e sua materialização na conduta e nos materiais disponíveis no mundo físico exterior.[4]

Não há conteúdo objetivado que prescinda dos círculos sociais e da complexa trama de interações sociais. Nem prescinda dos suportes físicos ofertados pelo mundo circundante. Nem se alterem condutas e suportes físicos sem as formas impressas, ou seja, as normas, os valores instrumentais dos bens econômicos, as convicções éticas, as proposições articulando-se em teorias científicas, as concepções do sacral, os valores a implantar por meio do poder, ou da criação estética.

Agora, norma nenhuma, valor nenhum, enunciado cognoscente algum, norma ou valor de qualquer classe objetivam-se, fazem-se social, sem a estrutura ordenada causalmente do universo social (e, supérfluo dizê-lo, sem o mundo físico disponível, com sua estrutura também ordenada). Essa multiplicidade inter-relacionada é o fundamento para se distinguir, em cortes metodológicos, o sistema da Sociologia geral, o das Sociologias especiais, e o sistema dos conteúdos

---

4. A relação de complementariedade entre a cultura, como objetivação, e os sistemas sociais (formas sociais de objetivação) é sublinhada por Talcott Parsons: "... a cultura é, de uma parte, um produto dos sistemas de interação humana, e, de outra, uma determinante desses sistemas" (*El sistema social*, p. 34).

objetivados (Ciência da Economia, Ciência do Direito, Ciência da Religião, Ciência da Arte etc.).

9. Objetivação

Um sistema de significados (religiosos, éticos, científicos, estéticos, políticos, jurídicos), como significados, encontram-se articulados por leis não causais. Cada um, como sistema relativamente fechado em sua específica modalidade de consistir, é autônomo. Mas não existem por si mesmos. Sem crenças, convicções, atitudes, sem atos subjetivos nos sujeitos da interação social, não teriam chegado a ser concebidos e, uma vez concebidos, a operar como pontos de encontro entre os sujeitos. Os atos subjetivos de pensar, de querer, de sentir (para simplificar em classes mais gerais) projetam-se, exteriorizam-se, dessubjetivam-se, corporificando-se no vasto campo dos bens – objetos dotados de significados – desde o mais rudimentar instrumento das épocas arcaicas e primitivas até as mais refinadas máquinas eletrônicas, desde as crenças até as teorias abstratas, desde o simples desenho do objeto, com o fim mágico de dominação de parte do mundo exterior, até as mais altas concepções da arte e da religião.

No que toca a formas sociais de interação, não podemos compreendê-las sem a categoria da objetivação. As formas sociais, desde as mais simples até as mais evoluídas, são projeções objetivantes das interações sociais. Sem elas, as relações intersubjetivas dissolver-se-iam em fugazes contatos, no ir-e-vir das ações e reações, dos estímulos e das respostas, como o atestam as manifestações da sociabilidade animal. Instintos de nutrição, de reprodução, de defesa aglutinam os indivíduos da espécie. Os vínculos são causais: biológicos e biopsíquicos. O nível da vida psíquica nunca alcança a objetivação cognoscente, estética, econômica, política, muito embora se possa falar em atos de conhecimento sensível (perceptivo), em rudimentos de atos econômicos, em relações de dominação, conforme vêm estudando a Psicologia animal e a Psicologia evolutiva.

Os sistemas de significados e os sistemas (e subsistemas) sociais, as duas modalidades de objetivação requerem, ainda, outro tipo de objetivação: o da apropriação do mundo exterior. Já a nua posse de fato de algo sem dono é uma projeção objetivante, suporte do que juridicamente a posse e o domínio depois, com a evolução, significam. O ter algo como próprio, e não do outro, que é uma relação de sujeito a sujeito, é, como viu Kant, em sua teoria do Direito, o fundamento primário da relação jurídica real (do Direito das coisas).

Na linguagem, facilmente se destacam, abstratamente, essas três dimensões da objetivação. Um sistema de objetos físicos – sons e sinais gráficos –, um sistema de significados e um sistema de relações recíprocas entre os sujeitos usuários da linguagem. Correspondentemente, intercorrem o sistema de relações causais físicas, de relações-de-sentido (coerência, implicação, para dizê-lo com máxima brevidade) e de relações causais sociais (de adaptação, de competição, de dominação, de imitação, de cooperação, de luta, processos estes que são gerais, *i. e.*, não específicos do Direito, da Política, da Religião, da Economia, ou de qualquer setor social). A linguagem entremeia todo o processo social, indistinguindo-se, no contínuo social, sua posição de causa e sua posição de efeito.[5]

10. Causalidade interna

Na falta de outro adjetivo, chamemos causalidade interna aos vínculos que o sistema de normas estabelece entre os fatos (fatos-eventos e fatos-conduta). Por sistema entendamos todo conjunto de elementos quaisquer: de fatos, de coisas, de pessoas, de números, de propriedades e de relações. Basta um critério definiente no agrupar objetos para se formar um sistema. Por isso, nem sempre há de se entender por sistema sua racionalização interna. O critério, nos sistemas de

5. A textura do social é tridimensional (*three-componential system*): o sistema de significados é "objetivado", "socializado' e incorporado em "veículos materiais" – é a tese de Sorokin, sob o ângulo sociológico.

proposições, é lógico, de um lado; objetal (determinação de um campo de conhecimento), ainda, se o sistema é de uma ciência empírica (natural ou social).

O sistema do Direito, como um sistema de enunciados normativos, com referentes empíricos, não é um sistema homogeneamente lógico. Não sendo, porém, um sistema cognoscente, a presença de proposições em sua constituição subordina-o (até certo ponto) às leis lógico-formais. Sua finalidade intrínseca, a de alterar o mundo social (regrar condutas), imprimir direção ao fluxo das interações humanas, confere-lhe propriedades mais que meramente lógico-formais. Ponto pacífico que não pede explicitação maior.

Saímos da macroanálise estrutural do sistema normativo, quando, em lugar de incidirmos no todo, no ordenamento, como totalidade unitária, em sua unicidade (em sua concreção sócio-histórica) e em sua unidade, passamos para a microanálise das normas, como partes. Uma análise, ainda nesse campo, submete a norma e ulterior decomposição de seus constituintes. Em nível de formalização, alcançamos esses constituintes, que são variáveis (variáveis de classes, variáveis de objetos ou indivíduos, variáveis predicamentais, variáveis relacionais) e constantes operatórias. Reconstruímos o todo do sistema se investigarmos as operações que interligam as normas, como enunciados, as relações combinatórias e os processos de construção (o *Erzeugungsprozes* kelseniano, visto formalmente): as regras de formação e as regras de transformação dos enunciados, ou das normas como enunciados proposicionais.

Tomemos como aceite, como suposto de trabalho, que a norma jurídica compõe-se de uma hipótese e de uma consequência. A hipótese descreve um fato de possível ocorrência (fato natural ou conduta). Depois, liga uma consequência que ordinariamente tem como referente a conduta humana. A consequência é prescritiva: proíbe, permite, obriga, faculta – o que só é possível sobre a conduta. Nem a hipótese prescreve, nem a consequência descreve fatos. Se a hipótese prescrevesse, só teria como suportes fáticos condutas. É um sem-sentido modalizar deonticamente fatos articulados por relações de causalidade natural. A interferência no domínio dos fatos puramente naturais só é possível valendo-nos das leis causais, como o demonstra a tecnologia cientificamente sustentada. Altera-se o mundo físico usando-se as leis causais naturais, não as leis éticas, morais, jurídicas, religiosas, não com o uso das normas sociais, em sentido genérico. Com normas fazemos o uso permitido ou proibido ou facultativo: regramos o uso, *i. e.*, a conduta que se vale das leis causais.

11. Os dois níveis

Num plano, temos a hipótese e a consequência. É uma estrutura de linguagem simplificada, pois na realidade dois idiomas nacionais, utilizados para a formulação das normas, não se destacam assim com perfis abstratos. O idioma recobre, com sua textura sintática e morfológica historicamente sedimentada, essa bimembridade reduzida. Há estilos nacionais de verter linguisticamente as diversas classes de normas jurídicas. Ressalta essa estilística nacional comparando-se a técnica de elaboração do Direito europeu-continental e latino-americano com o Direito anglo-saxônico. Sublinhe-se a influência do "Direito dos juristas", da construção conceptual da pandectística sobre os Códigos Civis suíço e alemão, e de todos os que o tomaram como modelo.

No outro plano, temos os dados de fato, as contrapartes empíricas da hipótese e da consequência: os suportes fácticos e os efeitos (ou eficácia interna). O conceito de suporte fáctico é auxiliar. É um conceito relativo. A fração do *suporte fáctico*, prefixada na hipótese, é o *fato jurídico*. Se o suporte fáctico tem as propriedades *a*, *b*, *c*, *d* e a hipótese os tem como referências de sua conotação *A*, *B*, *C*, *D*, então o suporte é elevado, esgotantemente, ao nível de fato jurídico. Ordinariamente, o suporte fáctico é mais rico em propriedades que a conotação da hipótese.

Observe-se, normas diversas *N'*, *N''*, *N'''*, podem incidir sobre o mesmo suporte fáctico *S* e perfazer, cada uma, de per si, fatos jurídicos diversos *F'*, *F''*, *F'''*. Ou, então, uma mesma hipótese, digamos hipótese fáctica (atendendo ao seu *indirizzo*) *H*, constar em normas diversas *N'*, *N''*, *N'''*. Será a *hipótese fáctica comum* ligada a consequências várias, *C'*, *C''*, *C'''*. Em nível fáctico, teremos o mesmo fato jurídico com diferentes efeitos, *o fato jurídico com eficácia múltipla*. A relação um-a-um, *H/C* (no plano conceptual) e *F/E* (no plano eficacial), é menos frequente, dada a complexidade das interações humanas. As possíveis relações são: um/vários, vários/vários, vários/um (*one/many*, *many/many*, *many/one*, sem excluir a relação *one/one*).[6]

Uma relação unívoca entre *H* e *C* ocorre no fato jurídico das duas declarações de vontade no ato jurídico matrimonial, se tomarmos o só efeito do vínculo contraído. Outros efeitos advêm, obrigacionais, familiais e patrimoniais, com base no fato jurídico do casamento válido. Predominam, todavia, as relações multívocas, de pluralidade eficacial de um só fato jurídico, de pluralidade causal (o fato jurídico como causa) para uma só classe eficacial (pense-se na responsabilidade objetiva, na obrigação de reparação patrimonial do dano, aspecto eficacial de vários tipos de fatos e atos jurídicos – todos no tópico de pressupostos fácticos de uma consequência: a obrigação de reparar o dano). Na relação multívoca teremos, assim, pluralidade causal e pluralidade eficacial, combinando-se para atender aos fins, interesses e valores que motivam a conduta individual e coletiva.

Agora, que um dado fato provoque um dado efeito, que a morte, o atingir certa idade, o declarar vontade, o sofrer acidente tragam alterações no mundo social, não se compreende sem a existência de *relações* entre fatos condicionantes e modificações condicionadas. Relações somente temporais (de

6. R Schreiber toma a hipótese fáctica como susceptível de valor veritativo: Diz: "Die heschreibung der tatsaelichen Voraussetzung muss dann als wahr oder falsch bewertet werden". É certo que pondera o caso "... wann die Voraussetzungen ausschliesslich normativ natur sind". Porém, conteúdos normativos, dentro da hipótese ou pressuposto, são tomados com função descritiva: o tópico sintático da hipótese é o de um descritor. *V. Die Geltung von Rechtsnormen*, p. 14.

simultaneidade e de sucessão), ou somente espaciais (distância, proximidade), meramente topológicas, não explicam.

12. Cortes metodológicos

O *jurista, como jurista*, e a Ciência do Direito, como conhecimento específico de um ordenamento positivo (como dogmática desse ordenamento, cujo ato cognoscente poder-se-ia resumir com o termo *interpretação*: ato complexo envolvendo aspectos lógicos, axiológicos, empírico-sociais), valem-se da categoria da causalidade, normativamente estabelecida. Sem hipótese fáctica de incidência, e sem resultados eficaciais deonticamente configurados, nem o fato-causa nem o fato-efeito entram em consideração. E, todavia, faz-se um corte abstrato.

Articulando as interações, acham-se as relações causais sociológicas. Sem iteratividade uniforme de sequências nessas relações, seria impossível inserir normas de conduta. Se à conduta *C'* seguisse, indiferentemente, e com unicidade no tempo, tanto a conduta *C''* como *C'''*, como qualquer conduta *C*, sem repetência nas relações, então estaríamos no domínio do puro azar: que uma norma, com determinado conteúdo, endereçada a um ato psíquico individual ou coletivo, imprimisse alteração na sequência puramente *casual* dos fatos de conduta seria imprevisível. Toda intervenção do homem no curso dos fatos naturais como no curso dos fatos sociais repousa na observância das leis que configuram a textura própria do domínio em questão. Isso não importa numa posição ontológica, numa teoria integral do objeto, numa teoria da realidade.

O mesmo procedimento metódico se dá com o psicólogo. *Como psicólogo*, sem desconhecer a correlação psicofísica do homem, ao estudar a percepção de uma cor, como ato cognoscente sensível, não desce a fazer fisiologia das células nervosas cerebrais, nem vai a ponto de investigar a cor como comprimento de ondas, verificando a estrutura íntima e finíssima das mínimas cargas da energia. A física dos eletrões cerebrais, os processos bioquímicos das células e os processos intercalares, que só conceptualmente separam-se entre a física, a química, a bioquímica e o propriamente psíquico, estão na base do conhecimento da Psicologia empírica, como Ciência natural generalizadora. Acrescentaríamos, ainda, que os processos psíquicos mais complexos desdobram-se dentro de órbitas sociais. Há, então, uma por assim dizer, superposição de séries causais: causalidade física, causalidade físico-química, causalidade bioquímica, causalidade psicofísica (o termo "física" em sentido amplo) causalidade psicológica, sem excluir, em capas superiores da vida mental, a causalidade sociológica e a causalidade histórico-cultural.[7]

Com o esquema lógico da causalidade normativa, no qual o efeito é deonticamente vinculado à causa (ao fato jurídico), não poderemos *sair* do sistema jurídico para *correlatar* fatos econômicos e normas ou instituições jurídicas; fatos religiosos e textos legislativos; fatos demográficos, geopolíticos e decisões judiciárias, mobilidade social vertical ou horizontal e validade (legalidade, constitucionalidade) dos atos administrativos; macrossociologia ou microssociologia dos grupos e validez de uma resolução legislativa, de um decreto legislativo, de um decreto-lei ou de uma lei de reforma constitucional.

13. A causalidade sociológica

Tomemos o princípio da multiplicidade contínua do universo social. Inexiste homogeneidade (multiplicidade qualitativa) e os segmentos se complementam. As interações e os processos (*as sozialen Gebilden* de Wiese) tecem o social como um contínuo heterogêneo.

---

7. Os conceitos formais de natureza e de cultura são resultantes de dois esquemas de referência: o generalizador, indiferente a valores, e o individualizador, com referência a valores. O corte não é absoluto. Rickert reconhece a causalidade geral e a causalidade individual. A contraposição kelseniana, natureza/ sociedade, toma como referência causalidade e imputação (que pressupõe norma). Kelsen não podia aceitar a tese cultural rickertiana, explica-o A. Ross, *Theorie der Rechtsquellen*, p. 229-269.

As relações representam o estável. O que se repete. Os termos das relações. Digamos, os processos que ocupam o termo de causas e de efeitos, estes são históricos. Os fatos circunscritos numa configuração como a Idade-Média são localizados: as formas de interação são abstraídas do fluxo temporal do suceder. Fixam-se conceptualmente as relações em enunciados-de-relação generalizados. A causalidade está nas relações, não na estabilidade dos termos dessas relações. Os termos são variáveis histórico-sociais. Não se dá mais a estrutura estamental com os fatos históricos repetindo-se. As relações sociais que articulam uma estrutura hierárquica podem repetir-se numa estrutura institucional religiosa, militar, econômica ou política. Os agentes, os fatores intervenientes na relação, são formações epocais, do tempo sociocultural.

Tem cabimento o problema da universalidade das formas de interações, como estruturas independentes de totalidades como a nação, o "século", a cultura, a etapa cultural (renascimento, racionalismo liberal político e econômico). Se existem totalidades, como pensa Spengler, com a teoria morfológica da cultura, não só os conteúdos sociais (os sistemas culturais de Dielthey), como as próprias formas de interações inserem-se em uma causalidade total: não são séries intérminas de causas e de efeitos, mas relações determinadas pelo todo. A totalidade nem requer ser consciente, racionalizada como teleologia, nem precede temporalmente as sequências causais.[8]

A teoria sociológica do universo social utiliza a categoria de causalidade intrassistêmica e a intersistêmica. Há causalidade nos processos sociais *no interior* do sistema econômico como entre o sistema econômico e o sistema político, e entre ambos os sistemas e o sistema jurídico. Só conceptualmente delimitam-se os sistemas econômico, político e jurídico, como base empírica para a diferenciação de três sistemas de

8. Dilthey vale-se do conceito de totalidade e de sistema dinâmico: há causalidades segmentais e causalidade total. "Wirkung" na locução "Wirkunzusammenhang" abrange "... a causal process or the effect of such a process". *V.* H. A. Hodges, *The philosophy of Wilhelm Dilthey*, p. 267-272.

Ciências. A razão por que uma lei tem tal conteúdo, e não outro, por que surgiu num ponto do tempo social, e não em outro, por que é eficaz ou ineficaz, que relações mantêm com crenças coletivas, valorações sociais vigentes, códigos éticos e religiosos, e, ainda, como a lei é efeito, e, ao mesmo tempo, passa a atuar, dirigindo, canalizando a energia social, desviando ou impedindo o curso do suceder social, ou seja, a lei como causa: todo esse leque de investigações, úteis para a elaboração do Direito justo, oportuno, úteis na *política do Direito*, requer a manipulação metodológica da causalidade intersistêmica (relações entre os sistemas *S'*, *S''*, *S'''* e S^n).

14. A causalidade dentro do Direito

Ponhamos de lado as relações recíprocas entre o sistema do Direito positivo e os outros sistemas socioculturais. Há relações não causais e há relações causais. No interior de cada sistema, tecem-se relações de causalidade (intrassistêmicas). Com base nela, na existência de uma ordenação objetiva no curso dos fatos econômicos, políticos, jurídicos, é que se programa o curso natural dos fatos. Há leis econômicas, leis políticas, leis jurídicas (leis em sentido *descritivo-causal*). Se houvesse caos, desordem, imprevisibilidade no suceder, apenas relações de mera simultaneidade, ou sucessividade, sem nexo causal, seria inviável intervir com um plano para dominar racionalmente a realidade socioeconômica, sociopolítica, sociojurídica (para só mencionarmos esses itens). A politização da Economia, a juridicização do poder e da economia é possível com base nessas relações de ordem causal internas e nas relações recíprocas entre os sistemas.

Mas uma coisa é a lei de causalidade de acordo com a qual o sistema sociojurídico emerge, desenvolve-se, interage como os demais sistemas sociais (leis de estrutura, leis dinâmicas de evolução), e outra é o sistema de relações que o Direito implanta nos fatos de conduta inter-humana. As leis de causalidade social são *descritivas*: não *prescrevem* nem a constituição interna, nem como deve se desenvolver o sistema. São leis *explicativas* da origem do Direito, da sua composição e de sua função no sistema social de controle da conduta. Enunciados prescritivos sobre o direito positivo são os formulados pela Política do Direito e pela Filosofia do Direito, como axiologia e deontologia.

Os critérios de legitimação desses dois tipos de enunciados diferem. Os enunciados de leis causais descritivas são verdadeiros ou falsos. O que decide seu valor positivo ou negativo é a verificação empírica. Os enunciados prescritivos, que se colocam *sobre* o direito positivo, pautando como ele deve ser para ser justo, são válidos ou não válidos. O critério de sua validez depende do quadro axiológico de referência. Mas o Direito, em si mesmo, é norma, regra, preceito. E norma jurídica positiva não se realiza socialmente sem estatuir relações, relações entre condutas, entre fatos do mundo social e do mundo natural socialmente relevantes: o mundo físico ingressa no mundo social, fazendo-se socialmente relevante. Juridicamente relevante é o fato do mundo (natural e social) que se torna *suporte de incidência* de uma norma, norma que lhe atribui efeitos, que não os teria sem a norma.

A relação tecida, configurada, articulada pela norma entre um dado-de-fato e seus efeitos, entre o *fato jurídico* e sua projeção eficacial não é relação de simultaneidade, ou de sucessão temporal (*A* com *B*; *A*, depois *B*), é uma relação uniforme, regular, iterativa (sem *A*, não *B* – na relação causal unívoca; *A'*, *A''*, *A'''* necessários e suficientes para *B* – na causalidade múltipla).[9]

9. Sobre o pluralismo da causação, M. R Cohen & E. Nagel, *Logic and scientific method*, p. 269-272; H. Margenau, *The nature of physical reality*, p. 389-394; L. S. Stebbing, *A modern introduction to logic*, cit., p. 270-279. Sobre a causalidade como relação funcional, em que a assimetria temporal causa/efeito perde importância, *v.* B. Russell, *Our knowledge of external world*, p. 226; também, *Human knowledge*, p. 236 et seq., em que se distinguem as relações causais de persistência e as de mudança (*persistence/change*).

15. Pertinência a um sistema

Não há fato jurídico, em sentido técnico, sem norma jurídica, cuja hipótese de incidência tenha o fato natural, ou o fato social da conduta como base de qualificação. A primeira parte de uma norma jurídica qualifica e tipifica o suporte fáctico. Só norma individual tem suporte fáctico individual. Assim mesmo, nem tudo do suporte entra no quadro da hipótese. A realidade fáctica, natural e social, é sempre complexa e interconexa com outros fatos. O suporte fáctico isolado é resultante de uma operação normativa. O suporte fáctico está causalmente – pela causalidade natural física e social – ligado a séries, ou linhas, cujos pontos são topicamente causas aqui, efeitos mais adiante. Qualificar um fato como sinistro, acidente, delito, manifestação ou declaração de vontade (classe genérica: exteriorização da vontade) importa num corte abstrato na série, numa esquematização típica sobre a multiplicidade contínua e qualificativamente heterogênea da realidade.

Assim, nem mesmo a norma individual e concreta tem seu suporte fáctico como reprodução íntegra em sua hipótese fáctica. Logicamente, o individual configura uma classe unitária (unimembre). O que está no nível da hipótese é a *classe*, não o *indivíduo* como existente único dessa classe. A classe, como classe, não pode ter a função de suporte fáctico, que é sempre um fato (evento ou conduta). Num contrato de seguro, a individualização da pessoa ou da coisa protegida contra risco não elimina desse ato bilateral e aleatório sua abstrateza. O individual do objeto segurado é substituído pelo equivalente pecuniário do prêmio. O *quantum* da indenização pode variar, no ato consensual entre segurado e segurador, em função de peculiaridades qualitativas do objeto segurado. Mas o qualitativo da individualidade é substituído pelo quantitativo do valor do prêmio devido.[10]

10. A relação do indivíduo com sua classe é de pertinencialidade. Como observa Menne, para tal relação usa-se o functor "Elementator", diferente dos "Klassenfunktoren" (A. Menne, *Einfuehrung in die Logik*, p. 74). Para uma classe unitária,

Temos sempre, para dar-se a causalidade jurídica, norma, fato e eficácia. Sem norma, um fato não adquire qualificação de *fato jurídico*. E sem fato jurídico, efeito (eficácia) nenhum advém. De onde se depreende *que os fatos jurídicos são internos a cada sistema. Não há fato jurídico "fora" de sistema normativo*. É o sistema que decide que fatos são fatos jurídicos (juridicização do fáctico), e que fatos deixam de ser jurídicos (desjuridicização do fáctico). Em outros termos, que fatos trazem "consequências jurídicas", que fatos não têm tais consequências, são juridicamente irrelevantes" (ou porque *ainda* não foram qualificados, ou porque o eram, mas deixaram de ser). O constituírem-se ou desconstituírem-se fatos jurídicos depende de *regras de formação* do sistema. E são explicáveis causalmente – pela causalidade natural – dentro da constelação concreta de fatores econômicos, morais, religiosos, políticos, ideológicos em suma, por esses fatores que se fazem fatores da *causalidade sociológica*, na medida em que esses conteúdos objetivados dos sistemas socioculturais se manifestam em *interações*, em *processos* de ação recíproca e em *formas* de aglutinação de tais processos.

16. O sistema como referência

Todo fato jurídico, todo fato que é ligado a efeitos, sejam eventos, sejam condutas esses fatos, insere-se num sistema de normas jurídicas. E não há norma jurídica que não pertença a um determinado sistema. Isoladamente, não tem ela o específico característico de valer, de ser exigível, em sua observância e em sua aplicação. Mesmo diante de toda norma cabe a pergunta: de onde provém, de onde obtém sua existência válida? Há de provir de um sistema, em cujo interior se encontram os modos de constituir e de desconstituir normas. *Como o direito não é um sistema nomológico-dedutivo, em que seus enunciados*

---

seu *Gegenstandbereich* é mínimo: um só. É maximal na classe universal (*Allklasse*). A classe universal, ou total, e a nula são *Grenzfaelle*. Sobre a diferença entre a classe e seu único membro, Bochenski-Menne, *Grundriss der Logistik*, p. 71.

derivem implicacionalmente de outros enunciados, um sistema formal fechado, mas um sistema empírico aberto aos fatos, os fatos nele ingressam por meio de normas.

A abertura por onde entram os fatos são as hipóteses fácticas; e suas consequências em fatos se transformam pela realização dos efeitos. Mas, dissemos, as normas, que são enunciados de um tipo lógico peculiar, não derivam de normas, esgotando-se o processo de criação do Direito num processo inferencial-dedutivo. Sem norma e sem a porção do fato que lhe serve de incidência. Sem o suporte fáctico, não sobrevém norma. Um dos efeitos do fato jurídico é o estatuir norma. O efectual do processo legislativo, que é um fato jurídico complexo, é a criação da lei. É fato jurídico um plexo de manifestações de vontade, normativamente qualificado como *ato* (fato jurídico em sentido amplo) constitutivo de normas. O órgão competente é, por sua vez, um plexo de fatos e atos qualificado por normas de organização e de competência.

As normas de organização (e de competência) e as normas do "processo legislativo", constitucionalmente postas, incidem em fatos e os fatos se tornam jurígenos. O que denominamos "fontes do direito" são fatos jurídicos criadores de normas: fatos sobre os quais incidem hipóteses fácticas, dando em resultado normas de certa hierarquia. Assim, as normas, potencialmente incidentes sobre as classes de fatos que delinearam, *resultam de fatos que, por sua vez, são qualificados como fatos jurídicos por outras normas do sistema.*[11]

Certo que estatuir normas é um dos efeitos dos fatos jurídicos. Se tomarmos todas as classes de normas, as gerais e as

---

11. A norma fundamental é a hipótese-limite do conhecimento dogmático, não do conhecimento sociológico-jurídico. Este se vale de outra hipótese-limite: o fato interacional a dois, a relação recíproca binária. Sem a intersubjetividade com sentido, a interação é física, como anotara Weber. A norma fundamental kelseniana permite operar *como se* o sistema fosse um *closed system*. Para fins gnosiológicos, tais sistemas, como observa em seu domínio H. Margenau (*The nature of physical reality*, p. 399), têm um "fictive character of idealization". Para tal função, é irrelevante se provém de ato de pensamento, de ato de vontade, ou se é "eine fingierte Norm" (Kelsen, *Allgemeine Theorie der Normen*, p. 188, 187 e 206).

individuais. As abstratas e as concretas, qualquer que seja o nível hierárquico no sistema, a não ser os últimos fatos de execução material, todo fato é fato jurídico constitutivo (ou desconstitutivo) de normas. Mas o efectual da causalidade jurídica é mais amplo. Os efeitos de um fato jurídico são diversos: qualificações de coisas e de pessoas, posições jurídicas, situações jurídicas, direitos, poderes, deveres. Num sentido amplo, o efectual reside na constituição, na modificação e na extinção de relações jurídicas (privadas ou públicas, de Direito interno ou de Direito internacional. De Direito real ou de Direito obrigacional, de Direito material ou de Direito processual).

17. O ponto-limite da causalidade

Uma norma jurídica mantém sempre uma relação-de-pertinencialidade a um sistema. Sob o ponto de vista causal-genético, as normas surgem dispersas provindas de fatos sociais múltiplos, em função do equilíbrio dos fatores atuantes no interior das coletividades. Só num estádio avançado de diferenciação cultural, com a politização do poder, convergem para um centro de decisões, e dele, ao mesmo tempo, irradiam.

A reconstrução histórica, antropológica e sociológica desse processo de diferenciação opera com o conceito de causalidade sociocultural. A reconstrução conceptual, que é uma reconstrução retrocessiva dos passos que progressivamente a comunidade dá, pondo novas normas em capas culturalmente superpostas, por assim dizer, tem o sistema como um antecedente lógico das normas: a validade de uma norma é uma relação com o sistema, que é logicamente um *prius* (historicamente, um *posterius*). Esse ponto de vista, conceptualmente reconstrutivo, não é uma tese ontológica sobre o ser integral do Direito, é uma delimitação conceptual do objeto formal. Sabe-se, um só objeto material *M* dá lugar a tantos *objetos formais F', F'', F'''*..., quanto sejam os pontos de vista (irredutíveis, como pontos de vista, apesar da convergência para um só objeto material).

Retomando os pontos antes suspensos: sem norma, jurídica e sem suporte fáctico (natural, ou social) não resultam efeitos. A soma dos efeitos é a *eficácia*. Um suporte sem eficácia não é fato jurídico. Sem norma que qualifique o nascimento de ser humano com vida não ocorre o efeito: o direito subjetivo de personalidade. Todos os direitos subjetivos são eficácia de algum fato que foi qualificado pela hipótese fáctica de uma norma. Inexistem direitos subjetivos (como deveres subjetivos) sem normas: inexistem direitos subjetivos sem fatos jurídicos. De modo geral: inexiste alteração no ordenamento jurídico (totalidade de fatos e normas) sem fatos jurídicos.

A norma incidente no fáctico pertence a um sistema, a um sistema parcial, ou a um sistema total, a um sistema nacional, ou a um sistema internacional (público), a um sistema secularizado, ou a um sistema como o do Direito canônico. Mas, se o fato *F'''*, para ser jurídico, requer uma norma *N'''*, o fato *F''*, a norma *N''* o fato *F'*, a norma *N'*, há de existir um fato primigênio (um *Urfaktum kelseniano*) que se qualifique por uma norma-origem, *N*. Os fatos que antecedem à norma-origem são fatos não juridicizados. Assim, a norma-origem (uma norma de direito positivo, a norma minimal, ponente do modo de produção normativa, ou uma norma *pressuposta, como hipótese para reconstruir conceptualmente o sistema*) é o ponto-limite da cadeia da causalidade jurídica. Ultrapassá-la é tomar um puro fato (um fato de conduta habitual, um fato de dominação, um fato de violência – que não se confunde com a relação-de-dominação), como fato-origem de normas. Se um puro fato *F* é origem empírica de uma norma *N*, a relação entre esse fato e a norma é extrajurídica: quebra-se a causalidade jurídica, que requer *norma N, fato F e eficácia* (efeitos) E. *Sem N, a relação entre* F *e* E é causa natural.

18. Preliminar ontológica

Para se entender a causalidade especificamente jurídica, há de se ter em conta esse mínimo de ontologia: o Direito é uma realidade com duas dimensões. Uma é factual, no sentido largo do termo: compõe-se de fatos do mundo físico e de fatos de conduta inter-humana. Outra é a objetivação de significados normativos. Essa bidimensionalidade é mais abrangente que a sublinhada pela tese kelseniana – a de atos e de significações objetivas. A dualidade kelseniana procura evitar o psicologismo, a redução dos conteúdos de significado aos atos (modos de vivência intencionais, para falarmos em termos fenomenológicos).

Mas a palavra ato conota o dado imediato íntimo, o ato psíquico em que a norma se constitui. O ato íntimo, pode apenas não exteriorizado em conduta (ação/omissão), pode apenas ser um componente integrante do pressuposto fáctico (a boa-fé, a fidelidade, nas relações obrigacionais e familiais). Os suportes objetivos do Direito são partes do mundo físico e do mundo social, que se tornaram relevantes e, por isso, foram delineados nas hipóteses fácticas das normas, como seu campo de incidência. O nascimento de ser humano, o tomar a coisa sem dono, o curso de água que passa numa propriedade rural, o decurso do tempo, a declaração de vontade de alguém, são meros dados de fato, sem as normas que qualificam tais coisas e eventos. Sem as normas, tais dados-de-fato não se tornam fatos jurídicos e sem fatos jurídicos não teremos o começo da personalidade jurídica, a ocupação, a servidão, o termo inicial ou o termo final, ou a prescrição, ou a decadência, ou a declaração de vontade unilateral que vincula o oferente ao destinatário da oferta.

Uma análise mais fina pode deslindar, no componente de sentido, o axiológico e o deôntico. Mas esses dois aspectos inserem-se no gênero dos significados objetivados. Se o Direito compõe-se de fatos físicos e de fatos sociais, mais as objetivações normativas, então as relações causais verificam-se dentro de complexos socioculturais. Em rigor, a textura do social, o inter-relacionamento de condutas, é feita por *normas sociais* de várias espécies. Uma dessas espécies é a classe das normas jurídicas, cujo perfil lógico destacado das outras classes só se obtém por reconstrução conceptual, com base num longo processo histórico de diferenciação.[12]

A causalidade jurídica não é relação física, nem relação psicossocial, nem relação causal, sociologicamente entendida. As séries causais estratificam-se. A relação biofísica pressupõe a física a biopsíquica pressupõe a biológica; a sociológica pressupõe a psicossocial. Podemos verificar como vários fatos jurídicos assentam em causalidades, diversas: físicas, umas; bioquímicas, outras; psicofísicas ou psicossociais, outras mais. A causalidade que o sistema jurídico estabelece, a *causalidade intrassistêmica*, é uma relação deonticamente firmada: a eficácia (efeito) não segue sempre o fato jurídico; mas, dentro do sistema, dado o fato jurídico *deve ser* o seu efeito.[13]

19. Causalidade física e normativa

Por causalidade física entendemos a causalidade não normativa, seja a causalidade natural, seja causalidade sociológica. Esta compreendendo as relações *que efetivamente se dão* na realidade social, não as relações *que se devem dar*. A causalidade natural pode ser componente do suporte fáctico. Assim, para que a sanção penal deva ser aplicada, o sistema jurídico requer que o sujeito *A* seja a causa do dano. Que sua conduta corresponda ao pressuposto fáctico, à hipótese, em que se delineia o antijurídico típico. Que sua conduta seja a causa imediata do resultado, que, sem a conduta do sujeito *A*,

12. No ressaltar essa tricomponencialidade, coincidem Cossio, Sorokin e M. Reale. Afastam-se, porém, no conceber a relação entre os componentes. Cossio e Reale divergem por seus pressupostos ontológicos e quanto à interpretação da relação dialética entre fatos, normas e valores. *V.* Cossio, *La teoría egológica del derecho*, p. 232-260; M. Reale, *Filosofia do direito*, p. 539 et seq.

13. Prior, comentando Von Wright, observa que a relação formal "se *p*, então *p* é possível" não tem análogo deôntico em "se *A* é feito, é permitido que *A* seja feito". "For *A* is done does not imply '*A* is permissible' for is it implied by '*A* is obligatory'". Inderivabilidade dos *modos deônticos* a partir de *modos apofânticos*. *V.* A. N. Prior, *Formal logic*, p. 220; Von Wright, Deontic logic, *Logical studies*, p. 74, e, ainda, *An essay in modal logic*, p. 41.

o dano patrimonial ou pessoal alcançando o objeto de direito subjetivo de *B*, não se verificaria.

É difícil isolar a conduta humana como fato tão só naturalístico. O simples ingressar a conduta fáctica no esquema da hipótese (sua *Tatbestandsmaessigkeit*) qualifica-a como *fato típico*, independentemente do *conhecimento*, ou da *vontade* do sujeito agente. Se se verifica a hipótese legal abstrata (a *fattispecie legale abstratta*), então *deve ser* a sanção penal. Há uma relação de causalidade natural entre a conduta (ação/omissão) e o resultado, que serve de suporte fáctico para a consequência punitiva. Mas a relação causal naturalística ingressa na hipótese: qualifica-se, torna-se relevante para o sistema jurídico. *Há uma juridicização da relação causal.* É a norma do sistema que convoca a causalidade, por um critério de valor – o ser injusta a imputação sem o sujeito da imputação ser agente causal. Como injusto o é que, sobrevindo à causa inicial, outras causas intervenientes (que interrompam a série causal originária e instaurem outra série causal) lhe sejam imputadas.

Do ponto de vista causal-naturalístico, as séries causais são ininterruptas. O sistema jurídico, todavia, corta-as, reputando valorativamente uma causa como a inicial. O sujeito mesmo de conduta tem seu fazer ou omitir entrelaçado em várias séries causais (físicas, psicofísicas...). Ele mesmo, agente, é um ponto de intersecção de causalidades sociais diversas (econômicas, sociais, ideológicas): o sujeito é um ponto na série efectual múltipla. Juridicamente, é um ponto inicial, é um limite de imputação, que corta a regressividade analítica em busca de uma primeira causa. Se o sujeito fosse tomado apenas como ponto medial de uma série de pontos, não teria sentido buscar a responsabilidade em que se baseia a culpabilidade, como componente da antijuridicidade penal.

Do ponto de vista causal-natural, acrescentamos, vários efeitos advêm da conduta. O sistema jurídico seleciona, com base no critério de valoração nele adotado, *que efeitos são juridicamente relevantes*, para integrarem a *classe* dos resultados (ou "eventos" em sentido jurídico-penal). Há uma tipificação do efectual, como há uma tipificação dos antecedentes causais. O que significa: mesmo a causalidade natural, ingressando no sistema jurídico, juridiciza-se. Entra no sistema por meio de normas, elaboradas pelas fontes formais ou dogmáticas do sistema. O sistema firma como, normativamente, recebe o mundo exterior, físico ou social.

20. Suporte fáctico causal

Convém ainda insistir. Uma mesma causalidade natural (a morte de *B* por *A*) pode figurar como suporte de incidência de várias normas, cada uma estabelecendo deonticamente a causalidade jurídica. O fato natural, estruturado pela causalidade natural, enquadra-se na hipótese do antijurídico penal e dá lugar aos efeitos punitivos do ilícito penalmente relevante. O mesmo fato, cuja consequência é a privação coativa da liberdade, traz: *a)* a cessação de vários direitos subjetivos privados; *b)* a suspensão do pátrio poder; *c)* a sanção administrativa de afastamento do exercício ou da perda do cargo público; *d)* a sanção civil de reparação patrimonial do dano, em face dos dependentes economicamente de *B*; *e)* o afastamento ou a perda de mandato político que exercia. Os efeitos *E'*, *E''*, *E'''*, ... do mesmo fato *F* são conectados a *F* pelas normas diversas de um sistema *S*.

Assim, sobre a mesma causalidade fáctica, juridicamente qualificada, há várias alterações efectuais. Várias relações tecidas ou constituídas normativamente pelo sistema. Não se pode interpretar tais relações como de sucessão temporal, ou de continuidade espacial, ou de causalidade física, biológica, sociológica. Nem de relações do tipo das relações formais – de princípio a consequência, de implicação entre enunciados, de relações entre classes de fatos, de coerência ou não contradição. As relações formais não são relações empíricas entre objetos temporais, ou tempo-espaciais. A *formalização* da causalidade, quer natural, quer jurídica, é um tema que não se confunde com a incompatibilidade aludida, como veremos mais adiante.

Agora, interessa-nos sublinhar: enquanto na causalidade natural a relação entre o fator causal *C* e o fator efectual *E* é necessária, ou pelo menos, probabilitária, na causalidade jurídica é deôntica. Poderíamos esquematizar assim: na relação causal natural – se se dá *C*, então dá-se *E*; na relação causal jurídica – se se dá *C*, então deve dar-se *E*. Apoiando-nos, um pouco, na tese de Alf Ross, podemos modalizar os enunciados da seguinte forma: causalidade natural, "é assim que" (*it is so*) *C* implica *E*; causalidade jurídica, "assim deve ser" (*so it ought to be*) *C* implica *E*. Na modalização do primeiro enunciado, acrescentamos, cabem os modos "é possível que", "é provável que", "é necessário que" e suas negações. Na modalização do segundo enunciado cabe o modo deôntico do dever-ser genérico.

Abstratamente, a norma estatui que deve ser a relação causal entre o pressuposto ou suporte fáctico e a eficácia, ou entre o fato jurídico e seus efeitos. Especificamente, no uso dos modais específicos. Estatuirá que a relação *C/E* "é permitida", ou "é obrigatória", ou "é proibida", ou, finalmente (adotando a especificação modal a quatro valores), "é facultada". Esses modos, prefixos aos enunciados de relação causal, são incompatíveis com a necessidade e com a impossibilidade, *como modais lógicos*. Outro tema é o da relação entre os modos normativos e as modalidades empíricas ou objetais (ontológicas). As normas realizam-se porque valem-se das possibilidades factuais do mundo físico e social.

21. Causalidade no omitir

Tanto a ação quanto a omissão representam exteriorizações da conduta. O simples querer, ou o não querer, no recesso da intimidade do ego, não alteram o mundo exterior, e, por isso, não entram em interferência com as condutas, que também compõem esse mundo exterior. Na ação, o agente aparece como fator causal da alteração. É *causa eficiente*. Na omissão, sob o ponto de vista naturalístico, série causal fáctica nenhuma o sujeito provoca. Se uma esfera pende de um fio, e deixo de cortar esse fio, a queda do corpo não ocorre. Não altero a lei de gravidade, não provoco, com o choque das duas superfícies, a alteração na estrutura microatômica das superfícies em contato.

Sob o ponto de vista causal natural, a omissão, o não fazer importa em inexistência de causa. Se efeito sobreviesse, quebrar-se-ia a conexidade de causas e efeitos, ou dar-se-ia uma ocorrência incausada. Não é assim no domínio do Direito, onde tanto a ação quanto a omissão podem ser suportes fácticos de hipóteses normativas. A conduta omissiva bem pode tornar-se fato jurídico e dela decorrerem efeitos. É o que se constata ali onde o omitir é pressuposto ilícito de uma consequência penal.

A estrutura causal normativa verifica-se, pois, à omissão, como fato jurídico ilícito, segue o efeito sancionador. É o sistema jurídico que tece essa causalidade, inexistente sob o ponto de vista naturalístico. Aqui, não se juridiciza a causalidade natural (como no caso em que *A* é causa eficiente da morte de *B*) elevando, a suporte fáctico do fato jurídico penal, a relação causal da conduta de *A* em face da morte de *B*. É o sistema jurídico que transforma a *causa ineficiente* em *autor*. A conexidade entre o fato jurídico omisso e o evento é, manifestamente, normativa.

Mais claramente se vê essa normatividade do nexo causal se se tem em conta que se não existisse, no sistema jurídico, norma proibitiva da omissão, ou norma que fizesse obrigatória a ação, a omissão não passaria a essa categoria de fato jurídico causal. Podemos dizer que, se no sistema faltasse a obrigação de impedir o evento (pois o modal proibir uma omissão equivale à obrigação de fazer), a omissão não teria consequência punitiva. Não é qualquer omissão, mas a omissão de uma ação estatuída como obrigação, que se faz penalmente relevante.

Se não constasse a obrigação jurídica de impedir que alguém cometesse suicídio, o omitir o evento, podendo evitá-lo, não se converteria em fato ilícito. Tanto o fato lícito como o fato ilícito são causas de efeitos, estes sancionatórios (civis, administrativos, políticos – o *impeachment* – tributários, penais).

Assim, a causalidade penal, na omissão, perfeitamente enquadra-se naquele esquema da causalidade normativa. E a infringência, que a conduta omissiva representa, que funciona como conduta ilícita e, como fato jurídico ilícito, acarreta o efeito penalmente relevante. A valoração do sistema jurídico inclui esse ilícito na classe do ilícito punível.[14]

22. Causalidade na condição

Um fato jurídico pode trazer os seus efeitos próprios desde logo, quer dizer, desde que ocorrem os fatos que se enquadrem nas hipóteses fácticas, sem interpolação de quaisquer outros fatos posteriores, de que dependam. Entre o fato inicial e sua eficácia (o efeito, ou os efeitos decorrentes) a relação é independente de outro fato. A dependência é interna, relacional, entre fato ocorrente e efeito, dependência constitutiva do próprio vínculo causal.

---

14. A causalidade na omissão não difere juridicamente da causalidade na ação. Requerem ambas a qualificação normativa. A omissão e uma "violazzione di um particulare obbligo de agir" (Antolisei, *Il repporto di causalità nel diritto penale*, p. 225). Por sua vez, Mezger sublinha que a omissão é relevante para a produção do resultado se existe o dever jurídico e a possibilidade de evitá-lo. *V. Tratado de derecho penal*, v. 1, p. 288 et seq. Em Maurach, o conceito de resultado típico compreende a ação e a omissão. A tentativa e o delito frustrado são exemplos de ações não causais. De importância jurídico-penal. *V. Tratado de derecho penal*, v. 1, p. 220-222. Diz Aníbal Bruno (Direito penal, t. 1, p. 322): "A ideia de uma causalidade especificamente jurídica ... desvirtua o problema, que é essencialmente lógico-naturalista".
Esse positivismo naturalista é logo temperado pois "... em si mesma a relação causal não importa em nenhum juízo de caráter jurídico-penal". Pondera, ainda, Bruno: "O comportamento do agente pode ser naturalisticamente causal em relação ao resultado e escapar à ação do Direito Penal por não ser típico, ou não ser antijurídico, ou não ser culpável" (*Direito penal*, cit., p. 323). Sem a qualificação normativa da causalidade, pois, o *factum* natural da causalidade é irrelevante. Com toda exatidão, incisivamente diz o eminente Prof. Manuel Cavaleiro de Ferreira: "Consoante o Direito imponha o dever de não agir assim ou de agir a intervenção causal da ação ou omissão voluntária dará origem a um resultado imputável objetivamente". *V. Direito penal português*, parte geral. v. 1.
Um ângulo sintático: sejam *A* ação, não-A omissão, *O*, *P*, *V*, respectivamente, obrigação, permissão, proibição, temos: *O* (*A*) equivale a não-*P* (não-*A*), equivalentes a *V* (não-*A*). Com base na obrigatoriedade de fazer *A* é que não se permite omitir *A*, e se proíbe omitir *A*. A conduta infringente é antijurídica. Se lhe acrescem a tipicidade e a culpabilidade, qualifica-se como penalmente ilícita.

Evidente que um fato natural, em que a vontade humana se ache ausente (um evento, um sucesso, uma ocorrência imprevisível ou inevitável), que preenche os quadros da hipótese fáctica traz os seus efeitos, os que o sistema anexou. Descabe condicionar. Condicionar pressupõe poder da vontade para optar entre condicionar ou incondicionar os efeitos jurídicos adjuntos à exteriorização dessa vontade. Por isso, somente *atos jurídicos*, não fatos jurídicos *em sentido estrito* (eventos naturais), são condicionáveis.[15]

A condição é um evento futuro e incerto de que se faz dependente o efeito do ato jurídico. O ato jurídico constituiu-se quando concorreram todos os elementos previstos na hipótese. Perfaz-se, ficou perfeito, como correspondente ao seu tipo, o delineado na hipótese. A condição diz respeito ao seu momento eficacial. Em tese, sob o ponto de vista da *Teoria Geral do Direito*, poderia o evento condicionante inserir-se na formação do ato jurídico, diferindo sua formação plena para o tempo da ocorrência do evento. Nesse caso, o próprio existir jurídico do ato só ficaria pleno com a verificação da ocorrência.

Do ponto de vista dos *sistemas jurídicos*, as soluções variam. Nosso sistema consagra o princípio de que somente os efeitos do ato são pendentes. A pendência atinge a *eficácia*, não a *existência* (o perfazimento jurídico) do ato jurídico. Ou os efeitos do ato se dão sem interposição do evento condicionante, desfazendo-se ao tempo da verificação do evento, na condição resolutiva, ou os efeitos ficam diferidos, suspendidos, até que o evento se dê, na condição suspensiva. Quer na resolutividade, quer na suspensividade, há uma situação medial de pendência. A eficácia não segue o ato independentemente, o fato jurídico tem seus efeitos ou já ocorridos, ou por ocorrerem na dependência de evento futuro e incerto.

---

15. Diz Pontes de Miranda: "As condições e os termos não são manifestações anexas de vontade, como o *modus*; são inexas... Não são conexas, nem anexas ..., a condição é parte do conteúdo do ato jurídico, é parte da manifestação de vontade, é elemento do suporte fáctico, independentemente do que advenha", *V. Tratado de direito privado*, v. 5. p. 100.

Desta sorte, a relação de causalidade entre o fato jurídico e seus efeitos, entre o ato jurídico (atos jurídicos, em sentido estrito, e negócios jurídicos) e sua eficácia fica normativamente interrompida. O sistema de normas constata e valora a ocorrência ou a inocorrência dos fatos naturais, podendo normativizar a relação causal fáctica (*A* ser autor da morte de *B*). Mas o plexo eficacial, esse o sistema configura-o livremente. Dentro de certos limites, pode relacionar os efeitos desde logo ou pode subordiná-los à condição de um evento dar-se ou não se dar.

23. Interrupção da causalidade

Um fato jurídico *F'* determina o efeito *E'* porque a hipótese fáctica *H'* implica (normativamente) a consequência *C'*. Se o fato contém, na sua formação, condição *K'*, resolutiva, os efeitos, que se deram, cessarão no advento do fato condicionante. Interrompe-se a continuidade causal. Se é condição *K''*, suspensiva, os efeitos ficam pendentes, a continuidade ainda não se verificou.

Observe-se que a cláusula condicional é secção do tecido normativo, que prevê evento futuro e incerto, cuja verificação provoca efeitos. O evento é fato condicionante porque foi qualificado normativamente. Sem essa qualificação, seria fato natural (*A* e *B* terem filho como condição para serem donatários, ou herdeiros) ou fato normativamente qualificado no sistema jurídico, mas irrelevante para fazer cessar ou interromper a eficácia de outro fato jurídico.

Ainda que a cláusula condicionante se ache presente na formação voluntária do ato jurídico, ela não deixa de ser hipótese fáctica, compondo a hipótese fáctica complexa a do ato jurídico. É adjecta, mas inserindo-se na formação mesma do ato. O ato poderia compor-se sem ela, incondicionalmente. Notável é observar que o evento condicionante (o fato futuro e incerto, nos termos do art. 114 de nosso CC brasileiro) [art. 121 do CC/02] funcionará como *fato jurídico*. Sendo fato jurídico, pela lei de causalidade jurídica, tem eficácia. A eficácia do fato condicionante é, na condição resolutiva, desfazer o efeito, ou os efeitos que o fato jurídico (o ato jurídico) vinha produzindo.[16]

Teremos, então, o fato jurídico constitutivo do ato jurídico *F'* com a eficácia *E'*. O evento, que é contraparte da cláusula resolutória, e é o fato jurídico *F''*, cujo efeito *E''* desfazimento do efeito *E'*: o que está dentro da continuidade fechada da causalidade no sistema jurídico: fato jurídico provém de fato jurídico, e somente pode ser desconstituído por outro fato jurídico. Ainda: fato jurídico é o fato qualificado por hipótese fáctica, de norma do costume, legislada, jurisprudencial: pelas fontes dogmáticas do sistema jurídico positivo. Justamente as fontes intrassistemáticas.

Aproveitamos a ocasião para dizer que se um mero fato, como o desuso, o uso contranormativo, ou um uso juridicamente indiferente, vier a produzir efeitos jurídicos (direitos, deveres, obrigações, pretensões, situações jurídicas), norma positiva do sistema, expressa ou tácita, houve, que incidiu no uso, convertendo-o em fato jurídico. O sistema absorve o meramente factual, juridicizando-o pelo modo previsto intrassistematicamente. Isso tanto no sistema do Direito nacional quanto no sistema do Direito internacional público. O processo de juridicização do fáctico é um só. É intrassistêmico, como intrassistêmica é a causalidade. Que causas econômicas, geopolíticas, antropológicas, sociológicas, ideológicas, demográficas influem *sobre* o sistema é problema metajurídico, quer dizer, extrassistêmico. A mescla de problemas é fonte de intermináveis controvérsias.

16. "O que depende do evento futuro é o efeito (ou extinção do efeito, que efeito é), e não o ser do ato jurídico", diz, ainda, com acerto Pontes de Miranda, *Tratado de direito privado*, cit., p. 97, 101, 112 e 116.

Capítulo II

A FORMA SINTÁTICA DA CAUSALIDADE

1. O tempo como fato jurídico

Muitas vezes, a eficácia não se dá desde logo, não é eficácia imediata. Fica protraída para mais adiante, para um futuro certo e determinado. Ou, então, a eficácia é imediata, mas cessará em futuro certo e determinado. A cláusula que subordina, nos dois casos, a eficácia dos fatos jurídicos anteriores a uma determinação temporal é a cláusula-termo. A cláusula, como cláusula está no plano conceptual normativo. O fato-tempo, que a verifica, está no plano da realidade. O fato-tempo, se está qualificado pela hipótese fáctica, e produz efeitos, é, então, um fato jurídico (em sentido estrito, como fato natural).

O efeito do fato jurídico temporal é determinar a eficácia do ato jurídico, fazendo-a começar, ou fazendo-a cessar, se já começara antes. Em outras palavras, o efeito do tempo, no termo, é provocar o efeito do ato jurídico, ou fazê-lo deter--se. O tempo, em si mesmo, é uma sucessão irreversível. O tempo juridicizado, já como integrante (elemento)/do suporte factual, já como determinante da eficácia do ato (e não como elemento integrante de suporte), não tem essa unidirecionalidade. Os efeitos do tempo percorrem os três lapsos: o passado, o presente e o futuro. Com isso, a causalidade normativa no tempo, tanto se faz protraindo os efeitos como em retroeficácia, retrotraindo esses efeitos. Uma relação obrigacional tanto pode ter seus efeitos (direitos, faculdades, poderes, deveres, obrigações) suspensos, até que o prazo certo chegue, quanto pode ter esses efeitos desfeitos, quando transcorra data certa A retroeficácia é, em princípio, sempre possível, pois a eficacidade é traçada pelo próprio sistema jurídico.

O limite da retroeficácia advém da natureza da relação obrigacional, ou de *sobrenorma* que proíba a retrocessão. Quando se ressalvam certos efeitos como constituintes de *direitos adquiridos*, vedando-se lei que os atinja, a norma que veda a retroação é norma constitucional, acima da norma-lei. No nosso texto constitucional, existe a norma que veda lei (lei formal e normas subordinadas) que atinja ato jurídico perfeito, o direito adquirido e a coisa julgada. Quanto às relações obrigacionais, os sistemas jurídicos em geral repelem atermar-se relações familiais (reconhecimento de filho ilegítimo, adoção, duração do casamento), do mesmo modo que repelem a sua formação com cláusulas de condicionalidade.

No determinar a eficácia, a causalidade normativa revela sua especificidade em face da causalidade natural. A queda de um fruto é expressão da lei causal de gravidade, com sequência de efeitos. Que o fruto caído pertença a *A* ou a *B*, que seja coisa sem dono, que seja coisa móvel, tais efeitos são estatuídos pelo sistema que pôs a norma. Por isso, não surpreende que um fato *F*, reversivelmente no tempo jurídico, retroceda seus efeitos, alcançando efeitos de outros efeitos. Ou, até, fazendo com que os efeitos (exercício de direitos eventuais ou expectativas) precedam a formação da causa, antecedam o fato jurídico. A eficácia é uma construção intrassistêmica, normativa.

2. Esquema da causalidade

Admitimos a tese de que a norma jurídica tem estrutura dúplice: uma, a norma primária, e outra, a norma secundária. Em cada norma-parte, temos hipótese fáctica e consequência. Na primeira, o suporte fáctico é fato natural ou humano (evento/conduta): na segunda, o suporte fáctico é a não verificação da consequência da primeira norma. Mais rigorosamente, é a não verificação da prestação devida, do dever de fazer ou do dever de omitir do sujeito da relação jurídica. Podemos, em reescritura abstrata, delinear o esquema da norma jurídica assim: se se dá o fato *F*, então o sujeito *S'* fica em relação *R'* com o sujeito *S''* (norma primária); se S' não faz ou faz o que devia não fazer ou omitir, então o sujeito *S'* tem o poder de exigir a observância da conduta devida perante *S'''* (relação *R''* na norma secundária). Essa estrutura está simplificada, por sua abstração. É uma reconstrução formal do que na linguagem do direito positivo se apresenta complexo e disperso.

Com efeito, no direito positivo nem sempre se dão norma primária e norma secundária em conexão. Nem sempre se distribui uma só hipótese para uma só consequência. Várias hipóteses *H'*, *H''*, *H'''*... têm uma mesma consequência C, ou, inversamente, várias consequências, *C'*, *C''*, *C'''*, ... correspondem a uma só hipótese *H*. As possíveis relações *R* entre *H* e *C* obedecem às possibilidades combinatórias de uma relação de *n*-termos referentes, e *n*-termos relatos. Por outro lado, as hipóteses fácticas se acham dispersas compondo partes de normas de várias classes. Passam para o Direito Penal, por exemplo, várias hipóteses de não-observância de condutas, que o sistema jurídico valorou como penalmente puníveis. Outras vezes, uma mesma hipótese de não observância de uma certa conduta é pressuposto de consequências civis, administrativas, penais, disciplinares, políticas (com sanções políticas, de Direito público constitucional) e, inclusive, de sanções de Direito internacional público. Uma mesma hipótese fáctica, compondo norma primária ou norma secundária, ora está em nível de Direito material, ora ingressa no Direito processual, civil ou penal.

A reescritura formalizada de uma norma jurídica (completa, em sua duplicidade compositiva) resulta de uma abstração lógica que põe entre parênteses, por irrelevantes para a abstração lógica, a linguagem do direito positivo, que varia com os idiomas e as peculiaridades culturais que se refletem na linguagem, os conteúdos de significação das normas e suas referências semânticas (a fatos naturais e a condutas humanas). E, mais, os contextos históricos e sociológicos (econômicos, políticos, ideológicos), dentro dos quais um sistema jurídico surge e se desenvolve.

Mas ainda não sublinhamos, na reestrutura formal, em que se acha a relação de causalidade entre os termos *H* e *C*. No nível lógico, como tal, inexiste causalidade. Existem relações formais, não relações empíricas de causas e efeitos.

3. Relação formal e relação fáctica

A relação de causa/efeito é uma relação no mundo dos fatos, dos fatos naturais ou dos fatos socioculturais. Entre objetos lógicos ou objetos formais não se encontra. As premissas não causam a conclusão, o enunciado implicante não causa o enunciado implicado, uma variável de objeto *x* não é causa ou efeito de outra variável *y*, uma variável relacional *B'* não é causa ou efeito de outra variável *R"*, uma variável de classe *A* não se inclui como causa ou efeito de outra variável *B*, nem a relação de pertinência de um indivíduo *x'* com sua classe *A* é de causa ou de efeito.

Mesmo parece que as relações de causalidade se verificam no tempo. Se duas esferas metálicas em movimento se chocam na superfície em contato, ocorrem simultaneamente, nas duas esferas, alterações no movimento intra-atômico das partículas de cada uma. Houve precedência do movimento a simultaneidade das alterações de duas séries de estados de partículas e a sucessividade dessa alteração simultânea. Há, pois, relações temporais *T'*, *T''*, *T'''*, de antecedência, de simultaneidade e de sucessividade, *que podem ser formalizadas, como variáveis*, interferindo no cálculo lógico, mas, em si mesmas, são relações fácticas. Questão outra é a de se o tempo é subjetivo, objetivo, transcendental, em sentido kantiano, ou em sentido husserliano: esse questionamento metapositivo. Independentemente desse problema, a teoria cinemática inclui, na teoria do movimento, o tempo como referencial. Nas ciências socioculturais, podemos falar do tempo psicológico, do tempo sociológico e do tempo histórico. Nesses três aspectos, o tempo é um dado da experiência. A teorização física ou metafísica do tempo desdobra-se em nível superior.

O tempo insere-se *no interior* do sistema jurídico. Juridiciza-se como *fato jurídico*, compondo o suporte desse fato (na prescrição aquisitiva, por decurso de tempo), ou incluindo-se nas consequências (como termo inicial, termo final), que, por sua vez, funcionam como pressupostos de outras consequências. O cômputo jurídico do tempo não coincide com o de tempo físico ou o de tempo astronômico. Tem incidência de norma, que o modela, inserindo-o no esquema da hipótese ou da consequência. Dá-se uma qualificação normativa do tempo fáctico. A norma mesma pode trazer, com ela, a delimitação temporal de sua vigência, o começo de sua incidência. Nessa delimitação temporal de incidência, podem ocorrer conflitos. E, então, outras normas, como sobrenormas, dirimem os conflitos intertemporais de normas.[17]

17. O conceito de qualificação normativa do fato não se restringe à incidência da hipótese fáctica, conforme verifica Cammarata, *Formalismo e sapere giuridico*, p. 388 *et seq.* O fato omissivo de conduta pressupõe norma. A licitude ou ilicitude de uma conduta omissiva implica norma cuja hipótese incida no suporte fáctico do não fazer humano, acrescentemos.

A causalidade jurídica passa-se no plano fáctico, normativamente qualificado. Sem norma que incide num fato, temporalmente marcado, o fato não se torna jurídico: não produz efeitos. E sem outro fato, qualificado por norma, sem outro fato jurídico, o *fato jurídico* anterior não se desfaz, não é *des-feito*.

4. Expressão sintática da causalidade

As normas primária e secundária contêm, cada uma, *hipótese* e *consequência*. Podem ser reduzidas sintaticamente a duas relações, R' e R''. Mais ainda. Cada norma, que ostenta uma estrutura relacional, contém a consequência, que, internamente, compõe-se em relação: na secundária entre o *pressuposto antijurídico* e a *sanção*. Essas partes não se articulam arbitrariamente: há leis de composição interna, leis sintáticas ou lógicas, umas; regras advindas do sistema jurídico que estatuem como construir normas, outras.

Tanto na norma primária quanto na norma secundária (sancionadora), *a hipótese é descritiva de seu referente*. Esse referente pode ser puro fato que serve de *suporte factual*, ou fato já juridicizado, tornando *fato jurídico*. O fato jurídico corresponde à hipótese fáctica, é lícito na norma primária e ilícito na norma secundária. Entre o fato jurídico, lícito num caso, o fato jurídico, ilícito no outro, e a consequência estabelece-se uma relação. A consequência, por sua vez, quer na norma primária, quer na norma secundária, decompõe-se, internamente, numa relação, que, tecnicamente, denomina-se *relação jurídica*. A *relação jurídica*, formalmente, por sua estrutura sintática, é uma *relação lógica*, objeto da teoria formal das relações. Como relação jurídica, é tema da Teoria Geral do Direito (tema presente nas chamadas partes gerais do Direito Civil, do Direito Processual, do Direito Penal). A passagem de um nível de relação para o outro requer substituição de conceitos concretos, específicos de cada subdomínio do direito positivo, por variáveis lógicas (variáveis de indivíduo – x, *y*, *z* – e variáveis de classe – *A*, *B*, *C* – e, finalmente, variáveis relacionais *R'*, *R"*, *R'''*).[18]

Conferindo expressão proposicional às duas relações, digamos entre *H* e *C*, entre *H'* e *C'* (respectivamente na norma primária e na secundária), podemos articular essa expressão em duas proposições condicionais (ou implicacionais). Teremos: se *H*, então *C*; se *H'*, então *C'*. Revertendo ao plano fáctico: se se dá o fato jurídico, então advém o efeito (ou eficácia). O fato é fato natural, ou fato de conduta, como sabemos. O eficacial é a relação jurídica, em sentido amplo e em sentido estrito. Eficácia é o direito subjetivo, é o ser sujeito de direito, é a relação obrigacional, tributária, administrativa, processual etc. Efeito ou eficácia de fato jurídico é a posição jurídica, a situação jurídica, a qualificação jurídica.

O lado eficacial do fato jurídico é sempre inter-humano, inter-relacional. O simples ser sujeito de direito é efeito dentro dum plexo de relações de conduta. É-se pessoa num contexto inter-relacional de condutas em possíveis interferências.

5. Aprioridade do nexo causal

Quando falamos em norma, há a implícita referência ao sistema, com o qual mantém relação-de-pertinencialidade. Logicamente, tão só logicamente, inexiste norma isolada. Se houvesse, ela, por si só, constituiria um sistema, um *sistema unitário* (unimembre). Digamos, então, que a relação entre *H* e *C* é constituída pelo sistema. Há os dados de fato, provindos do mundo físico e social, sem os quais as hipóteses e as consequências seriam vazias. As normas mantêm *referência semântica* com o mundo, e o sistema de normas é o correlato de um sistema de objetos empíricos (fatos-eventos e fatos-condutas).

As relações causais naturais têm sua origem na experiência. Constatamos as relações, aqui e agora, entre *C'* e *E'*, *C"* e

18. A estrutura relacional da norma jurídica é uma das teses centrais de E. G. Maynez, *Lógica del juicio jurídico*, p. 128-151. Também, *Filosofía del·derecho*, p. 245-259.

E", *C*'" e *E*'"..., todavia, por maior que seja S de n-casos, nunca alcançaremos os últimos termos da série. Somente dentro de conjunto finito de casos, a generalização é garantida. Num *conjunto finito de fatos F', F", F'", F^n*, podemos quantificar universalmente a relação *R*, verificada nesse conjunto. Num *conjunto infinito*, a experiência nunca exaure os elementos, mesmo porque há a criação potencial de novos elementos. A cada elemento *n*, é possível *n* + 1. A indução é impotente, logicamente, para fundar a validade universal dos enunciados empíricos. Ela não fecha a possibilidade do elemento que faz exceção, que se desvia da regra definiente, posta para constituir o conjunto.[19]

Somente com base numa hipótese, universalizamos variáveis, interpretadas em função de domínios de objetos empíricos. A hipótese da indução generalizadora é a da *constância das relações*. É a lei universal de causalidade, que, com o estatuto de hipótese universal, é inverificável, experiencialmente. Ela é uma condição, digamos em léxico kantiano, é uma condição transcendental da experiência. Condição, pois sem ela ficamos punctiformemente constatando relações concretas, no aqui e agora tópico, obtendo enunciados protocolares, saturados do existencial. Transcendental, porque sua validez universal ultrapassa a experiência, que dá apenas lugar a enunciados quantificados *para uma parte* do conjunto infinito de fatos, seus possíveis elementos. O functor quântico, "para qualquer caso", vale *C* implica *E*' é inverificável, a não ser na denominada *indução completa* e em conjuntos finitos.

A relação causal empírica provém, assim, da experiência de finitos casos de observação e tem seu fundamento de validez universal num enunciado com estatuto de hipótese

19. A experiência conceptualiza-se como série infinita, sem termo que seja absolutamente primeiro, antecessor absoluto (causa primeira), nem absolutamente último, sucessor absoluto (efeito final). A lei de formação que numa série infinita permite alcançar qualquer termo, com base em *x* e a operação "*n* + 1", sendo *n* qualquer valor de *x*, corresponde à hipótese ou enunciado nomológico da uniformidade e constância da relação causal. Essa hipótese é inverificável empiricamente. É pressuposto da experiência que é uma *Mannigfaltigkeit* sem último elemento (sem último fato).

empiricamente transcendental. A causalidade jurídica tem semelhança. Pode advir da experiência, mas é pré-posta, preestabelecida, prefigurada, ante os fatos. A causalidade natural é *descritiva* do acontecer fáctico. A causalidade jurídica é *prescritiva*. Nessa prescritividade, reside sua forma *a priori* de antepor-se aos fatos. *Não registra como se dá a relação constante entre fatos, mas estatui como deve ser: deve ser a relação entre* C e E, *deve ser, na contraparte fáctica, que o fato tenha tal efeito.*

6. Base da aprioridade causal

Partimos da tese de que o *dever-ser da implicação de* E *por* C (do efeito jurídico pelo fato jurídico) não se obtém por via indutiva. De premissas factuais, constatativas da relação individual entre um determinado *C* e um determinado *E*, da repetição de constâncias fácticas entre um fato ou conduta e outra conduta como se dá nos usos e costumes sociais (não juridicizados), da mera reiteiração de condutas uniformes, registradas em enunciados protocolares fácticos, não se obtém, sequer, um enunciado deôntico correspondente, cuja extensão ou denotação vá além das premissas. A tese é: de premissas fácticas não se deriva enunciado deôntico correspondente. Em outros termos, de repetências de fatos não se inferem normas. Como, por outro lado, de meros fatos dados não sacamos juízos de valor. Se não, o já consumado seria, por si, valioso, e não adiantaria a ação humana dirigida para, por meio de normas, implantar valores. O valor é, sempre, um critério extrafactual de referência, para medir o valor positivo ou o desvalor do fato.[20]

De enunciados fácticos não se inferem enunciados deônticos correspondentes. Muito menos enunciados deônticos cuja extensão vá além das premissas fácticas. Ora, as normas são tais enunciados. A tipificação da hipótese e a tipificação da

20. Crítica minudente, profunda e atualizada da tese de Hume (revigorada por um Prior) encontra-se em Gaetano Carcaterra, *Il problema dela fallacia naturalistica*, condensada na p. 538 et seq. V. A. N. Prior, *Logic and the basis of ethics*, p. 1-12: 68-76.

consequência são os esquemas gerais em que se enquadram os fatos jurídicos concretos e os efeitos jurídicos concretos. As normas individualizadas fundamentam-se, em último termo, nas normas gerais. Nem sempre, é certo, como num sistema de enunciados científicos. Pode haver norma individual de competência que confere, ao órgão, poderes de criar normas gerais (ponhamos, à margem, a questão).

Mais uma vez. A antecedência das normas em face dos fatos, sua aprioridade de validez, não prejulga a questão da origem psicossocial ou sociológica do normativo. Mas tal origem é colhida em *enunciados descritivos de causalidade*. A Psicologia social ou a Sociologia do Direito não prescrevem, não estatuem dever-ser de relações. São Ciências empírico-descritivas de relações iterativas. Se o plexo fáctico social tiver importância, por sua individualidade, por sua unicidade, cai dentro do campo da história do Direito. Um método generalizador, ali; outro individualizador, aqui.

Não só a prescritividade do normativo o faz *a priori* antes os fatos. O sistema jurídico, com sua textura interna, com sua lei de composição interna, constitui e desconstitui normas. É no sistema que a norma encontra seu fundamento de validez. O sistema preestabelece, prepõe, pré-constitui, pré-seleciona; dos fatos do mundo físico e social separa que fatos irão compor o universo juridicamente qualificado; que fatos serão fatos jurídicos, que possíveis condutas serão efeitos (eficácia) desses fatos juridicizados. O sistema tece as implicações, deonticamente verificáveis, entre *C* e *E*. E por isso mesmo não se guia por valores veritativos (*V*/*F*), mas, segundo observâncias e inobservâncias, por valores de cumprimento (*fulfillment-values*).[21]

21. Ainda que " ... jeder Inhalt eines Normsatzes auch Inhalt eines Aussagesatzes sein kann, ist deswagen noetig, weil sonst die Feststellung, dass die Norm erfuellt (nicht erfuellt, verletzt) wurde, nicht moeglich waere", obedecem, as normas, as *Erfuellungsfunktionen*, diferentes dos que se aplicam aos enunciados descritivos. Com seus *Wahrheitsfunktoren*. Otta Weinbergen, *Rechtslogik*, p. 203-204. Dizemos: o descritor (a hipótese fáctica) toma o seu conteúdo do real, físico e social e lhe confere valência jurídica. Verificado ou não verificado, não obtém, por isso, valor veritativo.

7. Ainda a aprioridade da norma

Sublinhe-se que a *forma* lógica em que a norma jurídica se exprime dota-a de aprioridade. A forma hipotética (condicional, implicacional, como se denomina) é a articulação sintática que melhor acolhe o enunciado geral. Um quantificador universal como "todos, que se prefixa ao enunciado exaustivo de um conjunto dado, conduz à proposição geral. Mas a proposição "todos os S são P", em rigor analítico, revela sua *forma implicacional*, que é "todos os x que pertencem a S implica a pertinência a P", ou "se x (um objeto qualquer) pertence à classe S, então x pertence à classe P" (onde "S" e "P" são classes ou conjuntos).

Tomando-se como referência o universo do Direito, o enunciado condicional será: "se o fato x pertence à classe H (hipótese fáctica), então deve ser E" (deve pertencer à classe dos efeitos E). Se o fato x pertence à classe dos fatos delineados pela hipótese da norma sendo *fato jurídico F*, a relação implicacional liga-o com o efeito. Prepondo-se à norma fatos e mais fatos, que nela se enquadrem para produzir a eficácia, a não ser dentro de um *conjunto finito* de fatos, jamais esgotar-se-á o rol de fatos (multiplicidade infinita ou indeterminável da realidade). Indutivamente, jamais alcança-se o *limite* para a formação da norma jurídica, quantificada universalmente. E mesmo a norma jurídica individual é *a priori*, relativamente ao fato, objeto de sua incidência.

Num e noutro caso, a aprioridade da norma, relativamente aos fatos (ou ao fato único), advém de seu modo de formação e da relação-de-validade com o sistema. A norma jurídica forma-se de acordo com as normas de formação do sistema (*sobrenormas*), ou as "regras do processo legislativo". Se foi fato consuetudinário que esteve em sua origem, o fato consuetudinário tornar-se-á *fato jurídico*, para ser produtor de normas (*fonte* é fato jurídico). E só é fato jurídico o costume, se há, explícita ou implicitamente, norma no sistema *que incida nesse fato, qualificando-o como fato jurídico, ou seja, como fonte*, cuja eficácia é a ponência ou a revogação de normas.[22]

As sobrenormas, na espécie de normas sobre a formação de normas, conferem *validade* à norma criada. E a validade tem-na a norma, antes de ser "aplicada". Acontece, mesmo, que a norma já válida – promulgada, editada – protrai sua incidência, mas é válida já, pertence ao sistema, com *precedência aos fatos que serão seus suportes fácticos concretos*. A norma não se pospõe, indutivamente, prepõe-se, antepõe-se aos fatos. Retomando o fio provisoriamente cortado: é que a causalidade jurídica é tecida, construída, configurada, mesmo se *les données* se os dados de fato operam como causalidade psicossocial, como fatores na constelação dos fatores da causalidade social, em sentido amplo. Mesmo se os fatos sociais operam como causalidade natural, motivando, impedindo, desfazendo normas, ou provocando novas, ou oferecendo-lhes seus possíveis conteúdos.

8. A forma sintática

A norma jurídica tem sua lei sintática de composição interna, como a tem o sistema jurídico, em seu conjunto. A reconstrução sintática da norma a reduz a dois enunciados, cada um com sua hipótese fáctica e sua consequência, cujos *correspondentes semânticos* são os *fatos jurídicos* e a *eficácia* (ou os efeitos). Podem ser hipóteses a licitude (ou juridicidade positiva), na norma primária, e a ilicitude (ou a antijuridicidade), na norma secundária (sancionadora). O suporte fáctico da hipótese pode ser fato natural, ou conduta humana (algumas vezes, a conduta entra tão só como fato assim, no ato real, ou ato-fato). O efectual, contraparte semântica da consequência,

22. Diz Amadeo G. Conte: "Um lagage prescritif est um ordonnement transcendental de l'expérience, c'est um langage qui conditionne et ordonne transcendentalement l' expérience normative ... L'expérience ne peut ni confirmer, ni infirmer ses propositions. Ses propositions forment um ensemble qui est indépendant de l' expérience". V. À propos des lacunes du droit, Études de logique juridique, *v*. 1, p. 13.

é sempre *relação jurídica*, em sentido ora amplo, ora restrito. Relação fáctica pode entrar como suporte fáctico (relação de consanguinidade para o efeito de parentesco). E, também, relação já juridicizada. *O efectual é sempre relação jurídica*, num dos dois sentidos aludidos. O ser cidadão, por exemplo, é qualificação de indivíduos que preencham certos pressupostos, descritos, pela sua importância política, em normas constitucionais. Mas, é-se cidadão em relações jurídicas em sentido amplo: em potenciais posições de sujeito de direito. O mero ser sujeito de direito é, já, estar em relações jurídicas (não em sentido restrito, por exemplo, em relações obrigacionais, ou em relações jurídicas *reais*).

Hipóteses e consequências são *posições sintáticas relativas*, na série de normas: a hipótese, num corte da série, foi consequência, antes: a consequência, num ponto de vista da série de pontos, será hipótese mais adiante. A sucessividade sintática desses pontos confere *continuidade e homogeneidade normativa* ao sistema jurídico. O sistema mesmo autocompõe-se, completando interrupções (possíveis lacunas), reabsorvendo matéria social, sujeitando-a à sua *lei de composição interna*. O dado social juridiciza-se, inserindo-se em hipótese ou provocando (mediante o legislador, em sentido abrangente) novas hipóteses e novas consequências.

A forma lógica da proposição implicacional (ou condicional, hipotética) parece ser a que melhor corresponde à relação semântica fato jurídico/eficácia (efeito = eficácia interna, o efectual do fato-causa). *Tanto a causalidade natural como a causalidade jurídica encontram na proposição implicacional sua adequada forma sintática*. Numa como na outra, há *variáveis*, há relações entre as variáveis e, acrescentemos, há *relação funcional* (*mais* que relação).

Numa e noutra, podemos aplicar a função: $y = f(x)$, onde y representa a consequência (ou o efeito, no plano real), e x representa a hipótese (a causa, ou o fato jurídico, no plano real). A diferença (parece-nos) residiria no operador, não no *functor interno* ("→", símbolo da implicação), mas num functor que afeta a proposição implicacional, em seu conjunto. Seria um *functor-de-functor* (algumas vezes denominado *functor functoral*), ou um operador de segundo grau, que vem modalizar, imprimir um *modus* à implicação, em seu todo.[23]

9. A implicação como forma sintática

Sabe-se, enunciados escritos na forma categórica podem ser reescritos na forma condicional. Assim "os ângulos opostos pelo vértice, no triângulo, são iguais" diz o mesmo que "se os ângulos de um triângulo são opostos pelo vértice, então eles são iguais". O mesmo se dá na linguagem do direito positivo. O enunciado "a personalidade do homem começa no nascimento com vida" equivale a "se o ser humano nasce com vida, então começa sua personalidade". Predomina na linguagem do direito positivo a forma categórica ou aparentemente categórica (e o uso dos verbos no modo indicativo, presente e futuro).

Não é a forma lógica da implicação que se impõe na redução da linguagem do direito positivo. É essa mesma linguagem, como dado semântico, como estrutura no objeto, que se aloja na forma que mais adequadamente a reconstrói.

O Direito não prescreve que se vão verificar ocorrências naturais e condutas humanas. Nem tampouco descreve o que factualmente acontece no mundo exterior. Descreve possíveis ocorrências nesse mundo, que se alojam em hipóteses, cujos referentes são fatos. Depois vincula (prescritivamente), a essas possibilidades fácticas, efeitos, cujo caráter deôntico (obrigatório, permitido, proibido) somente condutas, como efeitos, podem ser. Tanto os fatos naturais quanto os fatos de conduta podem ser correlatos das hipóteses fácticas. Correlatos de consequências, efeitos (eficácia interna), somente condutas em recíproca interferência podem ser.

---

23. Sobre as classes de functores, G. Kalinowski, Études de logique, p. 23, 24, 25, 42, 184 e 215; sobre as categorias functorais, Bochenski-Menne, *Grundriss der Logistik*, p. 20-21, e Otta Weinberger, *Rechtslogik*, cit., p. 39-40 (*Fúnktoren e Operatoren* como "unselbstaendige Ausdrueke").

Convém, todavia, ponderar que nem todo tipo de implicação é forma sintática correspondente ao dado jurídico. A implicação *extensional* não satisfaz, pois a implicação extensional (também denominada material) corresponde ao dado causal objetivo quando tanto o antecedente quanto o consequente se verificam (são válidos). O que a implicação assegura, logicamente, é não poder dar-se o caso em que a hipótese seja válida sem o ser, também, a consequência. Em outros termos: não é válida a relação-de-implicação quando o antecedente é positivo (válido) e o consequente é negativo (não válido).

Mas são combinações válidas hipótese negativa e consequente positivo, ou hipótese e consequências ambas negativas. Na implicação entre *H* e *C*, *H* é condição *suficiente* de *C*, porém não é condição *necessária*. *A* consequência *C* pode ter outros antecedentes, *H', H", H'", cada um, por si, bastante*, para acarretar *C*. São, pois, possibilidades combinatórias válidas: *a) H* implica *C*; *b)* não-*H* implica não-*C*; *c)* não-*H* implica *C*. Exclui-se a combinação "*H* implica não-*C*" como logicamente impossível. Não é possível a hipótese (prótase) ser válida, ou verdadeira, e a consequência (apódose) ser não válida, ou falsa O enunciado hipotético ou condicional, reduzido à implicação material ou extensional, não traduz a *univocidade* da relação que se dá na relação empírica de causalidade.[24]

10. A implicação formal

A implicação *material ou extensional* não é restrita ao valor positivo da hipótese fáctica, simbolizada por *H*. Pois é formalmente válida a implicação "não-*H* então C", desde que na implicação extensional importam os valores, *positivos ou*

24. Observa Weinberger: "Die kausal beziehung laesst sich in Form eines Bedingungssatzes ausdruecken; sie bedeutet aber eine staerkere Beziehung als die extensionale Implikation, d.h. wenn aine Kausalbeziehung besteht, ist die betreffende Implikation wahr; nicht jede Implikation drueck aber ei Kausalbeziehung aus". O uso de implicações extensivas e de implicações intensivas na linguagem jurídica reflete a complexidade da realidade social da conduta: é o que nos adverte Ulrich Klug, Juristische Logik, p. 46.

negativos, que se relacionam. Com isso, o efeito ou a consequência jurídica *E*, correlato de C, ficaria indeterminada especificamente. Dar-se-ia o caso: sendo o antecedente "não-*H*", equivaleria a dizer que a não causa, a inexistência de antecedente causal, implicaria o efeito *E*. O que é manifesta quebra da causalidade: um sucesso *E* ser efeito sem causa (causa e efeito são conceitos *assimétricos,* que mantêm *recíproca relação* com um vector que vai do primeiro para o segundo).

Já na implicação formal (o "*entailment*") não é possível a forma "se não-*H,* então C". A relação tem a ver com os conteúdos significativos dos termos, com a conexão de sentido entre *H* e *C*. Com base na *conotação* dos conceitos que se exprimem nos termos, é que se estabelece a relação implicacional. Não basta que *H* seja verdadeiro para *C* ser verdadeiro (ou ser válido – validade em sentido genérico, abrangente dos *valores veritativos* e dos *valores deônticos*) ou ser válido um para o outro o ser. Requer-se a *conexidade conotativa* entre os termos da implicação, entre as *proposições* simbolizadas por *H* e C. Nessa forma sintática, sempre "se *H,* então C", excluindo a possibilidade de "se não-H, então C". Anote-se, a ambas as implicações, à material e à formal, aplica-se a lei "é falso que (ou não é válido que) se *H,* então não-C", pois, *pelo menos,* o que afirma uma implicação qualquer é a exclusão da possibilidade de um antecedente ser válido e não o ser o consequente. Esse núcleo convém a ambas as explicações.[25]

Na linguagem do direito positivo, encontramos pluralidade *conjuntiva* ou *disjuntiva* para um só efeito, respectivamente podendo simbolizar-se com as formas "(*H'* e *H"* e *H'''*) → *C"*, "(*H'* ou *H"* ou H''') → *C"*. Num caso, cada causa é necessária, mas não suficiente; no segundo, cada causa é suficiente, mas não necessária para provocar o consequente C. Também, é

25. Para a distinção entre as duas classes de implicação, Lewis & Langford, Symbolic logic, p. 136-147; C. I. Lewis, A survey of symbolic logic, p. 136-147; C. I. Lewis, A survey of symbolic logic, p. 84-85, 214, 231, 243, 259-260. Susan Stebbing, A modem introduction to logic, sobre "implicação", "inferência", p. 143, 215 e 222. V., também, Ralph M. Eaton, General logic, p. 34-43 e 226-230; sobre a implicação estrita ou formal, p. 233.

possível uma só hipótese *H* trazer vários efeitos ou consequências C', C'', C''', ... Mas são *relações R', R'', R'''* de *H,* que se vinculam a um elemento de uma só classe *K*, em face de elementos *C'*, C'', C''' que pertencem às classes *K''*, *K'''*, *K''''*. Se, *dentro de uma só classe K'',* um elemento *H,* de outra classe *K',* relacionar-se *com todos* os elementos dessa classe *K''*, há indeterminação. Traduzindo-se em causalidade a relação, não se poderá especificar, entre os elementos das duas classes, qual a relação de causa/efeito. Faltaria a *univocidade.* Há univocidade nos múltiplos efeitos se estes forem, conjuntivamente, provocados pela mesma causa; efeitos, porém, pertencentes a classes diversas, *para cada classe, dar-se-ia a relação um a um.*[26]

11. Incidência dos modais

Há um paralelismo entre os modos descritivos (ou aléticos) e os modos prescritivos ou deônticos. Simplificando, para efeitos deste trabalho, os modos em possível, impossível e necessário, com os símbolos *P, I, N,* e os modos deônticos em permitido, obrigatório e proibido, com os símbolos *F, O, V,* vemos que essas duas classes de modos afetam proposições ou enunciados. Numa proposição composta, como uma implicação, ou prepomos o modo ao complexo proposional, enunciando "$N\ (p \rightarrow q)$", ou distribuímos o modo por cada membro da implicação, assim fazendo: "$Np \rightarrow Nq$". Na expressão entre parênteses, o modal pode afetar a implicação, afirmando que ela é necessária, sem nada dizer da proposição implicante e da proposição implicada. Logicamente, são válidas as distribuições de modais, por cada membro, nas operações de disjunção, conjunção e implicação recíproca.[27]

26. Sobre a combinatória dos termos "referente" e "relato", A. Tarski, Introduction to logic and to the methodology of deductive sciences, p. 87-109.

27. Tipos de modalidades (lógicas, físicas, epistêmicas), H. Reichenbach, Elements of symbolic logic, p. 391-400. A morfologia gramatical pode abrigar categorias sintáticas (lógicas), como sublinha Reichenbach, Elements of symbolic logic, cit., p. 251-354.

Na linguagem do direito positivo, o modal deôntico pode afetar uma proposição isoladamente, ou uma relação interproposicional, ou cada membro da relação. Assim, *O(p)*, *O(p → q)*, *O(p) → O(q)*. Gramaticalmente, podem vir prefixos, infixos ou pós-fixos. Gramaticalmente, podem ter a morfologia de verbos, de adjetivos, de advérbios. Assim, necessitar, necessário, necessariamente. Em paralelo, obrigar, obrigatório, obrigatoriamente. Essa variação morfológico-gramatical gira em torno de um núcleo conotativo, manifesto no radical dos vocábulos.

Se reduzirmos a linguagem do direito positivo, que é, do ponto de vista sintático e morfológico-gramatical, excessiva e ambígua, à sua estrutura lógica, em que se procura uma relação biunívoca entre símbolos e significados, ou operações, o esquema de uma norma ostenta, como temos acentuado, a forma condicional. Na bimembridade – norma primária e norma secundária – cada membro é um condicional.[28]

Internamente, cada membro-norma é uma implicação, uma hipótese fáctica e uma consequência, cujos substratos são o fato jurídico e o efeito ou eficácia. A hipótese não implica a consequência, seja possivelmente, seja necessariamente. O *modus* que afeta o enunciado jurídico é deôntico: *estatui que deve ser a implicação do consequente pela hipótese.* Se a implicação fosse necessária, ou impossível, seria supérfluo prepor-lhe um dever-ser. Não tem sentido, quer dizer, não é exequível, realizável, dever-ser (obrigatório, permitido, proibido) anteposto a um enunciado descritivo de necessidade ou de impossibilidade factuais. O *modus* descritivo (alético) afeta um *dictum* com valor veritativo, não um *dictum* meramente observável, executável, susceptível de cumprimento ou descumprimento, mas cujo cumprimento ou descumprimento não mudam a valência do enunciado em verdade ou falsidade.

28. Sobre o tema, Felix Kaufmann, Logik und Rechtswissenschaft, p. 89-102, em penetrante estudo de G. Gavazzi, Norme primarie e norme secondarie, p. 75-127 (para a crítica de Kelsen). Por isso que a norma é dual, tem vigência quer se cumpra a prestação, quer se aplique a sanção, como observa C. Cossio, La teoría egológica del derecho, p. 516.

Mesmo a validade (a valência) da norma não é afetada pela conduta que a cumpre ou a descumpre. E válida enquanto mantém relação-de-pertinência com o sistema. É válida enquanto a validade *total* do sistema se mantém.[29]

12. O functor deôntico

Partimos do suposto de um sistema de normas jurídicas dado, pondo fora de tema sua formação genética, empírica, factual, onde se aplica a lei de causalidade natural. Provocado pela multiplicidade de fatos econômicos, políticos, sociais, com suas projeções valorativas e ideológicas, o sistema de acordo com sua *lei de composição interna*, sua sintaxe, produz normas. Livremente, *i. e.*, dentro de sua sintaxe (regras de formação e de transformação de enunciados), estatui que hipóteses fácticas devem ser antecedentes de consequências fácticas.

Na lei da causalidade natural, a relação entre hipótese e consequência é enunciativa, descritiva. Podemos esquematizá-la no seguinte módulo: "é assim que *(it is so)* se *H,* então C". Modalizando com *functores aléticos,* diremos: "é possível, é necessário, é impossível que se *H,* então C". A lei de causalidade procura reconstruir conceptualmente o que realmente ocorre, as sequências regulares, partindo de exemplificações concretas para alcançar o nível da lei geral. Por isso, a lei causal natural é verdadeira, se confirmada; falsa, se infirmada.

Na lei de causalidade jurídica há sequências regulares, iterativas, cuja expressão lógica é a implicação formal (que leva em conta a conexidade de conotação entre *H* e *C*). Mas é o sistema jurídico positivo que estatui, preceitua, preestabelece

29. A. Ross toma a norma como integrante de um processo psicofísico. Critica Zitelmann, para quem é a vontade do legislador que anexa o predicado ao sujeito (a consequência à hipótese). Não vê que ato de vontade tem conteúdo objetivo: a norma é uma objetivação (discussão do tema em F. Kaufmann, Logik und Rechts wissenschaft, cit., p. 68-88). Para escapar do psicologismo, ele toma a norma como "scheme of interpretation", sem a qual se têm meros fatos empíricos, destituídos de sentido jurídico. V. Ross, On law and justice, p. 6-28.

dentre as possíveis hipóteses e as possíveis consequências *as relações que devem ser.* O *minimum* genérico que há nas espécies "obrigatoriedade", "proibitividade", "permissividade", é que tais modos são modos de dever-ser. São modais especificados de um modal genérico, o dever-ser. Sob o ponto de vista sintático (lógico), fica em suspenso o problema de se o dever-ser é um mero operador, ou um modo de ser ontológico, ou uma expressão do fato empírico de uma vontade (teoria imperativa do dever-ser), ou uma categoria tão só gramatical, um sintagma verbal composto.

O esquema da norma jurídica toma a forma "deve ser que se *H*, então C", ou "D (*H* → C)". Abrangendo a norma primária e a norma secundária, temos "D [(H → C) *v* (não-C → *E*)]". O esquema simplifica, inevitavelmente. A hipótese *H* pode simbolizar fato natural ou conduta, situação, ou relação empírica. A consequência *C*, em sua estrutura interna, é uma *relação entre os sujeitos S' e S"* sobre uma coisa, prestação pessoal etc. A hipótese não-C é uma *relação entre S' e S"* (e possíveis "terceiros", *S'"* – uma estipulação em favor de terceiro, por exemplo), cuja não-prestação do que devia fazer, ou omitir, o sujeito passivo (não-*C* marca unilateralmente só o descumprimento), é hipótese para uma consequência *E,* que simboliza, simplificadamente, quer uma *sanção,* quer uma *coação* (com interveniência do sujeito S"", ou seja, o juiz). O functor *v* é o disjuntor: deve ser a primeira implicação, *ou* a segunda implicação.[30]

13. A fórmula kelseniana

Kelsen contrasta a lei natural e a norma jurídica e vale-se de esquemas. Para a primeira, "se *A* é, *B* é" (*if A is, B*

30. Tese redutora de A. Ross, com a fórmula *if F*, then C ("... where F stands for facts and C for legal consequence, indicating how the judge shall judge" – On law and justice, cit., p. 214). A norma é uma diretiva para a conduta judicial. Concepção processual do direito, desprezo da norma primária (como destinatários, os indivíduos não-órgãos). Já prevalecia em Sander, acentuando a Rechtserfahrung e o Rechtsverfahren, in Rechtsdogmatik oder Theorie der Rechtserfahrung, p. 75 et seq. Já a crítica de Kelsen, Der soziologische u. der juristische Staatsbegriff, p. 218, nota 3.

is) e, para a segunda, “se *A* é, *B* deve ser” (*if A is, B ought to be).* Em ambas, a hipótese descreve, prefigura um fato típico. Chamemos o *descritor*, na norma. Na segunda, a presença do *ought to be* caracteriza-a como o que podemos denominar o *prescritor*. A fórmula apresenta *variáveis proposicionais* (ou símbolos substituíveis por proposições). Nem *A* nem *B* são, nela, *variáveis nominais* ou *predicamentais*. Sendo variáveis proposicionais, num cálculo intraproposicional, exibindo sua estrutura sintática interna, revelar-se-ão *estruturas relacionais*. A relação, na hipótese, pode ser a contraparte de *relação fáctica*, como *suporte fáctico* dessa hipótese, ou *relação já juridicizada*, que ingressa como *fato jurídico* (suporte fáctico *já* juridicizado por incidência de outras normas).

O que pretende a teoria kelseniana, com o “deve ser B”, é assinalar o específico vínculo que une *A* a *B*. A segunda parte não caracteriza *B*, como *enunciado prescritor* (genericamente, *D(p)*, ou, especificamente, O*(p)*, P(*p*), V(*p*), para ficarmos com a lógica deôntica trimodal). Observe-se, a fórmula é um condicional, iniciando com *if* tanto na lei natural como na norma jurídica, havendo elipse (gramatical, sem mutilação de partícula lógica) do “então”. As duas fórmulas são isomórficas, descontando o functor “é” descritivo e o functor “deve ser” prescritivo. Têm a mesma forma sintática.

Pois, em rigor, dever-ser não é um functor ao lado dos functores (constantes lógicas, ou operadores, ou functorais, como quer que se denominem) como “e”, “ou”, “se... então”, “se, e somente se, ... então”. Ora tanto a lei natural quanto a norma jurídica, sintaticamente, são *enunciados condicionais*. O operador proposicional de um condicional é a *implicação* (“□”). Não existe a relação implicacional no uso próprio do sintagma “dever-ser”. A norma jurídica, quer a norma primária, quer a secundária, são estruturas condicionais. O que as distingue das estruturas de enunciados de leis naturais é a incidência do operador “dever-ser” *sobre a relação de implicação*. Sem a norma, a relação entre *A* e *B* não se daria, realmente ou possivelmente. A norma prefixa o operador: deve ser a implicação entre *A* e *B* ou “D ($A \rightarrow B$)”.

Por isso, nesse ponto, o functor *D* é um functor-de-functor. Poderá incidir ou afetar outras constantes lógicas: "*D* (*A ou B*)", "*D* (*A e B*)". Combinando-se com a negação, prefixa variáveis functorais, ou variáveis de classe, ou variáveis proposicionais, ou variáveis relacionais. Importaria em alongar esta análise, pormenorizar todas essas possibilidades combinatórias. Ser functor em segundo grau, ou functor-de-functor não é, claro, peculiar ao dever-ser. A potência da negação é conhecida (não (não-A)), e é oponível a qualquer functor e a qualquer variável. No mesmo caminho, podemos combinar *functores modais aléticos* (descritivos) com *functores modais deônticos,* contanto que *se mantenham os* níveis de linguagem.[31]

14. Causalidade sociológica

Já se vê que a causalidade sociológica, dentro da qual transcorre o fenômeno jurídico, carece de caráter deôntico. As relações causais, com que opera a Sociologia do Direito, são relações que efetivamente se manifestam na realidade.

É uma questão de objeto formal, delineado sobre o mesmo objeto material: o Direito em sua concreção sociocultural. A investigação sociológica toma o Direito como efetivamente ele discorre, e, como não pode desprezar a normatividade (pois interação social, diferentemente da interação mecânica, tem sempre um componente de normatividade, jurídica ou não jurídica), considera-o como fato motivacional, como fator inserido na relação de causalidade.

A representação da norma jurídica é internalização de uma pauta objetiva de conduta. Essa representação abre

---

31. É sintaticamente possível superposição de modais aléticos e deônticos determinando, porém, diferentes níveis de linguagem. A iteratividade no mesmo campo modal não desloca níveis ("é possivelmente necessário", "é necessariamente impossível") sempre. Em termos proposicionais, temos as combinações possíveis entre enunciados apofânticos e enunciados deônticos. V. J. Wroblewski, Normativity of legal science, Études de logique juridique, p. 60-77; R. Blanché, Introduction à la logique contemporaine, p. 93-99. G. H. von Wright, An essay in modal logic, p. 41; Hans Reichenbach, Elements of symbolic logic, cit., p. 391 et seq.

uma via no fluxo das interações, é um componente da conduta. Diz Kelsen de modo rigoroso: "... a representação de uma norma, que prescreva uma determinada conduta, se torna causa de uma conduta conforme a essa norma". Supérfluo aditar que nem toda conduta conforme à norma é consciente da norma. Seria um subjetivismo, cujo centro seria o indivíduo, com seu assentimento, sua aquiescência à validez da norma (norma não seria norma sem uma "massa de adesão", de reconhecimento individual, ou grupal mesmo, o que não escapa do subjetivismo).

A causalidade sociológica é mais ampla que a causalidade jurídica. Não se restringe ao sistema jurídico. Busca relações intra e intersistêmicas entre os sistemas econômicos, político, social, religioso, tecnológico, científico e o sistema jurídico positivo. Relações causais sociológicas entre o sistema jurídico de propriedade e o sistema familiar, por exemplo, são relações intrassistêmicas. Entre o sistema econômico e o sistema jurídico, entre sistemas de ideologia e sistema jurídico, são relações intersistêmicas.

Sob o ponto de vista sintático, os enunciados da Sociologia do Direito são *descritivos,* com valor *veritativo* (verdadeiro/falso) e critérios de prova e de investigação próprios. Tais enunciados *não integram o objeto:* são cognoscentes. Os enunciados jurídicos são deônticos, com valores não veritativos (valências positivas e valências negativas), e conformam, informan, integram o objeto (como objeto, se faz cognoscente para os enunciados da Ciência do Direito). Em rigor, a Sociologia do Direito não emite sobre-enunciados, *i. e.*, proposições de segundo grau, pois, sob seu prisma, as proposições normativas são fatos, fenômenos, cuja articulação em linguagem é superveniência de um longo processo sócio-histórico. Uma relação causal sociológica, por isso, entre um fato C e outro *E*, pode ser modalizada com functores como "possível", "necessário", "impossível". Não, porém, com um modal específico que exprima dever-ser. A lei causal sociológica não enuncia que deve ser o efeito porque se dá a causa *C*. Não diz que "se C, então *E, so it ought to be"*, mas "se C, então *E, so it is"*. É a diferença kelseniana entre um *ought-statement* e um *is-statement.*[32]

15. Duas causalidades

A norma jurídica constrói a relação entre o fato jurídico e sua eficácia. Não reproduz, gnosiologicamente, a causalidade de fato. Entre a posse de bens reais, pelo decurso de *x* anos, e sua aquisição por usucapião, dá-se uma relação jurídica tão só porque a norma incidiu na relação fáctica do possuidor com a coisa, em face de todos, e a converteu em modo de aquisição originária do direito subjetivo real. Já na usucapião extraordinária, requer a norma a posse por mais anos, sentença judicial que declare a aquisição e a transcrição no registro imobiliário, que da sentença se vale como título.

Certo, quando a norma estabelece os pressupostos para gerar determinados efeitos tem em conta o costume, a prática reiterada de atos, e nisso inserem-se componentes os mais diversos (culturais em sentido antropológico e sociológico). O "legislador" que, no interior do sistema, é livre para estatuir relações de causalidade normativa, é pressionado pelos dados efetivos (*les données*). O juízo "o legislador deve ter em conta a realidade social para a qual legisla" não é uma norma jurídica positiva, é um juízo de valor político, base de uma pauta normativa e axiológica para o órgão legislador. Essa pauta descabe na fase de Direito costumeiro.

---

32. Com o tema ocupou-se Kelsen já ao tempo dos *Hauptprobleme der Staatsrechtslehre*, p. 57-75. Os mesmos dados da experiência podem ser relacionados sob a forma de causa/efeito, meio/fim, suporte fático/consequência *(Tabestand/Rechtsfolge)*. A imputação "... ist eine ganz eigenartige, von der Kausalen und teleologische voellig verschiedene un unabhaengige Verknuepfung von Elementen" (p. 72). Causalidade e imputação são duas formas de relação, distintas, que não se excluem, pois "Gewiss gibt es zahlreiche Faell in denen die Zurechung laengs einer Kausalreihe laeft, in denen es zwei kausal miteinander verknuepfte Glieder, sind, die durch die Zurechnung verbunden werden..." (p. 73). A *Zurechnung* tem caráter a-teleológico: "... beruht ausschliesslich und allein auf dem Sollen".

Descabe pelo modo de formação do Direito consuetudinário: na uniformidade de condutas, *norma tácita* da comunidade jurídica, encontra o fato jurígeno sua "fonte". A conduta uniforme e a subjetiva crença da consciência coletiva no valor vinculante desse proceder uniforme são o suporte fáctico para a incidência dessa norma.

Entre a causalidade natural sociológica e a causalidade construída pela norma jurídica há relações. Sabemos que uma norma jurídica que estabeleça uma relação impossível, ou disponha contra uma relação necessária, *carece de sentido operativo.* O sentido operativo, a viabilidade de sua realização, representa o análogo da verificação empírica para que uma proposição das Ciências empíricas tenha sentido.

Acontece que há relações causais de conduta. A estrutura da interação humana é causal. Sem causalidade psicofísica não explico que ao meu ato de querer levantar um braço suceda esse movimento. Sem causalidade psicossocial, sem relações causais sociológicas, não teria viabilidade qualquer norma, não somente a jurídica. Esta seleciona dentre as séries de relações causais, entre *C', C", C'''* e *E,* ou entre *C* e *E',E",E'''*(seja na *múltipla causação,* seja na *múltipla efectualização),* as que valorativamente devem ser. Pense-se que a conexão de meios e fins é causal: sem causalidade, entre fim e meio, seria inexplicável como o meio *M* levaria ao fim *F,* e não a F', ou a *F"*, ou a F'''. O meio é um dos fatores causais, selecionados pela valiosidade do fim. A tecnologia, como alteração do mundo exterior, funda-se na conexidade de meios e fins, e nas opções valorativas ante possíveis fins a atingir.[33]

33. Convém insistir: sem causalidade, impossível relação meio/fim. Pondera O. Weinberger: "Wenn *A* als Zweck gesetzt ist und die Kausalbeziehung, dass B, A verursacht, besteht, dann ist B ein Mittel zur Erreichung von A" – Rechtslogik, cit., p. 294. A ponência do fim (Zwecksetzung) é ato de vontade, fundado em valoração (Wertung); a escolha dos meios, um ato de pensamento, fundado na experiência e no conhecimento da causalidade (Rechtslogik, cit., p. 293-294).

16. Alcance do dever-ser

Da variedade de linguagens em que se exprime o direito positivo (multiplicidade de idiomas, de estilos, de técnicas de formulação linguística), passando da gramaticalidade expressional ou frásica para a *forma lógica*, o fazemos mediante a abstração formalizadora. Encontraremos a *estrutura sintática* reduzida. O que uma norma de direito positivo enuncia é que, dado um fato, seguir-se-á uma relação jurídica, entre sujeitos de direito, cabendo, a cada um, posição ativa ou passiva. Mais. Que, nessa relação jurídica primária, define-se o conteúdo da conduta, modalizando-a como obrigatória, permitida ou proibida. E que no caso de descumprimento, inobservância, inadimplência, por parte do sujeito passivo, o outro sujeito da relação pode exigir coativamente a prestação não-adimplida. Com isso, estabelece-se nova relação jurídica, na qual intervém outro sujeito, o órgão judicial, aplicador da sanção coacionada.

Esquematizando, temos: dado o fato *F* (fato natural ou conduta), então *R'(S', S");* se não-F, então *(S', S", S"').* Representamos *R'* e *R"*, respectivamente, como a *relação jurídica primária* e a *relação jurídica secundária.* O fato jurídico, *F*, pode ser fato-evento, como a morte, o nascimento, o decurso de tempo ou conduta em recíproca interferência (um acordo de vontades, por exemplo). Por não-*F* entendemos *somente parte do fato,* aquela que representa o *não cumprimento da prestação, em sentido amplo.* O descumprimento é *o fato jurídico,* cujo efeito é a relação jurídica *R"*. Por isso, não-*F*, denotando o *complemento* de *F*, foi evitado nessa esquematização.

O esquema completo deixa ver duas implicações: *a) F→R' (S', S"); b)* não-F→*R" (S', S").* Pode dar-se o caso em que *R* já seja relação fáctica ou relação juridicizada. A sentença, como fato jurídico, é, ela mesma, uma relação jurídica triádica, entre as partes e o juiz. Assim sendo, pode a implicação ligar duas *estruturas relacionais,* uma como *fato jurídico* e outra como *eficácia* (consequência, efeito, conforme a denominação adotada).

Cabe observar que as duas implicações não se acham apenas justapostas. Como são, por hipótese, ambas dotadas de valência positiva, poderíamos, de acordo com as regras operatórias do cálculo proposicional, uni-las, com um "e" conjuntivo (produto lógico), com um "ou" includente (com um operador implicacional), "se... então" (duas implicações conectadas por outra implicação). Cremos que se ajusta o "ou" includente, *para interpretar o que se passa na linguagem do direito positivo.* Não *se aplicam*, porém, as duas implicações, mas uma ou outra; se uma não a outra. Uma, a primeira, satisfeita, a segunda não *incide.* Há um valor de *satisfatoriedade* (um *Erfüllungswert)* positivo, e outro negativo, paralelo aos valores de verdade (*truthvalues, Wahreitswerten)* dos enunciados descritivos.[34]

Agora, a dúplice implicação, disjuntivamente relacionada, é, em seu conjunto, modalizada pelo functor genérico "deve ser".

17. Modalização da causalidade

No sistema jurídico, a relação de causalidade é normativamente construída. Na norma primária, temos: "*D* (*F* → *R*' (*S*', *S*"))." Na norma secundária, temos "*D* (não-*F* (*S*', *S*"). Em cada uma dá-se um fato *F*, ou não-*F*, que implica a relação *R* entre dois sujeitos, *S* e *S*". A implicação *não é, mas deve ser*, ainda que, na realidade, os correspondentes semânticos dessa estrutura sintática não se verifiquem. O nexo lógico entre *F* e a relação *R* (efeito) não é de dever-ser. Dever-ser não é aqui functor, ao lado de outros functores de ligação entre enunciados. Sua posição sintática é a de um functor-de-functor.

34. Podemos usar convencionalmente "valência" (positiva/negativa) como gênero, relativamente às espécies verdade/falsidade, validez/não validez. Radicalizando, N. Amato sustenta que "...non è la specie dei valori semantici ma la loro caratteristica di essere formalizzabili..." que fundamenta a lógica de qualquer discurso. V. Logica simbolica e diritto, p. 324-327. Por outra via, R. Schreiber vê no conceito de Gueltigkeit o Oberbegrijf zu rechtens und wahr. Formalizável, no cálculo, com símbolos (W/F, 0/1), depois interpretáveis em função do domínio de objetos, acrescentemos Schreiber (Logik des Rechts, p. 64-66).

Incide na implicação simples como poderia incidir numa implicação recíproca, numa disjunção (includente ou excludente), num conjuntor, ou multiplicador lógico. Pode ser afetado, como qualquer functor, pela negação.

Consideramos que a norma completa é dúplice. Sabe-se, isso é produto de abstração lógica, que corta a continuidade da série das normas que compõem o sistema. Representando dever-ser por "D", teremos: "[(*F* → *R' (S', S")*) *v* (não-F → *R"(S', S")*)]" como esquema da norma. Não incluímos o sujeito *S'"*, o sujeito judicante. A norma secundária, sancionadora, pode-se fazer cumprir não contenciosamente: a *sanção* se realiza sem a *coação* do órgão estatal. Requerer a participação de *S'"* pressupõe fato jurídico qualificado por norma de direito substantivo e de direito processual, e a configuração da relação *R'"*, a relação processual. A norma processual incidirá num fato concreto, que pertença à classe dos fatos delineados pela hipótese fáctica da norma processual. Esse fato jurídico processual ligar-se-á, por implicação, aos efeitos processuais. O nexo é normativo, sempre *o dever-ser da implicação entre a hipótese e a consequência.*[35]

Sublinhe-se que a relação *R*, que é o efeito jurídico do fato jurídico *F* (sua *eficácia* – usando o termo mais no sentido que o faz o Direito das obrigações: não no kelseniano, como correspondente fáctico de *validade:* por isso, temos falado em "eficácia interna", no interior da norma), a relação *R*, dizíamos, tem *estrutura interna deôntica,* pois *S'* está em relação *R* com *S"*: significa que as condutas recíprocas ou qualificam-se como obrigatórias, ou permissivas ou proibidas. Simbolizando esses modais por *O, P* e *V*, cabe tomar *R* como uma *variável*

---

35. O simbolismo potência a formalização, que pode ser alcançada pela linguagem ordinária e técnica, até certo ponto. C. Cossio leva a termo a formalização de norma, em sua dualidade estrutural (*v.* La teoría ecológica del derecho, cit., p. 333-356, entre suas várias obras). O conectivo entre as normas é o "ou", que F. Kaufmann (Logik und Rechtswissenschaft, cit., p. 91, nota 3) afastara, considerando que "Der Rechtssatz stellt keine Dinjunktion dar, denn diese ist symmetrisch, waehrend das Verhaeltniss zwischen primaer und sekundaerer. Norm als ein subsidiaeres, iunumkehrbar ist". Estamos com Cossio: a simetria reside nessa forma sintática: é a irreversibilidade temporal dos dados da experiência que a enche, fazendo-se assimétrica.

relacional. Num universo deôntico triádico, *R* tem um dos valores.

Assim, distinguimos o functor *D*, modal genérico, *afetando todo o complexo proposicional normativo,* e o modal deôntico *R*, como variável denominada *variável functoral* (na espécie de relacional), que modaliza a estrutura interna da consequência, na norma primária, e da consequência, na norma secundária. A partícula "ou", que logicamente é um disjuntor, funciona includentemente. As duas normas são válidas; não contraditórias, para requerer o uso de "ou" excludente. Que as normas não se *aplicam* ambas, simultaneamente, decorre do direito positivo: de sua linguagem e da realidade que essa linguagem tem como referente seu: o ser da conduta recíproca, que não pode ser jurídica e antijurídica, a um só tempo.[36]

18. Modais em segundo nível

O modo deôntico é genérico, porque é o modo comum aos modos específicos (obrigatório, permitido, proibido – o

---

36. Kazimierz Opalek insiste na irredutibilidade dos functores deônticos aos modais (aléticos); no caráter *meaningful statements*, porém de non-truth-functional dos enunciados diretivos (prescritivos); em sua semântica própria ("... refers to the extra- linguistic reality in a prospective, not in retrospective manner. It does not describe a state of affairs... but is an act of aiming at producing a state of affairs"). Mais. O significado diretivo "is a sort of 'productive meaning', ... is meaning itself – self- intensional and self-extensional – ...". Por isso, são irredutíveis aos descritivos, eles são non-truth functional compounds. Diremos, os enunciados deônticos são ponentes de sua conotação e, com esta, de sua denotação. Nisso, radica seu apriorismo em relação à experiência, sua índole purposive, productive, prospective em face dos states-of-affairs (Opalek, On the logical-semantic structure of directives, Études de logique juridique, v. 4, p. 169-196). Ainda que se mantenha, em teoria, a tese da irredução dos modos deônticos aos modos apofânticos, não se pode desconhecer o fato de que os sistemas jurídicos positivos contenham enunciados descritivos (fácticos e axiológicos). Dizem com acerto C. E. Alchourron e E. Bulygin: "Hablar de un sistema normativo como de un conjunto de normas, parece implicar que todos los enunciados que integran ese sistema son enunciados normativos...". Mas "... un cuerpo legal revela la existencia de enunciados que no establecen obligaciones, prohibiciones o permisiones...". Um sistema puramente deôntico, pois, é um tipo ideal, uma reconstrução conceptual-limite em face da heterogeneidade compositiva dos ordenamentos jurídicos positivos. V. Alchourron & Bulygin, Introducción a la metodología de las ciencias jurídicas y sociales, p. 92-100.

facultativo é uma disjunção entre duas permissões). O modo deôntico "dever-ser" é um operador que afeta a norma completa, em seu conjunto. Dessubstantiva-se, assim, o "dever-ser" como reino, região ôntica, domínio de objetos" é um operador sintático, como o são os *operadores quânticos* "todos", "alguns", "um, no máximo". Isso não impede que sirva de base a operações que Husserl chamou de gramaticais puras: substantivação (nominalização), verbalização, adjetivação, adverbialização, importantes estas operações na medida em que determinam alterações sintáticas, em sentido lógico.

O deôntico especificado encontra-se na estrutura relacional da consequência (em nível fáctico, no lado *eficacial* da relação jurídica). Os functores, em geral, combinam-se entre si. Nada impede que functores, como os deônticos, sejam afetados por functores aléticos (descritivos), como "é possível que", "é impossível que", "é necessário que" – funcionando como *that-clause*.

A combinação das duas classes de functores dá lugar a enunciados tais como: "é possível que deva *p* implicar *q*", "é impossível que deva *p* implicar *q*", "é necessário que deva *p* implicar *q*". Se simbolizarmos os três modos por *M, U, N*, teremos "$M(D\ (p \rightarrow q))$", "$U\ (D\ (p \rightarrow q))$", "$N\ (D\ (p \rightarrow q))$". Vê-se, trata-se de sobre-enunciados ou *sobreproposições, uma em linguagem-objeto e outra em metalinguagem, uma em* L *e outra* L'. Os enunciados da Sociologia do Direito são, relativamente à linguagem do direito positivo, metaproposições: falam sobre a linguagem do direito positivo e suas correspondentes realizações na ordem dos fatos sociais.

São enunciados externos, situados do ponto de vista de quem investiga o sistema e sua contraparte social: porque o sistema tem tal e tal conteúdo, e não outro; quais os fatores que explicam o desvio, a funcionalidade ou a disfuncionalidade de um sistema normativo no regrar este ou aquele sistema social; que interações se verificam entre sistemas jurídicos e sistemas não jurídicos. No apreciar, com o critério da causalidade natural, se uma norma é factível, aceita pelos membros da comunidade, o enunciado sociológico ajuíza "é possível que", "é impossível que", "é necessário (empiricamente; não, logicamente) que" a norma *N* provoque tais efeitos sociais, ou seja, efeito de tais e tais causas sociais (econômicas, políticas etc.).

Assim, são combinações possíveis, logicamente, functores modais aléticos afetarem functores deônticos. Estes, logicamente, mudam de tópicos e podem afetar os primeiros. Se descabe um modal deôntico diante do "impossível", ou diante do "necessário" (obrigar, permitir ou proibir fato impossível ou necessário), explica-se como decorrente da textura da conduta inter-humana e dos fatos físicos que têm relevância jurídica para a conduta. Por uma razão extralógica: ontológica ou objetal.

19. Simplificação abstrata

O esquema da causalidade jurídica é, de certo, uma simplificação abstrata da realidade jurídica, como recurso metódico, e reconstrução conceptual da experiência. Inexistem, nos dados imediatos da experiência, séries lineais de causalidade jurídica, como relações puras, ou relações funcionais, ou relações implicacionais com vectores unidirecionais. O tecido social é feito de múltiplas classes de causalidades. Isolar séries, como puramente jurídicas, requer cortes conceptuais, necessários do ponto de vista epistemológico. Mas não reconstituem a textura ontológica do Direito, em sua integridade. A causalidade jurídica deflui em intercorrência com causalidades sociais não jurídicas (econômicas, políticas, morais, culturais etc.). Sem a estruturação em causalidades sociais não jurídicas, a causalidade jurídica seria inviável ou toparia com resistências invencíveis advindas de outros segmentos do mundo social.

A causalidade jurídica é construída normativamente. Que se entregue uma soma em dinheiro e este ato signifique pagamento de uma dívida (e não uma esmola, e não uma extorsão, e não um empréstimo fraternal sem vinculação compulsória) decorre de uma norma que vincula esse efeito a um fato jurídico negocial, ou a um fato jurídico pressuposto como dano, de que resulta a compensação pecuniária do dano, ou a um fato jurídico como fato gerador de obrigação tributária. O mesmo fato tem consequências (efeitos) ora jurídicos, ora não jurídicos, e na classe dos efeitos jurídicos o mesmo fato subsume-se em subclasses (num comodato, num mútuo, num implemento de obrigação locatícia, num depósito, numa doação, numa sanção pela inadimplência de ato jurídico, de direito material ou de direito processual).

Também as sérias são plurimembres. O esquema "se *F* então deve ser *E*", se ocorre o fato-causa, deve ser a eficácia, é uma simplificação metódica da multicausalidade jurídica, que é expressão da complexidade do universo social, esse *continuum* heterogêneo da existência inter-humana. Precisamente porque a causalidade jurídica é constituída pelas "fontes formais" do sistema, dentro dum quadro de possibilidades históricas e sociológicas, a multicausalidade é que oferta os quadros por onde o fluxo social adquire forma. Um só fato *F* traz múltiplos efeitos *E'*, *E''*, *E'''*, ... pois cada efeito *E* pertence a um subsegmento do universo jurídico (se dentro do mesmo segmento, essa multiefectualidade pode trazer ambiguidades e indecisões). Inversamente, um mesmo efeito *E* (obrigação indenizatória pelo dano) pode ligar-se a fatos jurídicos *F'*, *F''*, *F'''*, ... diversos, distribuídos em subsegmentos do mundo do Direito (fato ilícito tributário, fato ilícito civil, fato ilícito administrativo, fato ilícito penal).

Como contraparte do complexo social, tecem-se relações um/vários, vários/um, vários/vários, e relações um/um. Essa combinatória relacional é o correlato formal- jurídico das possíveis interferências de condutas entre os sujeitos que integram o mundo social.

Capítulo III

RELACIONALIDADE NO UNIVERSO DO DIREITO

1. Relacionalidade do Direito

Define-se o Direito como um sistema de normas diretivas da conduta humana, cuja inobservância é *sancionada* e, ainda, dotadas essas normas de uma *organização no emprego da coação* (tornando-se o autoemprego da coação uma exceção normativamente autorizada: uso da justiça por mão própria). Mas esse é apenas um ângulo de consideração abstrata do Direito. O outro ângulo, complementar ao primeiro, reside em considerar o Direito o sistema da conduta humana que efetiva as prescrições primárias (deveres e sanções espontaneamente cumpridos). E mais, as secundárias, que compulsoriamente, por meio da prestação jurisdicional, efetivam as primárias. De onde ser procedente ver o Direito, sob um lado, como sistema de normas, de outro, como sistema de conduta, ou ordenamento. Como ordenamento, tem-se a efetivação (a realização no sentido de Ihering) do sistema de normas. Kelsen, apesar do tão sublinhado normativismo, diz acertadamente que o Direito é o sistema de normas que regula a conduta humana, ou a conduta normativamente regulada. O seu conceito de eficácia é um *conceito relacional:* exprime a relação norma/conduta.

Desenvolveremos, por essa via, mais adiante, o caráter relacional do direito. Mas há, antes, outro a anotar. A conduta é um fato de relação. É interpessoal ou intersubjetiva. Desdobra-se como ação ou omissão, que percute na conduta de outrem. Outrem é pronome pessoal indefinido. É qualquer outra pessoa. Não outra coisa. A relação imediata sujeito/coisa só é juridicamente relevante se *mediatamente* existe a relação sujeito a sujeito. Existe a relação sujeito/coisa (no Direito Real) se existe a relação jurídica mediata sujeito/sujeito, pouco alterando a indeterminação provisória de um dos sujeitos.

O Direito é relacional porque é um fato social e o fato social é interacional (assim insistem sociólogos como Von Wiese e Parsons). O sistema social é um processo, um tecido, cujos pontos são relações de homem a homem. O átomo não é o sujeito sozinho: é, pelo menos, um em face do outro. A sociedade não tem ponto de partida no sujeito-indivíduo, mas na *relação minimal:* pelo menos um sujeito diante de um outro sujeito. O *microfato social* é, pois, uma relação interindividual. Depois, as relações se multiplicam, em torno de uma ou mais relações básicas, estabilizando-se (instituições, grupos) umas, meramente sujeitas a processos instáveis ou infixos, outras. Os núcleos de relações (família, corporações profissionais diversificadas pelos fins), por sua vez, entram em relações entre si. Relações econômicas, relações políticas, relações éticas, relações religiosas, todas se inter-relacionam.[37]

37. Manfred Rehbinder traça com exatidão os limites entre política do Direito, Sociologia do Direito e dogmática do Direito. Contra o "factualismo naturalista"

O Direito é um dos sistemas, interiormente compondo--se de relações e exteriormente funcionando como sistema relacionador do sistema social em seu todo. Um dos subsistemas que interliga os demais subsistemas do sistema social global é o subsistema do Direito. Por isso, descabe uma teoria do Direito que seja tão só normativa ou tão só sociológica. A parcialização da teoria do Direito é apenas uma técnica metódica de *conhecimento* e de *uso ou aplicação* dele, como o faz o jurista dogmático.

2. Relações de fato e relações jurídicas

Puras relações de fato existem entre os fatos naturais (físicos, biológicos). As relações sociais jurídicas ou não jurídicas são constitutivamente relações normadas. Sempre há norma, ou do uso e costume, ou moral, ou religiosa, ou econômica, ou de cortesia, de urbanidade, ou regra de linguagem, de comunicação, do vestir, do trabalho e do lazer; há regramento no conduzir um veículo, no andar a pé, no horário de dormir, de acordar, de fazer refeições etc.; no estar num templo, numa festividade cívica, numa oficina, numa universidade, num campo de jogos.

Quando falamos em relações sociais que são relações de fato, adotamos um critério de aferimento. *Relativamente ao sistema de normas jurídicas,* as relações sociais que compõem o universo social subdividem-se em relação de fato e em relações jurídicas. As de fato são normativas, sem necessariamente serem jurídicas. Assim, remeter um telegrama de felicitações implica numa relação social, guiada pela regra social de cortesia, ou de outra regra social. *Relativamente ao Direito,* é uma relação de fato. É relação jurídica a que se dá entre o remetente

pondera que tanto há uma "força normativa do fáctico" quanto "uma força factual do normativo" (v. Sociologia del diritto, p. 26-29). Já N. Luhmann, valendo-se da teoria dos sistemas, vê o hermetismo da dogmática, por não se abrir ao output, como ponto de vista, que capta os efeitos sociais que as normas provocam (*v.* Sistema giuridico e dogmatica giuridica, p. 43 et seq.). Sobre a interação jurídica e a interação social, consoante uma tipologia estática e uma tipologia dinâmica, Andrè Jean Arnaud. Critique de la raison juridique, p. 23-26 e 279-293.

e a empresa postal-telegráfica (a taxa é a contraprestação de uma relação jurídica de serviço público), ou entre a empresa e o destinatário. Mas não é relação jurídica a existente entre o remetente e o destinatário. Seria se por meio do telegrama declarasse a vontade de se vincular negocialmente (num contrato de compra e venda, por exemplo) e a recepção do telegrama completasse a outra declaração de vontade, como oferta. Aí, então, o fato social de relação tornar-se-ia um fato jurídico, cujos elementos integrantes foram necessários para perfazer o fato produtor de "consequências jurídicas": justamente a relação jurídica negocial. Do telegrama meramente amistoso nenhuma consequência jurídica adviria. O jurídico não residiria, observe-se, no conteúdo amistoso da manifestação de vontade, mas no uso lícito da liberdade, cujo objetivo é inesgotável – as diversas direções da vida –, só encontrando limites ali onde o sistema jurídico reputasse desvaliosidade (ilicitude) do objeto. Temos liberdade de enviar ou não o telegrama (ou carta, ou recado, ou telefonema, ou pessoalmente ir apresentar as saudações), que é relação jurídica (em *sentido amplo,* como veremos), pois há normas que me permitem, e correlativamente obrigam, ou proíbem, aos demais, o exercer qualquer conduta lesiva ao exercício da liberdade.

O exercício da liberdade dá lugar a relações jurídicas em sentido amplo, pois a ninguém é lícito obrigar, ou proibir, esse exercício, justamente porque é um direito de fazer ou de omitir, ou seja, uma *permissão bilateral.* Mas nem tudo que é objeto do exercício da liberdade é jurídico: não constitui, nem modifica, nem extingue relações jurídicas. Na liberdade de contratar, aspecto da liberdade negocial, aí, sim, ela ingressa como um dos elementos componentes do fato jurídico, do qual advêm relações jurídicas obrigacionais.

3. Relação jurídica em sentido amplo

Tenhamos em conta que o Direito é um sistema de normas dotadas de *referência objetiva:* as normas referem-se a fatos naturais e a fatos de conduta. Conceitos como incidência de norma, aplicação de norma, eficacidade de norma, são conceitos referenciais. Dizem que as normas vão além de si mesmas, que seu vector reside nessa direção para objetos. Ainda quando as normas dirigem-se a outras normas (na classe de sobredireito), de um lado estão as normas, de outro, as situações objetivas, os fatos e as relações reais que compõem o mundo exterior social.

A referência normativa a objetos e situações objetivas manifesta-se em tríplice modalidade: proibindo, obrigando ou permitindo. Só aos fatos naturais, ou aos fatos de conduta já alojados no tempo passado, insusceptíveis, pois, de serem objeto de *regulae agendi*, descabe vedar, obrigar ou permitir. *A incidência de normas sobre condutas, como fatos passados, é tão só para tomá-las como suportes factuais de efeitos que continuam a ser produzidos no presente. A incidência é nos efeitos (aplicação imediata, diz-se no Direito intertemporal), constituindo-os, ou mantendo-os, ou alterando-os.*[38]

Mas proibir, ou obrigar, ou permitir ações e omissões importa necessariamente em estabelecer relações normativas entre os portadores – os sujeitos de direito – da conduta. As condutas vedadas, exigidas ou facultadas são estruturas relacionais. Sem a intercorrência da conduta do sujeito *A* com a conduta do sujeito *B*, inviável seria qualquer modo normativo (*deôntico*), na espécie que é o Direito. Norma moral estatui dever-de-fazer ou dever-de-omitir, sem correlacionalmente estatuir faculdade, pretensão, ou autorização de exigir a observância do dever. A norma moral, como norma, explicita-se como dever-de-omitir (proibição) ou como dever-de-fazer (obrigação): o permissivo moral (parece-nos) está implícito como permissão tão só de omitir e como permissão tão só

38. Inexiste anomia no fato social (já Durkheim anotara). Renato Treves sublinha a tese de Luhmann: funcionalisticamente, o direito é a "... estrutura de um sistema social que repousa sobre a congruente generalização de expectativa normativa de comportamento" (v. Introduzione alla sociologia del diritto, p. 177). T. Parsons anota a "normative orientation" ínsita na interação social.

de fazer, não sendo por isso uma modalidade independente ao lado da proibição e da obrigação. A área do moralmente bom reside nos deveres. As normas morais também tecem no mundo social relações inter-humanas, pois deveres de fazer ou de omitir só têm sentido *como relações de homem a homem.* Mas, na relação moral de *A* em face de *B*, ao dever de *A* não corresponde, como *relação conversa,* um direito ou faculdade de exigir o cumprimento do dever de *B*. *B* é outro termo da relação apenas *reflexamente* favorecido ou beneficiado com a observância do dever de *A*.

As normas jurídicas, pois com sua incidência sobre os fatos condicionantes de condutas, intertecem um sistema de relações jurídicas entre essas condutas. O universo jurídico – segmento do universo social global – compõe-se de fatos naturais e fatos de condutas e de relações, que, por serem estabelecidas, modificadas ou desfeitas pelas normas do sistema de Direito, são relações jurídicas. Relações no interior do universo jurídico, mas relações jurídicas no sentido amplo. No sentido estrito, ou *sentido técnico-dogmático,* nem todas as relações são relações jurídicas.

4. Teoria geral das relações

As relações jurídicas são jurídicas pelo conteúdo social da conduta e dos fatos naturais relevantes para a conduta juridicamente conformada. Mas são relações, independentemente dos termos concretos que nela figuram – sujeitos de direitos e sujeitos de deveres, em sentido amplo. A relação direito subjetivo/dever jurídico; direito de ação/ direito de excepção (em sentido processual), e outras, são relações no *interior* de um sistema jurídico positivo. Fora do universo jurídico, inexistem faculdades, pretensões, obrigações, deveres, que implicam relações. As relações, abstratamente consideradas, mas vistas do prisma do Direito – assim, relações de Direito privado e relações de Direito público, relações de Direito substantivo e de Direito adjetivo, relações de Direito e relações de sobredireito (interespacial e intertemporal), relações de Direito Pessoal e relações de Direito Real –, as relações jurídicas, como tais, são típicas do mundo do jurídico. Mas, *num grau maior de abstração,* são relações. Quer dizer: são *estruturas formais,* compondo-se de um termo antecedente (ou *termo referente*) e de outro termo consequente (ou *termo relato)* e, ainda, de uma espécie de operador: o *operador relacionante.*[39]

Isso quer dizer que *qualquer que seja o universo de objetos e de fatos* pode ser traduzido numa linguagem em cujo nível os objetos e os fatos são postos em tópicos de termos antecedentes e termos consequentes, unidos por termos relacionantes. Causas e efeitos, meios e fins, fatos jurídicos e consequências jurídicas, reduzidos todos a *estruturas formais,* revelam que são relações. *Cada subuniverso de objetos dá sua concreção empírica às estruturas formais.* Fora do mundo do Direito, não encontramos as relações comodante/comodatário, mutuante/mutuário, imóvel dominante/imóvel serviente. A linguagem, é certo, *substantiva* termos relacionais, convertendo-os aparentemente em termos absolutos. Falamos em locador, em promitente-vendedor, em autor, réu, funcionário, eleitor. Tomamos o sujeito de direito como se existisse ele fora de qualquer relação, ou personificamos, para substantivar, entes coletivos, como o Estado, a sociedade civil ou comercial, quando, na realidade, só existem como *suportes de relações* ou como processos que reduzem a feixes de relações unificadas por um fim.

A um certo *nível de abstração,* o que não despreza a base empírica dos fatos, alcançamos as relações *como relações em si mesmas,* desprendidas de suas vinculações a este ou àquele setor de objetos. As relações físicas, biológicas, sociais *são*

39. Tríplice é a modalidade deôntica: obrigatório, permitido, proibido. Só incidível sobre fatos de conduta. Se uma norma pode ser conteúdo de outra norma, ou de outras, em sucessivos graus de superposição, na base dá-se uma conduta. Mediata ou imediatamente é a conduta que pode ser deonticamente (normativamente) modelada. Não o fato natural: o fato estranho ao mundo sociocultural. V. G. H. von Wright, Norm and action, p. 189-193. Usamos o sociocultural, contraposto ao fato natural, como o faz P. Sorokin (Sociocultural causality, space and time, p. 3-37; Society, culture and personality: their structure and dynamics, p. 313-324).

postas entre parênteses, no que têm de específicas, e, então, retemos as relações *como tais, i. e.,* as relações como relações. Mas, justamente porque alcançamos o nível abstrato, o que sabemos *aplica-se* ao nível concreto. A relação jurídica, por exemplo, ostenta suas características próprias, que a relação meramente sociológica, ou meramente econômica, ou meramente política, ou, ainda mais, que as relações físicas não apresentam. Mas, *àquele* minimum, *que é estrutura formal de qualquer relação,* as relações jurídicas não desmentem, confirmam-no. A concrescência que os fatos do mundo, juridicamente relevantes, lhes especifica, ocorre numa órbita de possibilidades demarcadas pelas estruturas formais.[40]

5. Ainda a relação jurídica em sentido amplo

Agora, já dentro do ordenamento jurídico positivo, os fatos físicos e os fatos sociais que satisfazem a relação-de-correspondência com as hipóteses fácticas (os *species facti,* os *fattispecie astratti*) funcionam como causas (em Direito das Obrigações, o conceito de causa está, às vezes, implícito no de "fontes das obrigações") de diversos efeitos. Efeitos de classes diversas. O efeito pode ser meramente qualificador de fatos, de atos, de coisas ou de pessoas. Assim, quando a regra do art. 4.° do Código Civil [art. 2º do CC/2002] diz que a personalidade começa com o nascimento com vida, tomou como fato natural subjacente o fato biológico de nascer ser humano com vida. E conectou a esse fato tipificado em abstrato, e que se concretiza temporalmente e espacialmente no dado ocorrente, o resultado eficacial, que é o início da personalidade ou a faculdade básica de ser sujeito de direito. Poderíamos aludir aos casos em que a realização do pressuposto fáctico dá lugar a

40. Sobre a teoria formal das relações, S. Stebbing, A modem introduction to logic, p. 166-272; Otta Weinberger, *Rechtslogik*, p. 168-183; I. M. Copi, *Symbolic logic*, p. 120-146; U. Klug, *Juristiche Logik*, p. 71-85; A. Tarscki; *Introduction to logic and to the methodology of deductive sciences*, p. 87-116; M. Sacristan, *Introducción a la logica y al analisis formal*. 234- 264; J. Piaget, *Traité de logique – essai de logistique operatoire*, p. 126-187.

efeitos, como tornar indisponível imóvel, ou qualificá-lo como tombado, ou declará-lo de utilidade pública, para efeito de desapropriação. Ou aos pressupostos diante dos quais é declarado incapaz o sujeito de direito até então capaz de exercer seus direitos subjetivos patrimoniais e obrigacionais. O característico comum a todos esses efeitos jurídicos, diante da realização de certos fatos, é a *qualificação jurídica,* que independe de propriedades físicas das coisas, dos fatos e das pessoas.

Em sentido estrito, relação jurídica não se estabelece quando a norma, no exemplo acima, atribui subjetividade jurídica ao ser humano que nasce com vida. Ou, para alargar o campo exemplificativo, quando entidade coletiva, em virtude de lei, ou de ato negocial constitutivo, adquire personalidade jurídica. Ou um ente coletivo maior, como o Estado, por satisfazer certos pressupostos, investe-se de personalidade de direito público internacional.

Com tais qualificações, os entes individuais ou coletivos adquirem a possibilidade normativa de figurarem nas posições de sujeitos ativos e de sujeitos passivos nas relações jurídicas. Mas, com somente receberem a qualificação de sujeitos de direito, *ainda* não se encontram em *relações jurídicas.* Em sentido estrito, bem se vê.

Pois, o ser sujeito de direito, o ter uma coisa, um fato ou uma pessoa uma qualificação jurídica, só tem cabimento no interior de um sistema normativo de direito positivo, que é um *sistema de relações intersubjetivas*: ordenamento é a realização desse sistema de normas. Por isso, ninguém é sujeito de direito sem sê-lo na modalidade de sujeito ativo, ou de sujeito passivo, sem o ser atualmente, ou sem a potencialidade de sê-lo. Nem em nível lógico, nem no plano *dos fatos, tais posições são absolutas. São relativas.* É dentro de estruturas relacionais, dentro de relações juridicamente normadas, que uma entidade é sujeito de direito, atualmente ou potencialmente, como titular ativo ou titular passivo de relações. O mesmo ocorre – basta verificar – com as qualificações de entes não humanos. Toda qualificação é em função dos sujeitos de direito: nada é móvel ou imóvel, negociável ou *extracommercium*, expropriável, sem estar no interior de relações jurídicas em sentido amplo.[41]

6. Relação jurídica em sentido estrito

A relação é uma estrutura com *termos* e um *operador* que faz a função de relacionar. Expressões como "igual a", "maior que", "divisor de", e, no campo do Direito, "ter a faculdade de", "estar obrigado a", e outras, são expressões denotadoras das operações de relacionar termos. O conteúdo das relações, sua diferenciação, dá-se em virtude da peculiaridade dos campos – matemático, físico, social etc. Como *estruturas*, todavia, são universais, quer dizer, independem deste ou daquele campo específico de conhecimento ou de atuação prática.

Assim, as relações jurídicas são relações. Um termo necessário de uma relação jurídica é o sujeito de direito. Uma coisa física não pode ser portadora de direitos, de pretensões, de ações, pois, no final, tais *qualificações* somente podem incidir sobre condutas (ações/omissões), que procedem do homem. E do homem não como ser biopsíquico, mas como suporte factual (biopsíquico), sobre o qual incidiu norma positiva que o elevou ao nível do *fato jurídico básico*, que é o ser sujeito de direito. Mas, como o vira Ferrara (*Tratatto di diritto civile italiano*, p. 297), o outro termo da relação é também pessoal: é outro sujeito de direito. A relação jurídica, em sentido estrito, é interpessoal. Direitos, faculdades, autorizações, poderes, pretensões, que se conferem a um sujeito de direito estão em

41. A contraposição Sociologia do Direito/Ciência dogmática, representada por Ehrlich e Kelsen, não é ontológica, digamos. É metodológica (Ehrlich, Fundamental principles of the sociology of law, p. 171-213, e Kelsen, Der soziologische u. der juristiche Staatsbegriff). Mas, já em uma passagem de seus Hauptprobleme der Staatsrechtsdehre (p. 42), Kelsen reconhece a legitimidade do ponto de vista sociológico. Ainda que tome o Estado como um sistema ideal de normas, topa com o fato de sua realização (Verwirklichung). A comparação com a lógica (Kelsen, Der soziologische, cit., p. 78-79), cujos enunciados independem do fáctico, é improcedente. As formações lógicas podem ser tomadas com independência de atos ou de processos psicológicos e sociais de sua constituição. Não a norma jurídica.

relação necessária com condutas de outros sujeitos de direito, portadores de posições que se colocam reciprocamente às posições do primeiro sujeito de direito, condutas qualificadas como deveres jurídicos em sentido amplo. Para se marcar tais posições, reciprocamente contrapostas, denominam-se sujeito de direito ativo e sujeito de direito passivo.[42]

A interpersonalidade da relação jurídica não se altera, quer nas relações jurídicas *obrigacionais*, quer nas relações jurídicas *reais*. Os termos sujeitos podem ser um ou vários, individuais ou coletivos (pessoas jurídicas), de direito privado ou de direito público, de direito interno ou de direito das gentes. Pode haver determinação ou individualização de ambos, ou indeterminação de um sujeito, ficando pelo menos um dos termos da relação individualizado. Na promessa de recompensa, o promitente é o sujeito passivo determinado, e indeterminado o sujeito ativo. No Direito Real de propriedade, indefinido está o sujeito passivo. Essa *indeterminação* não equivale à inexistência. A relação jurídica de posse é-o em face da coisa imóvel, mas sem as relações com os demais sujeitos que têm dever negativo, a relação se converte em relação física, ou, mais amplamente, em relação fáctica. A relação *imediata* com o objeto não elimina a relação *mediata* com a universalidade dos sujeitos passivos, que se individualizam com conduta impediente do exercício do direito possessório. Em rigor, a relação imediata é de sujeito individualizado com a universalidade dos sujeitos passivos: a coisa no Direito Real faz a relação jurídica ser relação a três termos, sendo, ainda, *intersubjetiva*. V. A. E. Cammarata, *Formalismo e sapere giuridico* (sobre a "qualificação normativa"), p. 245-293 e 389-426.

42. A relação jurídica é uma relacione intersoggettiva. O ordenamento institui, com os dados de fato, que entes são termos dessa relação (A. Levi, Teoria generale del diritto, p. 403 e 417). A experiência jurídica é tida como processo de individualização de rapporti astratti (em nível de norma) para rapporti concreti. V. W. C. Sforza, Filosofia del diritto, p. 106-115. Um rapporto é jurídico, comenta N. Bobbio, na medida em que o qualifica norma válida de um ordenamento. Afirma: "... il rapporto giuridico è quello rapporto che si distingue da ogni altro tipo de rapporto per essere un rapporto regolato da una norma giuridica" (Bobbio, Teoria della norma giuridica, p. 30-34).

7. Universalidade da relação jurídica

Relações jurídicas ocorrem em qualquer campo do Direito: no Direito das Obrigações, no Direito das Coisas, no Direito das Sucessões. Igualmente em todos os subdomínios do direito público. Pois, sempre que houver norma jurídica, em cuja hipótese fáctica (fato-espécie abstrato) se preveja fato que aqui e agora venha a ocorrer (fato espécie concreto), esse fato se torna fato jurídico. *O fato jurídico, em sua composição interna, pode ser relação, ou dar lugar a uma relação.* Pode a relação *já existir, como relação biossocial* – relação de paternidade –, mas, só por si, ainda não é relação jurídica: é a relação fáctica à qual a norma liga a consequência, ou o "efeito", que vem a ser a relação jurídica. A relação fáctica é suporte fáctico, como observa Pontes de Miranda (*Tratado de direito privado*, v. 1, p. 117 e 125), objeto de incidência da regra. A relação jurídica é sempre o que vem do lado da *eficácia:* é consequencial ou efectual, mesmo, acrescentemos, que a norma apanhe o dado fáctico da relação biossociológica de parentesco, que funcionará como antecedente jurídico (como fato jurídico).

Em toda parte, no universo do Direito, temos normas e fatos, fatos naturais, ou fatos de conduta humana. Fatos só naturais ligam-se, pela *causalidade natural*, a outros fatos naturais. Mas fatos naturais ligam-se ainda a outros, como *efeitos não naturais*: efeitos postos, intertecidos, mantidos *por normas. A norma de direito faz a causalidade jurídica, estabelecendo relações de causalidade, que inexistem sem ela, a norma.* Ou, se existem, a norma *recebe* a causalidade, dá-lhe relevância jurídica, quer dizer, liga-a *a efeitos que só existem no mundo do Direito.* O agente causador do dano é um dado de fato: a norma toma-o como sujeito imputável e liga o dever de reparação do dano, como consequência.

Também pode inexistir causalidade entre o sujeito e o dano, e a norma faz o ligamento (*responsabilidade objetiva): o* que mostra que *a relação de causalidade jurídica não coincide com a relação de causalidade natural.* No Direito Penal, acentuou-o Petroccelli. No campo da Teoria Geral do Direito, ninguém mais que Kelsen realçou a diferença (a *Zurechenung).*

Onde quer que se dê norma e fato, sobrevém relação jurídica: sobrevêm os efeitos que se ligam ao fato, que se tornou, pela incidência da *hipótese fáctica,* fato jurídico. Se o fato já por si está contido na relação – *relação fáctica* –, a norma incidente qualifica-o como fato jurídico produtor de efeitos: a relação jurídica, quer num *sentido amplo,* quer num *sentido restrito.* Mas relação jurídica é o momento efectual. E não é relação entre fatos naturais, nem relação de sujeito com fato natural (ou coisa). *É relação intersubjetiva, entre sujeitos de direito.*[43]

Muitas vezes, o fato dá lugar ao surgimento de efeito mínimo. Tão só. O fato, por exemplo, do ser humano que nasce com vida. Onde há relação? Parece que apenas se *qualificou* o fato. Como se qualificam de nacionais os sujeitos de direito que satisfaçam certos pressupostos. Como se qualificam de bens tombados, ou *extracommercium,* aqueles que preencham requisitos de valor, a juízo das autoridades administrativas. A personalidade, a nacionalidade, o tombamento são qualidades jurídicas, *predicados não relacionados.* Declaram-se de cada entidade, por si só, aparentemente sem relação jurídica, pois, com coisa ou pessoa alguma. Mas, já vimos, tais qualificações são relacionais e intersubjetivas, ocorrentes no domínio do sistema jurídico.

Sem sistema jurídico inexistem "qualificações". Tais sistemas projetam-se em campo de incidência espacial, temporal, material. A incidência pessoal é intersubjetiva, entre mais

43. A relação jurídica é entre sujeito e sujeito, não entre sujeito e objeto, como relação imediata. De seu ângulo, diz R. Stammler: "... das es Rechtsverhaeltnisse nur unter Rechtssubjekten geben kann, nicht aber zwischen Rechtssubjekten und Rechtsobjekten" (Stammler, Theorie der Rechtswissenschaft, p. 126). Assevera Adolfo Merkel que todo preceito jurídico recai sobre relações jurídicas, e que nenhuma relação jurídica mostra unicamente um aspecto ativo, ou um aspecto passivo (Merkel, Enciclopedia jurídica, p. 105 – em parte, esta Enciclopedia equivale à Teoria Geral do Direito). Na relação imediata homem/coisa muitas vezes se passa por alto a interposição inter-humana, intersubjetiva. Observa Von Wiese que tais relações, aparentemente imediatas, ocultam relações de inter-humanidade (Zwischenmenschlichkeits Verhaeltnis).

de um sujeito de direito. Relações com *outros* (relações *alio relativas)* sujeitos de direito. Acrescento: a norma só tem campo de incidência porque tem campo de validez (em Kelsen, *Geltungsberich).*

8. Norma de conflito e relação jurídica

Suponhamos que um fato ocorre e sobre ele venham a incidir duas normas, cada uma pertencente a sistema estatal diverso. Se as normas pertencessem *a um só* sistema normativo, ele, o sistema, por meio de norma geral, ou mediante norma decisória jurisprudencial, forneceria o critério de escolha das duas normas colidentes, ou coincidentes sobre o dado fáctico. Mas a dificuldade se passa justamente porque o âmbito de incidência espacial é diverso, cada norma tendo o seu, não podendo ultrapassá-lo.

Disso resulta a necessidade de uma norma *N'''*, diferente das normas *N'* e *N''*, que dirima o conflito interespacial. Em relação a essas normas colidentes, a norma *N'''* é uma *sobrenorma,* é sobredireito (*Recht ueber Recht).* Coloca-se, *assim, em nível superior, sem que com isso ocupe o posto de regra sobre o sistema. Tal sobrenorma pertence ao sistema jurídico positivo, não a outro sistema, como o do direito internacional público (Direito das gentes), ou a sistema estatal diverso: não é regra sobreestatal, nem heteroestatal.* Pode estar em parte no Código Civil ou em texto constitucional. O lugar que ocupe não desvirtua seu caráter de norma de direito positivo nacional, nem seu nível de direito público, o que revela a inadequação da locução "direito internacional privado". A norma que manda que se aplique numa relação jurídica ora o direito nacional, ora o direito de Estado estrangeiro provém de fonte normativa (técnica ou formal) situada no *interior* do Estado, dentro de cuja órbita territorial se dá a relação jurídica.

E se houve convenção ou tratado entre os Estados *A* e *B* sobre a mesma norma de solução de conflitos interespaciais, esse pacto em nível internacional público vale como *fonte material* para que o legislador (congresso, órgão executivo com competência de legislar) edite a regra de colisão, tendo por *conteúdo* a regra pactuada. *Nenhuma regra entra no sistema positivo estatal sem ser por meio de fonte formal de criação normativa desse sistema.* Não importa que o ato seja apenas homologatório, ratificador das vontades pactuantes no campo das relações jurídicas de direito das gentes. O ato e o órgão operam como *fonte de validade* (ainda que convalidando a vontade contratual do próprio Estado), fazendo com que a norma de solução de conflitos de normas passe a pertencer ao ordenamento positivo nacional.

Existindo a norma *N'''* que dá o critério para optar entre a norma *N'* e *N''*, a *relação jurídica abstrata* entre aquela e estas não se confunde com a *relação jurídica concreta* que se acha em *imediata conexão* com uma das duas normas, *N'* e *N''*. Relativamente a estas duas normas, uma das quais *a ser aplicada, a norma N'''* é formal: *é uma norma de remissão, que se enche do conteúdo ofertado por N' ou N''. Essa norma de solução do conflito, por si mesma, não tem incidência no suporte fáctico, para convertê-lo em fato jurídico, do qual resulta a relação jurídica concreta entre os sujeitos titulares de direitos e sujeitos titulares de deveres. A incidência imediata de N'''* é *sobre as normas, a cuja aplicabilidade ela dá o critério de escolha (Charles de Visscher, Théories et réalités en droit internacional publique, p. 311-312; Alfred Verdross, Derecho internacional público, p. 165, v. p. 78, sobre execução mediata e imediata da norma do DIP).*

9. Espacialidade da relação jurídica

Ainda aqui se mostra que relação jurídica, em sentido técnico-dogmático (o do direito positivo), não é a abstrata relação entre o possível fato de incidência da norma e a norma mesma. Sem a ocorrência do fato, em sua concreção no tempo e no espaço, fato esse que tem sua contrapartida normativa no pressuposto (ou *hipótese fáctica)* da norma incidente, relação jurídica não se concretiza.

Sabemos que a relação jurídica importa numa relação entre termos/sujeitos. O mero fato de nascer um ser humano com vida dá o suporte da regra sobre a subjetividade jurídica. Mas, em sentido estrito, não constitui, só por isso, relação jurídica. O fato é jurídico, serve para a incidência de outra norma sobre cidadania brasileira, dele decorrendo um "efeito jurídico": a qualificação específica. Essa cidadania é qualificação e esta já resultante de outra norma sobre o suporte fáctico do nascer com vida: ser pessoa. E ser juridicamente pessoa é qualificar-se da possibilidade de vir a ser sujeito de direito, *i. e.*, de termo ativo ou passivo de relação jurídica. Ser cidadão brasileiro é *mais* uma qualificação normativa sobre o mero ser sujeito de direito. A cidadania brasileira qualifica o sujeito de direito num possível polo de relações jurídicas, públicas e privadas. Umas restritivas, as de direito público. Assim, o exercício do direito subjetivo público de votar, ou ser votado, para investidura de titulares de órgãos políticos, ou o direito subjetivo público de ocupar cargos administrativos etc., é privativo do nacional.

Como a relação jurídica é *efectual* (é *efeito jurídico* da realização de hipóteses normativas), acontece verificar-se num dado espaço: ou no espaço de Estado estrangeiro, estando seus pressupostos no Estado nacional, ou no Estado nacional, colocando-se seus pressupostos em espaço de Estado estrangeiro – um negócio jurídico –, cujos efeitos localizam-se no Estado nacional. Também a própria relação jurídica, que num ponto da série é efeito, pode figurar, num outro ponto da série, como antecedente ou causa, aqui compondo o *suporte fáctico,* passando, pois, à categoria de *fato jurídico.*

Se as relações jurídicas nenhum componente apresentam de estraneidade – nem os sujeitos titulares, nem o objeto, nem a "fonte das obrigações" (contrato, fato ilícito), nem a forma dos atos – e situam-se no espaço territorial do Estado nacional, a incidência é do ordenamento nacional, com exclusão de norma estranha ao ordenamento estatal.

Se, em face da localização espacial, as relações jurídicas são susceptíveis de várias normas incidentes, pertinentes a *mais de um* ordenamento estatal, há a inevitável necessidade de formular a *questão jurídica*: qual das possíveis normas incidentes será a norma aplicável? Não as normas mesmas, mas uma *sobrenorma* dirá como optar, qual o critério de escolha. Basta pensar num contrato de compra e venda de um imóvel, em que o ato jurídico e a coisa, objeto do negócio jurídico, se encontrem em posições espaciais diversas, e de que resultem relações jurídicas obrigacionais e relações jurídicas reais a serem exercidas ou feitas valer em diversos pontos do espaço interterritorial. Quais as normas aplicáveis? Somente sobrenormas, dirimentes de conflitos de normas, podem indicar.[44]

10. Suporte fáctico mediato e imediato

Assim sendo, se uma norma incide sobre um fato, fazendo-o pressuposto de uma consequência, como a de determinar o estado do sujeito, tal norma é de direito *material*. Não é norma dirimente de conflito interespacial aquela que estatui sob qual pressuposto fáctico se obtém a cidadania, distinguindo nacionais e naturalizados e determinando seus direitos políticos e seus direitos civis.

---

44. As normas têm âmbito de incidência ou validade espacial e temporal (e, mais, pessoal e material). Donde os possíveis conflitos de normas no espaço e no tempo, objeto do direito internacional privado (que não é Direito Internacional, e tampouco direito privado: é direito público intraestatal, que estatui que normas têm incidência nas relações de direito privado, normas pertencentes a mais de um ordenamento estatal ou nacional). O Direito Internacional privado e o Direito Intertemporal são direitos sobre incidência de determinado direito, como diz Pontes de Miranda (Comentários à Constituição de 1946, v. 1, p. 76). Sobre os possíveis conflitos intertemporais, P. Roubier, Le droit transitoire, p. 9-16. Importante a distinção entre retroatividade e efeito imediato, p. 177-203. Para uma exposição crítica do problema, W. S. Campos Batalha, Tratado elementar de direito internacional privado, v. 1, Caps. I-IV. Os possíveis conflitos entre Direito nacional e internacional estão em nível diverso (Kelsen, Principles of international law, p. 419 ss. – entende-se por internacional o Direito das gentes). Do Direito Internacional privado "... que contém normas de colisão que determinam que direito há de se aplicar a uma relação de direito privado com elementos estrangeiros" distingue-se o direito dos estrangeiros, contendo normas materiais (e não normas de reenvio formais). V. A. Verdross, Derecho internacional público, cit., p. 294-295.

Há nisso *incidência imediata* sobre o suporte fáctico. Para os brasileiros natos, o art. 12, I, da Constituição de 1988, fornece os pressupostos fácticos; para os brasileiros naturalizados, o art. 12, II, enumera os respectivos pressupostos. Eis o suporte fáctico do qual decorre a qualificação do sujeito – ser brasileiro nato (um caso, o da alínea *b*): ter nascido fora do território nacional, de pai brasileiro ou mãe brasileira; desde que qualquer deles esteja a serviço do Brasil. A reescritura, em termo de proposição jurídica, desse preceito é a seguinte: dado o suporte fáctico *F* (internamente composto), deve ser a consequência *C* (ser brasileiro).

Mas requer norma dirimente de conflitos interespaciais *se numa relação jurídica concorrem sujeitos de direito de nacionalidades distintas*, dentro do espaço territorial brasileiro, e essa nacionalidade for pressuposto compondo o fato jurídico, decisivo para determinar a relação jurídica decorrente. O conflito de qualificação pode recair em pessoas, em coisas e em atos. *Sem dado não nacional no suporte factual, sem elemento de estraneidade no suporte fáctico, descabe buscar regra dirimente de colisão de normas. A colisão, se houver, é interna: é decorrente da hierarquia entre as normas incidentes, mas todas pertencendo ao ordenamento nacional, ou advindas da sucessividade temporal na vigência (conflitos* intertemporais) das normas, *todas componentes do mesmo sistema.*

Retomamos, pois, a tese de que com as normas de sobredireito interespacial não incidimos *imediatamente* nos dados de fato, para com eles compor os *fatos jurídicos.* E, sem a incidência nesses dados objetivos para sacar o juridicamente relevante do fato jurídico, nenhuma consequência decorre, seja ela determinante do estado do sujeito, da qualificação de coisa (móvel ou imóvel, divisível ou indivisível, alienável ou inalienável), ou constitutiva, modificativa ou desconstitutiva de relações jurídicas em sentido estrito.

Sabemos que qualquer norma só é aplicável ocorrendo fato (em sentido amplo) que realize a hipótese de incidência (a hipótese fáctica). *O dado ou suporte fáctico da norma de sobredireito que pertence ao denominado "direito internacional privado" é a verificação ou ocorrência de normas pertencentes a sistemas jurídicos diferentes incidentes sobre a mesma situação objetiva.* Essa situação conflitual objetiva, ocorrente aqui e agora, como todo fato, é o suporte fáctico de incidência da norma dirimente da colisão de normas. Assim, o *suporte fáctico da norma material aplicanda não o é da norma de colisão.* Ele é *imediato* em relação àquela; em relação a esta, é *mediato. Pois esta só alcança o suporte fáctico por meio da norma material, por interposição dela.*[45]

11. Norma jurídica e fatos

Deixemos fora de consideração o problema da precedência empírica (histórica e sociológica) dos fatos em face das normas jurídicas. Quem trabalha no interior de um sistema jurídico positivo – o jurista dogmático que interpreta ou o órgão que aplica o direito – vê os fatos do mundo, fatos naturais e condutas, *sub specie normae.* Um sistema de normas é direito positivo porque se projeta no mundo dos fatos. *Positivar-se é factualizar-se: é a conjunção norma/fato.*

As normas têm incidência na multiplicidade de fatos que o sistema reputou juridicamente relevantes e que ocorrem ligados a pessoas, ao tempo e ao espaço. Daí sua incidência factual,

45. Dá-se por meio do processo técnico que é o reenvio: uma norma remete à outra norma o regramento da situação fáctica. Esse reenvio pode ser intrassistemático ou extrassistemático. Muitas vezes, a norma remetente apanha tão só o pressuposto fáctico ou a qualificação típica, feita por outra norma, a remetida. V. o excelente estudo de J. Batista Machado, Âmbito de eficácia e âmbito de competência das leis, p. 300 ss. Pode dar-se conflito entre sistema S' e sistema S", ambos declarando-se inaplicáveis ao fato, e reenviando-se mutuamente, conforme alude Batiffol, Aspects philosophiques du droit international privé, p. 306-307. As relações jurídicas intersistêmicas encaminham-se para a consolidação de uma sociedade internacional, privada e pública. A aplicação de norma de direito privado no espaço estatal, quando tal norma é-lhe estranha, implica norma de direito constitucional que lhe dê aplicabilidade, e norma de Direito Internacional público que ingresse no Direito Constitucional: o que decorre da estrutura normativa do sistema ou ordenamento estatal. V. G. Morelli, Nozioni di diritto internazionale, p. 69-87. Sobre o reenvio receptício e não receptício, em nível internacional público, p. 86-88.

pessoal, temporal e espacial. A incidência é uma técnica do direito, é seu *modo de referir-se aos objetos e situações objetivas,* por meio do *pressuposto ou hipótese fáctica* da norma. Se o fato que corresponde à hipótese normativa não se verificou, nenhuma relação jurídica propriamente (mesmo em sentido amplo) se deu. A norma permanece com seu "*status*" *de proposição,* numa relação de pertinência ao sistema, que também tem seu *status,* o de um *conjunto de enunciados preceptivos da conduta humana.* Mas nem norma nem sistema de normas se positivaram na ordem dos fatos. As relações físicas, ou as relações sociais, todas discorrem causalmente, dentro de sequências de ordem, simultâneas ou sucessivas. Todavia, *relativamente ao sistema normativo do direito,* são *relações de fato.* Mas, tão logo a relação factual corresponda ao esquema delineado pela hipótese fáctica (hipótese que aponta para os fatos de possível ocorrência), *sobre essa relação a norma incide, tecendo efeitos que não adviriam das meras relações de causalidade natural.*[46]

Se não restringirmos a *relação de causalidade* às relações empíricas do mundo natural, e, ainda, às do mundo social, no que este contém de causalidade social (como mostram as leis sociológicas), e compreendermos, num sentido largo, a *causalidade como relação que se exprima em termos de função,* entre o *pressuposto fáctico* e sua *consequência jurídica,* sem dúvida, a norma jurídica, incidindo nos fatos e a eles ligando

46. Sobre a relatividade, digamos posicional (sintática), de suporte factual e fato jurídico, Pontes de Miranda, Tratado de direito privado, v. 1, p. 4, 20, 21, 76, 77, 129, 173 e 253; o fáctico contendo juridicização prévia, p. 119, 120, 123 e 430; Tratado de direito privado, cit., t. 5, p. 95, 97, 231, 296 e 314; o dado fáctico não se confunde com o suporte fáctico, idem, v. 5, p. 231.
No Direito Tributário, a necessidade de tipificar o fato imponível leva juristas pátrios a trabalharem com temas lógicos e de Teoria Geral do Direito. Assim, Geraldo Ataliba, em Hipótese de incidência tributária, dedica largo espaço à estrutura da norma tributária (p. 35-72); Paulo de Barros Carvalho ocupa-se, em todo um livro, com a Teoria da norma tributária (edição de 1974, 191 p.); outrossim, Marco Aurélio Greco, em sua Teoria da norma tributária, ocupa sua monografia com problemas lógicos e de Teoria Geral do Direito. Sublinho, ainda, os trabalhos de José Souto Maior Borges, entre eles Lançamento tributário, Tratado de direito tributário brasileiro (edição de 1981, 578 p.), cujos quatro capítulos primeiros, firmados em ponto de vista normativo, desenvolvem os fundamentos lógicos e teoréticos-gerais desse ramo do direito público.

efeitos, tece *relações jurídicas,* constitui, ou modifica e, até, desconstitui relações ali onde inexistiam ou só existiam meras relações sociais, ou simples relações fácticas. O pressuposto e a consequência, ligado um ao outro por *nexo lógico de implicação,* projetando-se no mundo social dos fatos, estabelecem a *relação de causalidade jurídica:* o fato torna-se fato jurídico, e dele provêm os efeitos. Nascer é fato biológico. Como corresponde ao esquema delineado pela hipótese fáctica, em nível da norma, faz-se *fato jurídico.* Consequência: o ser pessoa em sentido jurídico. O mero nexo causal natural reescreve-se: "(se *A,* então *B) assim* é"; o nexo normativo reescreve-se: "(se *A,* então *B) assim deve ser".* Num e noutro caso temos relações de implicação. A diferença reside: ali, a implicação *é;* aqui, a implicação *deve ser.* A causalidade jurídica, como positivação do Direito, é tecida, ou construída normativamente, como sistema de relações, recobrindo o sistema social, que se articula, também, com outros sistemas normativos, os não jurídicos.

12. A relação jurídica no fato jurídico

Quando se classificam os fatos jurídicos em fatos naturais ou eventos e fatos humanos (lícitos/ilícitos), pode parecer que a ocorrência meramente natural, regulada pela causalidade fáctica, alheia a toda participação voluntária do homem, seja fato indiferente à relação jurídica, ou meramente colocado *ab extra,* a título de suporte factual do efeito jurídico. Mas, já aí, essa colocação do fato natural dentro de uma hipótese fáctica, por cuja exata includência ele se faz fato jurídico, está a revelar que o fato natural juridicizado fica. E, por isso, colocado relacionalmente se acha.

Uma tormenta em alto-mar, que não atinja coisa (um navio) ou pessoa, é fato natural juridicamente irrelevante, quer dizer, nenhuma relação mediata ou imediata tem com condutas humanas, e, por isso, nenhuma consequência jurídica traz. Mas, se atinge navio, com carga e pessoas, e o fato foi tido, em contrato de seguro, como sinistro, como evento futuro e incerto, a mesma tormenta reveste-se da qualidade de fato jurídico, trazendo consequências, como a indenização de vidas e cargas pelo segurador em favor do segurado. Não fosse a previsão normativa do art. 1.432 do Código Civil [art. 757 do CC/2002] ou dos arts. 766 e outros, do Código Comercial, inexistiria o contrato de seguro para elevar o sinistro ao nível de fato jurídico.

Mas se inexistisse esse contrato, bilateral e aleatório, ligando ao pressuposto fáctico o direito de ser indenizado, correspectivo ao de haver os prêmios a serem pagos, com as recíprocas obrigações (decorrentes dos efeitos bilaterais do contrato), ainda assim o fato natural destrutivo sobre pessoas e coisas traria consequências jurídicas: perecimento do objeto – a carga do navio – e fim da titularidade de sujeitos de direito que as pessoas tinham. Com a morte, outro fato natural, convertido em fato jurídico, trazendo várias consequências: abertura da sucessão, vacância de cargos públicos por acaso preenchidos com as pessoas desaparecidas, fim da sociedade conjugal das pessoas com *status* de casadas (problemas de premoriência, ou de comoriência, para efeitos dos direitos sucessórios). E os efeitos especiais que as normas de Direito marítimo dão ao perecimento da coisa. Inexistia, ali, cobertura do fato como risco, como fato-pressuposto de direito à indenização, em favor de quem essa indenização fora convencionalmente instituída ou por lei indicada.

É difícil apontar fato do mundo que não traga efeitos, em virtude de norma que o tenha como suporte factual de consequências. E se assim é, o denominado fato jurídico natural (o fato *não se compondo com conduta humana)* só adquire juridicidade porque ocupa o tópico de fato antecedente numa relação jurídica. E essa relação jurídica não é entre uma coisa e outra coisa, de um fato natural para outro fato natural, é sempre, mediata ou imediatamente, relação com condutas humanas. A relevância jurídica é qualificação genérica do que [está] ocorrendo no mundo, por sua valiosidade ou desvaliosidade, tem relação com o sujeito de direito. E essa relação é jurídica no sentido amplo do termo. Sem norma incidente na relação fáctica, essa relação não se eleva ao nível de relação jurídica.

Capítulo IV

NORMA E REALIDADE NO DIREITO

SUMÁRIO: 1. O abstrato e o concreto - 2. Dialética norma/fato - 3. Critérios classificatórios - 4. Norma e fato jurídico - 5. Parcialidade do ponto de vista - 6. Situação jurídica: implicação de norma e fato.

1. O abstrato e o concreto

As relações jurídicas pertencem ao domínio do concreto. Provêm de *fatos*, que são no tempo-espaço localizados. Sem a interposição do fato, que a norma incidente qualifica como fato jurídico, não ocorre o processo *eficacial* da efetivação da relação jurídica. Relações jurídicas abstratas, somente no nível internormativo e no intranormativo, são relações lógico-formais e formais-jurídicas. Quando Duquit e Jèze dizem que os *atos-regras* (normas gerais) estatuem situações jurídicas objetivas, impessoais, gerais (a situação de vendedor, de comprador, de funcionário, de agente público como "*status*" *de classes* de pessoas), contrapõem essas situações objetivas às situações subjetivas e individualizadas.

Estas originam-se de manifestações de vontade, como exercício da *capacidade* e da *competência*: são efeitos *jurídicos. Somente tais efeitos são concretos: status pessoais, relações jurídicas de direito privado e público, relações processuais e de direito substantivo. A norma ou o ato-regra genérico destina-se a se concretizar, como dissemos.* A concretização importa no substituir o *sujeito genérico, o objeto indeterminado, o fato jurídico típico, os poderes e os deveres inespecificados, de um ato ou negócio jurídico típico, por sujeitos individualizados, prestações especificadas, fato jurídico concreto.*[47]

Essa concreção do fato jurídico e da relação jurídica ocorre, porém, nos quadros esquemáticos das normas gerais. Mas surgem *normas individuais,* como as cláusulas de um contrato, que, em relação ao genérico da norma abstrata, acresce o individual. As cláusulas contratuais são normas *que não inovam no abstrato direito objetivo,* mas acrescentam algo de novo, não contido na norma geral (*ato-regra* de Duguit e Jèze): no plano existencial, *onde* se acham poderes/deveres, direitos/obrigações).

A concreção da regra geral faz-se por meio da manifestação de vontade, cujos efeitos são modelos paradigmáticos, os traçados na norma geral. O denominado *ato-condição,* sob esse prisma, é aquele cujo suporte fáctico é ato de vontade. Difere do ato contratual (ou do ato unilateral de vontade) porque insere o indivíduo em esquema abstrato, impessoal, delineado pela regra legal, enquanto o contrato *individualiza a situação jurídica.* Mas, em ambos, *sem o ato de vontade intercalar não se alcança a situação jurídica individual.* Esta é um plexo de poderes e deveres individualizados, especificados, determinados pelo conteúdo. Equivale a *situação jurídica,* pois, à *relação jurídica.*[48]

---

47. "... um fato material não é nunca, desde o ponto de vista da técnica jurídica, mais que a condição de aplicação a um indivíduo de um 'status' legal, ou a condição para o exercício de um poder legal. Mas, jamais um fato, um ato material, cria uma situação jurídica qualquer. A situação jurídica geral não pode ser criada mais que por uma manifestação de vontade denominada lei ou regulamento; a situação jurídica individual não pode ser criada mais que por uma manifestação unilateral ou bilateral de vontade. Em outros termos, requer-se sempre um ato jurídico, uma manifestação de vontade no exercício de um poder jurídico" (Gaston Jèze, Principios generales del derecho administrativo, v. 1, p. 70).

48. Duguit adverte o efeito criador do processo de concreção: "... um ato em consequência do qual aparece, do lado de um sujeito, uma obrigação *especial, concreta, individual,* que não foi criada pelo direito objetivo". A isto

Em nossa terminologia, não há relação jurídica geral (como não há situação jurídica geral, seu equivalente). Da norma geral não se passa *imediatamente* para relação ou situação jurídica sem *interposição de um fato* (fato natural ou conduta). Se fato não ocorreu, a norma geral (ou individual) permanece em seu *status* proposicional, lógico, sintático, *sem os correspondentes semânticos ou fácticos:* o direito-norma não se realiza, não é *realidade sociocultural.*

2. Dialética norma/fato

Um fato é jurídico *na medida em que* uma norma a ele vincule efeitos. De um fato complexo total, somente o que é retido em norma é fato jurídico. E solta, em desnexo, não se encontra norma válida e vigente. A norma válida e vigente pertence a um sistema de normas. No caso-limite, puramente conceptual, ainda que uma só norma, haveria *sistema unitário,* de *um e somente um* elemento-norma, dentro do qual se demarcava quais fatos seriam jurídicos, pelos seus efeitos, e quais os fatos seriam não jurídicos, por carecerem de efeitos.

Mas essa prioridade da norma em relação ao fato jurídico é obtida de um ponto de vista estático. Do ponto de vista dinâmico, dos fatos provêm normas e de normas advêm os fatos jurídicos. Apenas, quem se situe no campo da Ciência do Direito, tácita ou explicitamente, opera com uma *hipótese-limite* (como qualquer Ciência positiva): o primeiro fato, o historicamente fato inicial, de onde dimana norma, teria como *pressuposto* uma norma (tácita) de formação ou produção normativa. Seria uma *norma-origem N,* que conferia ao fato inicial *F* o efeito: criação de outras normas. O Direito – sublinhou-o Kelsen – tem essa característica, a de regrar a sua própria criação.

Em outros termos, o Direito vai se autopondo em fatos e atos. Leva, com ele, a *autogênese,* absorvendo matéria social externa,

---

Duguit denomina *situação jurídica subjetiva,* e resulta de *ato subjetivo* (cujo modelo é o contrato). *V. Traité de droit constitutionnel,* v. 1, p. 279.

em *suas fontes formais*: o que vem de fora passa pelo seu processo de criação, o seu *Erzeugungsprozess*, inserido *no interior* do sistema. As denominadas *regras do processo legislativo* estão dentro da Constituição, como *normas-de-normas,* mas normas jurídicas, inquestionavelmente. Com isso, os *dados sociais – les données* – incorporam-se ao sistema, sem se posicionarem como fatos heterogenéticos. Evitamos, metodologicamente, o *positivismo naturalista:* o direito provém dos fatos (do habitualmente feito, do poder ou da força habitualmente obedecida, da minoria detentora da dominação social, dos imperativos – imperativos são atos, ou meros fatos – de quem historicamente detenha o poder). Adotamos o *positivismo crítico* (Kelsen), que é normativo.

Do ponto de vista dinâmico, a relação norma/fato é dialética. Um fato *F* é fonte de normas porque outras normas do sistema lhe conferiram essa potencialidade criadora. Fizeram-no fato jurídico, cujo efeito é a constituição ou desconstituição de normas. As normas postas, ou modificadas, por sua vez, destinam-se a incidir em novos fatos (fatos e atos ou condutas), cujos efeitos jurídicos são: *a) estatutos pessoais do sujeito; b) relações jurídicas,* em sentido técnico restrito; c) outras normas jurídicas (onde o fato jurídico é *fonte); d)* atos de *observância espontânea* e atos de *aplicação processual* de normas. Nessas quatro modalidades, expande-se o plexo eficacial de um fato jurídico qualificado por um sistema jurídico positivo (V. E. Paresce, *La dinamica del diritto,* p. 393-401).

As normas não são postas para permanecer como estruturas de linguagem, ou estruturas de enunciados, bastantes em si mesmas, mas reingressam nos fatos, de onde provieram, passando do nível conceptual e abstrato para a concrescência das relações sociais, onde as condutas são como os pontos ou pespontos do tecido social.

3. Critérios classificatórios

Podemos classificar os fatos jurídicos, já tomando-os em si mesmos, já considerando os seus efeitos. Em si mesmos, vemos sua composição, simples, ou complexa, de formação instantânea ou sucessiva, contendo fato só físico ou conduta (relevando a conduta apenas como ato-fato, ou como manifestação de vontade). Ainda, verificando se o fato jurídico insere-se na juridicidade positiva ou na juridicidade negativa (o antijurídico está no interior do sistema jurídico: é fato jurídico ilícito, como fato jurídico é o lícito, ambos produzem efeitos, em virtude de norma). A descrição, vê-se, é incompleta.

Também podemos classificar os fatos jurídicos conforme sua localização nos diversos ramos do Direito, vale dizer, de acordo com as categorias mais gerais de normas que o fazem jurídicos. Assim, temos fatos jurídicos de direito privado e fatos jurídicos de direito público. As subespécies de cada subdomínio conduzirão aos fatos jurídicos de Direito Civil, ou de Direito Constitucional, Administrativo; de Direito público interno ou de Direito público externo. Ou aos fatos jurídicos de direito substantivo e aos fatos jurídicos de Direito formal ou processual: classificação que atravessa verticalmente as anteriores. O Direito processual é sempre direito público, ainda que as relações substantivas, que lhe subjazem, sejam de direito privado ou de direito público. A descrição, vê-se, é inexaustiva.

Quanto aos efeitos, o fato jurídico os traz desde logo ou protraindo-os para mais adiante. Ora começam ou cessam, apensos que ficam a termos iniciais e a termos finais. Ora verificam-se incondicionalmente, ora subordinam-se a condições, umas vezes suspendendo a eficácia (condição suspensiva); outras, operando plenos efeitos, mas cortando-os se se verifica um fato (futuro e incerto, em ambos os casos).

Uma tipificação possível dos efeitos (o plexo eficacial) é a que partilharia assim: fatos jurídicos que trazem a formação de "*status*" *pessoais* (ser cidadão, ser estrangeiro); fatos jurídicos que importam na constituição, na modificação e na desconstituição de *normas jurídicas;* fatos jurídicos que têm como efeitos a constituição, a modificação e a desconstituição de *relações jurídicas*, em sentido técnico restrito e, finalmente, *fatos jurídicos de efetivação do direito vigente* (observância espontânea, autotutela e aplicação judicial: cumprimento dos deveres ou prestações e exercício dos direitos; autodefesa – até onde o sistema permite – como fato jurídico lícito em reação contra o ilícito, e fato jurídico-processual para dirimir a situação contenciosa).[49]

Essas linhas divisórias demarcam fronteiras que se interpenetram. Talvez o mais exato seria distinguir os fatos jurídicos que têm por efeito *normas*, e os fatos jurídicos que têm por efeitos *relações jurídicas*. Relações em sentido amplo, e relações em sentido estrito, ou técnico-dogmático. (V. Marco Bernardo de Mello, *Contribuição à teoria do fato jurídico*, cit., p. 65-84.)

4. Norma e fato jurídico

A norma jurídica, geral e abstrata (generalidade e abstrateza, que não são de *todas* as normas), não se *realiza, i. e.*, não passa do nível conceptual para o domínio do real-social, sem o fato que lhe corresponde, como *suporte fáctico* de sua *hipótese fáctica*. Sem a *fattispecie* concreta correspectiva à *fattispecie* abstrata. O fato, recortado de entre a multiplicidade heterogênea dos fatos socioculturais (os fatos meramente físicos são qualificados valorativamente ao universo da cultura total), é, *na medida em que* corresponde ao esquema abstrato, *o fato jurídico*. O que excede ao esquema ou é juridicamente irrelevante, ou é relevante para *outras* hipóteses fácticas de normas do mesmo sistema jurídico-positivo. Ou

49. Toda classificação depende do critério, conotativo ou denotativo, escolhido. Consulte-se a de E. Betti (fatos em sentido estrito, fatos positivos, negativos, simples, compostos, atos jurídicos, fatos lícitos, ilícitos etc.), Teoría general del negocio jurídico, p. 10-21. Classificação mais exaustiva a de Carnelutti: fatos jurídicos unilaterais, bilaterais, temporais, espaciais, constitutivos, substitutivos, complementares, naturais, atos jurídicos). V. Teoría general del derecho, p. 255-277. Também, L. Cariota Ferrara, El negocio jurídico, p. 3-39. A teoria do fato jurídico está presente nos seis primeiros tomos do Tratado de direito privado (Parte Geral) de Pontes de Miranda. No t. 1, p. 74 et seq., esboça uma classificação. Consulte-se, ainda, Vicente Ráo, Ato jurídico, p. 20-32. Sobre o fato jurídico in specie de ato jurídico, p. 55-94, temática central do livro. V. o estudo de Marco Bernardo de Mello, Contribuição à teoria do fato jurídico (com fecunda influência do pensamento de Pontes de Miranda).

para outros sistemas, os de outros Estados, ou o do sistema jurídico internacional público.

A norma, que é uma *objetivação conceptual,* passando para o campo dos fatos adquire a forma de *objetivação social.* Adquire algo da *coisidade* do social, no sentido durkheimiano. Assim sendo, a realização da norma é um *processo de individuação.* O fato é topicamente um aqui e agora. O fato típico, *como classe* (ou *conjunto,* em sentido matemático), inexiste como dado existencial: é uma construção conceptual, objetiva, sim, mas que não oferece a resistência das coisas e dos fatos que compõem o meu mundo circundante. A classe das coisas imóveis no sentido jurídico, *como classe,* não é móvel nem imóvel (divisível ou indivisível, disponível ou indisponível).

O fato jurídico, pois, é uma concreção que se dá num ponto do tempo e num ponto do espaço. Mas o fato é jurídico porque alguma norma sobre ele incidiu, ligando-lhe efeitos (pela *relação de causalidade normativa).* Suprimam-se normativamente efeitos e o fato jurídico fica tão só como fato. O Direito é um processo dinâmico de juridicização e de desjuridicização de fatos, consoante as valorações que o sistema imponha, ou recolha, como dado social (as valorações efetivas da comunidade que o legislador *acolhe e as objetiva como normas impositivas).*

Também os efeitos dos fatos jurídicos representam um *processo de individuação.* Vale dizer, um *processo de realização.* Há *classes* (ou tipos, conjuntos, gêneros, espécies) de efeitos, mas os efeitos estão no plano da realização, no plano da realidade social, tecida de condutas em recíproca interferência. A técnica classificatória é um recurso metodológico para ordenar os dados da realidade e serve de índice para orientação da conduta.[50]

50. O processo de realização ou concreção alcança a aplicação jurisprudencial do direito, o legislador e a própria Ciência do Direito. É o que com penetrante análise nos mostra K. Engisch. Sublinha: "Was haben bischer im wesentlichen von den Zusammenhangen von Recht un Wirklichkeit nur in dem Sinne gerprochen, dass uns die Frage beschaeftigte, wieweit die Rechtsnorm, insbesondere der Gazetzgeber 'konkretisieren' auf die Realitaet des Lebens Bedacht nehmen muss oder soll". Essa tendência ao concreto dá-se na Rechtsanwendung, bem como na Rechtslehre. V. Die Idee der Konkretisierung in Recht und Rechtswissenschaft unserer Zeit, 1953, p. 120.

Podemos alojar um mesmo dado, fato, coisa, pessoa, em tantas *classes* quantos *critérios definientes* façamos para agrupá-los. A potência classificatória da atividade conceptual do homem é simplesmente extraordinária. Os objetos classificados existem. As classes de objetos, não. Salvo se admitíssemos alguma variante do idealismo filosófico (um sujeito transcendental como portador dos conceitos mais gerais, um sujeito transcendente – divino – em cuja razão achar-se-iam já pré-formadas essas construções conceptuais.

5. Parcialidade do ponto de vista

O ponto de vista sob o qual encaramos a relação jurídica é parcial. Toma a relação como efeito do fato jurídico, ao qual norma de um dado sistema positivo conferiu tal eficácia. Pressupõe-se a *norma incidente,* o *fato* que corresponde ao esquema delineado pela norma (em sua parte descritiva, de pressuposto fáctico ou hipótese fáctica) e o momento *eficacial.* O fato, por si mesmo, não traria o efeito, se não fosse norma incidente (válida e em *vigor:* já existente no sistema e já incidente, *in force).* O efeito advém pela normatividade, que estabelece a *causalidade jurídica.* Se a norma perde sua vigência, ou sua validade, cessa a relação normativa de causalidade. Somente *no interior* de um sistema positivo de Direito há normas válidas, incidentes (em vigor), fatos que se juridicizam, como *fatos jurídicos,* e os efeitos.

Entre os efeitos (eficácia, em sentido técnico restrito, não em sentido largo, que é o kelseniano) acha-se a relação jurídica. A relação jurídica é tomada como a concreção do que *in abstracto* a norma esquematiza. A relação jurídica é sempre individual, concreta, pelo fato de que provém, pelos sujeitos de direito entre os quais se forma pelo conteúdo (pretensão material e prestação material, ou pretensão processual e prestação processual) estatuído, pelos termos e condições apostas etc.

Mas a relação jurídica não é o único "efeito" oriundo do fato jurídico. Há fatos jurídicos cujas normas incidentes os tornam criadores, modificadores ou extintivos de *normas jurídicas*. As declarações de vontade, no ato negocial, dão origem às normas individualizadas em cláusulas (sobre elas estão as normas gerais e abstratas da lei em sentido formal ou orgânico, e outras normas gerais provenientes de órgãos com competência normativa generalizadora – poder regulamentar do Executivo, por exemplo).

O processo legislativo, no interior do órgão estatal, é um complexo de fatos jurídicos (declarações de vontade discorrendo dentro do procedimento previsto em regra constitucional e regimental, para produzir efeitos válidos). A pluralidade de atos de vontade do órgão colegial é fato jurídico, pela qualificação normativa que recebe das normas do processo legislativo. Há relações jurídicas *no interior do órgão*, determinadas por normas, como efeitos de fatos, relações jurídicas eficaciais, portanto. Mas o ato colegial, que se perfez, percorrendo regularmente a série de atos (propositura, discussão, votação, sanção), o ato colegial e complexo dá como último efeito a lei ordinária, ou a lei de emenda constitucional.

A lei é o conteúdo objetivado do fato jurídico, do fato *jurígeno*, cuja generalidade e abstrateza contrastam com a individuação e a concreteza da relação jurídica. A lei (geral) é um esquema e, como esquema, sem individuação. Contém *variáveis*, variáveis (indeterminadas) de fatos, variáveis de indivíduos (os sujeitos de direito) e variáveis de conduta (pretensões e prestações, em sentido amplo).

6. Situação jurídica: implicação de norma e fato

Jèze distingue as situações jurídicas em gerais, impessoais, objetivas e as situações individuais, subjetivas: aquelas procedem da lei ou do regulamento (normas gerais); estas, de atos unilaterais ou bilaterais, manifestações de vontade no exercício de um poder. Mas cremos que, se as duas classes de situações são *efeitos jurídicos*, estarão sempre no nível dos *fatos jurídicos*. A lei geral, enquanto não ocorra o fato ao qual a *causalidade normativa* ligue efeitos, não provoca situação, que é do plano *eficacial* (dos efeitos).[51]

Em rigor, situação geral, advinda de norma geral, assenta na ocorrência de um pressuposto fáctico. O *status* de cidadania é uma situação genérica, igual *para todos os indivíduos da classe*, em que se inclui um determinado indivíduo. E um efeito jurídico do fato de o indivíduo reunir os requisitos prefixados na norma geral. O plexo de poderes e deveres, de quem é cidadão num ordenamento positivo, não se origina de ato de vontade negocial, de ato jurídico em que a manifestação de vontade estabeleça, numa área de autonomia privada, a extensão do conteúdo dessa vontade. E predeterminado pela *regra geral. Mas a situação jurídica assim geral é efectual, pressupõe fato jurídico, de que ela é efeito jurídico.* Efeito tipificado pela regra, imodificável pela vontade individual, mas efeito jurídico.[52]

Um mesmo indivíduo, frequentemente, ingressa em situação jurídica geral e em situação subjetiva, aquela prefixada pela norma geral que regra o ato jurídico, esta pelo conteúdo

51. Sob o ponto de vista funcional, é de sublinhar o que diz Kelsen: "The function of every social order is to bring about a certain mutual behavior of individuals – to induce them to certain positive or negative behavior, to certain action or abstention from action... According to the manner in which the socially desired behavior is brought about, various types of social order can be distinguished". V. The law as a especific social technique, What is justice, 1957, p. 231. A realização dessa função é a eficácia.

52. A relação imediata do sujeito com o sistema de normas aparece em Kelsen, já antes da tese de Cicala. Todavia, essa imediatidade é num sentido abstrato, pois, "Es bestehen rechtlich au khein unmittelbares Verhaeltniss Zwischen dem subjektiv Berechtigten und demjenigen, auf dessen Pflich das subjective Recht gerichtet ist. Denn Zwischen beiden steht die Rechtsordnung..." (Kelsen, Hauptprobleme der Staatsrechtslehre, p. 706). Sem a ocorrência fáctica do tatsache, o ordenamento não se aplica.Que toda qualificação jurídica decorre de uma Relation zur Rechtsordnung (p. 705) é uma decorrência da tese normativista. F. Somlò acentua ponto com que também Kelsen concorda. Pretensão e dever não são conceitos correlativos (mutuamente implicados). O Rechtsanspruch não é conceito fundamental (juristiche Grundbegrijfe): é possível deveres aos quais não corresponda direito subjetivo. Mas, observe-se, pode faltar o direito, como direito subjetivo em sentido técnico restrito (no sentido de Nawiaski, Allgemeine Rechtslehre, p. 156). Ao dever corresponde alguma espécie de pretensão, de sujeito determinado ou indeterminado, mas determinável, no aspecto salientado por Ugo Rocco. V. Somlò, Juristische Grundlehre, p. 444-446.

acrescido pelo ato concreto, no que o ato jurídico tem de área livre para a manifestação da vontade individual. Assim, na compra e venda que *A* faz com *B*, encontram-se as regras gerais do instituto e as regras individuais que as partes, licitamente, convencionam. A coexistência, num mesmo documento, de ambas as espécies de cláusulas não desfigura sua diferença.

Evidente que tanto a situação jurídica geral quanto a situação jurídica individual (pactuada) são *efeitos jurídicos* do ato jurídico. Antes da manifestação bilateral de vontade, inexistia qualquer tipo de situação jurídica: a lei geral, quanto à norma individual, não traz *efeitos jurídicos* sem suportes fácticos incidíveis.

A passagem da norma geral para o concreto faz-se mediatamente, nos atos de competência de poder. É preciso ato de poder, manifestação de vontade de órgão (legislativo, administrativo ou jurisdicional) para a realização da regra abstrata. É por isso que tanto Duguit quanto Jèze interpõem entre a lei e o efeito concreto o denominado *ato-condição*. No ato-condição verifica-se o fato jurídico – exercício de poderes – incidência da regra abstrata e o efeito jurídico – enquadramento do ato ou do indivíduo no esquema genérico da lei (ou do regulamento, que é regra geral).

Há o ato, que é concretização de vontade, um fato jurídico não natural, que é pressuposto (condição) para *aplicação* da regra geral que o qualifica, *inserindo-o na extensão de uma classe, em sentido lógico*. Pensemos nos componentes gerais e individuais de que se reveste o ato de concessão de cidadania, em caso de naturalização.[53]

53. Em sentido complementar: o indivíduo não é pessoa ou sujeito de direito sem estar em relações (em situações jurídicas). Não é um ser per se stante. A personalidade, como diz G. Jellinek, "... ist ueberhaupt kein Sein sondern ein Relation von Subjekt zu anderen und zur Rechtsordnung. Sie ist stets vom Recht verliehen, nicht von Natur aus gegeben" (Jellinek, System der subjektiven oeffentlichen Rechte, p. 28).

Capítulo V

INTERSUBJETIVIDADE DO DIREITO

1. Aparente unissubjetividade

Sabe-se que manifestação unilateral de vontade, como a promessa de recompensa, é suporte fáctico para incidência de norma, cujo efeito é o obrigar-se do promitente. Segue-se a vinculação, a obrigação de prestar, *ainda antes* de o beneficiário possível e indeterminado surgir como o outro membro da relação obrigacional. É o sistema positivo que atribui essa eficácia – a vinculabilidade – de que carece a mera promessa de fato, sem "consequências jurídicas", como atribui eficácia ao ato jurídico subordinado à condição suspensiva (sem equiparar, de modo nenhum, as duas figuras), estruturalmente, desde o início, com formação bilateral. A promessa de recompensa, unilateral na sua formação, é bilateral por sua destinação: dirige-se a um sujeito possível, beneficiário da promessa, caso satisfaça o conteúdo e as condições estipuladas pelo sujeito passivo.

Na dupla representação, confluem num só sujeito dois outros, entre os quais se estabelece a relação obrigacional. Sem a relação de representação, aqueles dois contratantes não se relacionam. Acontece assim se *A* representa, ao mesmo tempo, *B e* C. Constitui-se dúplice representação, duas relações, uma entre *A e B* outra entre *A* e *C*. Verifica-se a confluência de dois sujeitos num terceiro sujeito, que emite dúplice declaração de vontade. O fato psicológico da possibilidade dessa vontade dual num só sujeito psicológico não entra em linha de conta. *Importa que a essa dupla representação o sistema de normas ligue eficácia negocial. A causalidade jurídica pode ou não ter como suporte fáctico a causalidade natural.* Nem sempre, no plano normativo, como anota Engisch, reproduzem-se os dados de fato.

Pode existir inconveniência na dupla representação, ante a possível lesão de interesses que se contrapõem e se equilibram na relação contratual; pode este ou aquele sistema positivo admitir ou proibir; ou a doutrina manifestar-se com pluralidade de posições; o certo é que é *juridicamente possível* a dúplice representação. E, ainda, que nem por isso resvalamos para *a unissubjetividade da relação jurídica* constituída por terceiro. O sujeito *C* assume duas posições, com duas declarações de vontade, perfazendo a terceira relação, *R'''*: o ato jurídico, para cuja realização recebeu poderes de representação, geralmente expressos, porque o sistema consagra a regra geral da representação em nome e no interesse de outrem. Ainda que *C* fique reduzido, em sua representação, à efetivação de atos predeterminados pelas partes, meros atos de execução, o ato jurídico persiste bilateral, dualmente subjetivo. Em *C* não ocorre a *confusão subjetiva.*

Se ocorresse confusão em *C*, salvo regra impediente, teríamos *eficácia extintiva* da relação obrigacional. Mas, sem as duas relações de representação, nem *C* teria poderes negociais, nem *A* e *B* encontrar-se-iam na relação. Poderiam estabelecer relação obrigacional *imediata*, sem intermediação de terceiro. *Num único sujeito, pois, mantém-se a dualidade subjetiva da relação jurídica.*[54]

2. Bissubjetividade no autocontrato

No autocontrato, não é um terceiro *C* que firma a relação entre *A e B*. *A* relação é constituída entre *A* e *B*, mas *B*, com base numa relação de representação com *A*, ingressa na relação a se formar, declarando vontade por *B*, seu representado, e por ele mesmo, representante. Não vem ao caso se é psicologicamente possível um só *sujeito psicológico* tomar a dúplice posição de sujeitos de direito diversos, como parte e contraparte na relação negocial. *Importa se o sistema jurídico*

54. A relação jurídica é entre pessoa e pessoa, como anota E. Betti, onde a uma se atribui um poder, e à outra um vínculo correlativo. Quer na representação simples, quer na dupla representação. Por isso, o contrato consigo mesmo não é unilateral, em sua formação (E. Betti, Teoría general del negocio jurídico, p. 70, 434 e 453): o seu impedimento reside no conflito de interesses, numa valoração impediente que o ordenamento estabeleça. Juridicamente é possível que numa relação jurídica, A, representando B, faça autonegócio, como A representando B e C ocupe as duas posições substituintes dos sujeitos representados (dupla representação). Enneccerus toma ambos os casos como contrato consigo mesmo, sendo possível, ainda, negócios jurídicos unilaterais mediante declaração a si mesmo. "A essência do negócio jurídico, do contrato e da representação não se opõe à validez de semelhantes negócios" (*v.* Enneccerus, Derecho civil, t. 1, Parte Geral II, p. 253-255. A. von Thur participa desse entendimento. O ser excepção, num dado sistema, sua permissão, reside em tomada de posição valorativa (impedir ou prevenir o risco de lesão para o representado). A. Trabucci, igualmente, admite a sua possibilidade jurídica, vendo sua invalidade quando falta específica autorização do representado, ou exista conflito de interesses. E, por isso, lei o veda. O mesmo sujeito atua com vesti diverse. Sobre o tema em seu aspecto polêmico, E. Espínola, Sistema do direito civil brasileiro, v. 2, 2.ª parte, p. 39- 48; como estudo específico densamente crítico, José Paulo Cavalcanti, Direito civil (escritos diversos), p. 1-108. No caso da autonegociação em direito público (Direito civil, cit., p. 86-108), surge o problema da posição do indivíduo-órgão em face do Estado: se representante, ou se órgão. L. Cariota Ferrara diz que o autocontrato se explica com base na distinção entre pessoa e parte. Várias pessoas podem constituir uma só parte. No autocontrato uma pessoa exerce a posição de várias partes. V. El negocio jurídico, p. 604. Uma só pessoa, nas posições de duas partes, importa na bissubjetividade da relação. A relação não é reflexa, do sujeito consigo mesmo, ou relação unissubjetiva. Sobre a possibilidade jurídico-positiva de relações unissubjetivas, talvez o melhor estudo seja o de S. Puggliatti, Diritto civile – *Il* rapporto giuridico unisoggettivo, p. 395-537. A referência supra a Trabucchi diz respeito ao seu livro, Istituzioni di diritto civile, p. 622.

toma a dualidade reunida num só sujeito como suporte fáctico de eficácia. Se a admite em regra, ou somente como exceção. Se a permite em tese, e a proíbe em determinados casos, tendo em vista a tutela dos interesses do representado.

Em rigor, a denominação "contrato consigo mesmo" *(contratto con se stesso, contrat avec soi même, Vertrag mit sich selbst)* não denota exatamente o que se passa na realidade. Observe-se, sem representação, *B* só poderia manifestar vontade sua; não, ao mesmo tempo, a de *A*. Na relação de representação, o representante atua em nome e por conta do representado. Sem isso, teríamos, em *B*, a *confusão*, confluindo nele o ser credor e o ser devedor, a correspectividade do direito de exigir e do dever de prestar. Uma ou outra posição anularia a outra, e em vez de um autocontrato, que é, como contrato, ato bilateral, teríamos ato unilateral.

Na hipótese de sobrerrestar o sujeito de direito como devedor, saltaríamos da figura contratual para a declaração unilateral de vontade. Subsistindo a representação, *B* seria promitente (na promessa de recompensa) em nome de *A*. *Na hipótese* de *B* satisfazer a prestação, já a título de beneficiário, o ato permaneceria ato jurídico unilateral. Na formação do ato, *B* representante de *A*, poderia figurar *entre os possíveis membros da classe de sujeitos indeterminados.* O promitente vinculou-se desde o momento em que por meio de seu representante fez promessa de recompensa, *independentemente de qualquer aceitação* ("contrai obrigação de fazer o prometido", diz o nosso CC, art. 1.512), [sem correspondência no CC/202] que falta, justamente pela incerteza ou indeterminação do sujeito que venha a realizar o serviço recompensável ou satisfazer a condição estipulada.

No denominado contrato consigo mesmo, temos, então, dualidade subjetiva, *ato jurídico bilateral por sua formação, e unilateral ou bilateral pelos seus efeitos,* consoante se dê ou não reciprocidade de direitos e de obrigações. Nada, logicamente, impede que o sistema jurídico admita unilateralidade de efeitos – uma parte somente com direitos, a outra, somente com obrigações – ou bilateralidade de efeitos, quer dizer, cada parte tendo direitos e obrigações, reciprocamente correspondentes (em duas relações jurídicas em relação de conexidade lógico-jurídica).

As restrições possíveis que um sistema de direito imponha ao autocontrato não radicam em fundamentos *lógicos*. A proibitividade do autocontrato em certos casos atende ao princípio *pragmático* de justiça, à proteção dos interesses que se compõem por meio do contrato, a fatores de ordem pública, na tutela daqueles que podem sofrer lesão de seus direitos patrimoniais. Desde que o representado fique protegido em seus interesses, ou não comprometida alguma razão de ordem pública, e expressamente ou implicitamente autorizada, lícita é a formação do autocontrato. *V.* José Paulo Cavalcanti, *Direito civil* (escritos diversos), cit., p. 1-108.

3. Onde falta unissubjetividade

Um só sujeito pode ocupar dúplice posição, não apenas em duas relações correlatas, como nos contratos bilaterais, por seus efeitos (cada sujeito é sujeito ativo numa, passivo, noutra), mas em duas relações por assim dizer paralelas. Um mesmo sujeito pode ser credor de um patrimônio em herança e ser devedor desse mesmo patrimônio. Em rigor, a universalidade dos bens é una, porém, se houve separação, *pelo benefício de inventário,* da massa hereditanda ante a massa patrimonial primitiva do herdeiro, *confusão* não se verifica.

As posições de credor e de devedor, reunidas num só titular, representam duas *relações jurídicas diferentes,* porque têm por objeto acervos patrimoniais independentes. Também relações jurídicas acessórias se desfazem se se dá confusão na relação jurídica principal. Se *C* é fiador de *B* em face do credor *A*, e *C*, por cessão de crédito, sub-roga-se a *A*, subsiste a relação creditória do sub-rogado *C* perante o devedor *B*. Porém, a relação jurídica de fiança, que é acessória, desfaz-se por confusão. O substituinte *C* não pode ser fiador de si mesmo.[55]

55. Vale a citação extensa de Pontes de Miranda: “O devedor que, em vez de solver a

Do mesmo modo, se *A* é credor perante *B* e tem sobre imóvel de *B* hipoteca, ou outro direito real de garantia, e depois vem a consolidar a plenitude dos direitos dominicais em face do imóvel gravado, desfaz-se o *jus in re aliena*. A confusão provoca essa eficácia extintiva. A confusão é o *fato jurídico*, cujo efeito é desconstituir a relação jurídica, de estrutura recíproca, entre o sujeito ativo e o sujeito passivo, que se reuniram num só titular. O titular único não se autocompensa. *A relação compensacional* requer dois titulares com *recíprocos* direitos e deveres.

Temos insistido. A confusão não opera com eficácia extintiva por uma impossibilidade *lógica* de uma relação jurídica (*como relação que é)*, mas por uma *razão pragmática* do direito positivo. A norma é um regramento de conduta, no que esta contém de interesses contrapostos: se os interesses, creditórios e debitórios reúnem-se num só sujeito de direito, esses interesses carecem de composição e complementaridade, carecem de critérios repartidores (Werner Goldschmidt), que as normas oferecem. As normas, observa Kelsen, regulam conflitos de interesses, conflitos que cessam se tais interesses convergem para um só titular deles. V. Goldschmidt, *Introducción al derecho,* p. 8-14 e 45-112.

Tanto não é uma exigência lógica sobre o Direito que bem *pode o sistema jurídico impedir que do fato jurídico da confusão advenha o efeito extintivo.* No lado eficacial do fato jurídico, o sistema normativo dispõe, às vezes, contrafactualmente e, se for conveniente útil, contra, em outro plano, exigência de leis

dívida, antecipadamente, se, in casu, é possível, adquire, por cessão de crédito, o crédito contra si mesmo, adquire. Não há vedação de tal cessão. A lógica, antes mesmo do direito, é que postula que não se possa ser credor de si mesmo, nem devedor a si mesmo. A cessão de crédito vale e é eficaz, embora tenha sido cessionário o próprio devedor. O devedor que herda do credor adquire o crédito. Sucede na dívida o credor que herda do devedor. Tudo isso está certo. Só após a reunião, na mesma pessoa, do crédito e da dívida é que se opera a extinção. Cessão houve, ou houve sucessão, por outra causa. Só após ela e em virtude da confusão é que se extinguem o crédito e a dívida. Há, portanto, um momento, mínimo, um instante, em que as duas qualidades, as duas situações subjetivas, coexistiram. Porque coexistiram ilogicamente, a extinção ocorreu" (Tratado de direito privado, v. 25, p. 37).

lógicas. Assim, o estarem duas normas em conflito lógico-contraditório, só por si, não é bastante para excluir a validez de uma ou de ambas as normas conflitantes. E o sistema, com *outra norma* positiva, que indica qual das duas prevalecerá, e qual o órgão competente para declarar ou "suspender a eficácia" da norma conflitante. A contradição entre *N* e não-*N* é recíproca. *Logicamente,* carecemos de *criterium* decisório, que somente *norma-de-norma* (norma de segundo grau, linguisticamente) estabelece. Não desconstituídas, são ambas válidas, *i. e.*, observáveis pelos indivíduos e aplicáveis pelos órgãos do sistema.[56]

4. Unissubjetividade da relação

Pode ocorrer que *A*, devedor ou credor de *B*, venha a se tornar sucessor hereditário de *B*. Então, *A* não poderá prestar, como devedor, ou exigir prestação, como credor, de si mesmo, como substituto de *B*. O mesmo se dá numa cessão de crédito, em que um terceiro, *C*, venha a ser ponto de confluência da relação obrigacional entre *A* e *B*. A dualidade subjetiva da relação obrigacional encaminhou-se para a unitariedade do sujeito.

Essa confluência das duas posições de sujeito ativo e sujeito passivo num único sujeito importa no que tecnicamente

56. O caso de duas normas contraditórias, ambas válidas (até que ambas ou uma só delas seja ab-rogada, ou declarada judicialmente sua invalidade), difere do sistema admitir relações reflexas logicamente impossíveis. "A é pai de A" é logicamente impossível porque o relacional "ser-pai-de" não é reflexivo. Assim também "A é herdeiro de A", "A é locador de A", "A é representante de A". O rapporto giuridico é inter-soggetivo, como A. Levi acentua, Teoria generale del diritto, p. 26-33. Ainda que com fundamentos ontológicos diversos é a tese de Del Vecchio e de C. Cossio, La teoría egológica del derecho, p. 303. As relações jurídicas não são reflexas, nem simétricas: nem do tipo "*A* é igual a *A*", nem do tipo "*A* é igual a B" e "B é igual a A". Mas se A é maior que B, então B é menor que *A*. Um relacionador "maior que" tem seu converso em "menor que". Se *A* é mutuante em face de B, então B é mutuário em face de *A*. Nem *A* é mutuante (ou comodante, locador, cedente, credor) em face de *A*. Salvo se um mesmo *A* (sujeito) ocupa a posição de parte e contraparte numa relação jurídica, ou seja, de dois termos diversos (para utilizar a distinção de L. Cariota Ferrara) da relação. A relação jurídica é uma relação (estrutura lógica), cujas variáveis obtêm seus valores do universo-do-direito (Cariota Ferrara, El negocio jurídico, cit., p. 107-110; E. Betti, Teoría general del negocio jurídico, p. 68 e 418).

se denomina confusão. A relação jurídica deixa de ser dual, a dois membros, para se fundir numa relação substituinte unimembre. A primitiva se extingue não pelo implemento (ou pagamento) da prestação, mas pela impossibilidade fáctica de um mesmo sujeito ser devedor e credor de si próprio, pretensor e obrigado de si mesmo; ou exequente e executado numa relação processual unipessoal. Quer nos direitos obrigacionais, quer nos direitos reais, a confusão dissolve a bipolaridade da relação jurídica. Em direito material e em direito formal.[57]

Persiste a relação jurídica, a do herdeiro em quem se confundiram as posições de credor e devedor da universalidade de bens, que ocupará a posição de termo de relações obrigacionais e reais, perante terceiros. Terceiros, determinados (nos direitos relativos) ou indeterminados (no direito absoluto). A relação primitiva de débito de *A* para com *B*, de quem *A* herdou, extingue-se, absorvida na massa patrimonial. E, imediatamente, se *o sistema jurídico não admite jacência da herança*. Mediatamente, se o sistema estipula intertempo vazio entre a abertura da sucessão e ingresso do herdeiro ou legatário, como titulares do domínio do espólio.[58]

---

57. "Se se reúnem o crédito e o débito em uma mesma pessoa, extingue-se a relação creditória, porque ninguém pode ser devedor de si mesmo." Tanto se dá se o devedor herde do credor, como vice-versa. Falamos, diz Enneccerus, de "união" ou "confusão" (Enneccerus, Derecho de obligaciones, Tratado de derecho civil, I, t. 2, p. 376). Convém sublinhar, a cessão de crédito provém de contrato abstrato (em tese, válidas quaisquer causas): a mutação subjetiva não altera a relação jurídica. Quando Clóvis dá à cessão de créditos o caráter de "transferência que o credor faz de seus direitos" admite a transmissibilidade das relações jurídicas (Código Civil comentado, v. 4, p. 227). Para os fins deste ensaio, importa salientar a transmissibilidade da mesma relação jurídica. A mutação de sujeito credor cedente não importa em novação subjetiva.

58. Confusão não se dá quando a título de sucessão hereditária confluem direitos e deveres num só sujeito, e este se vale do benefício de inventário. Com limpidez observa M. I. Carvalho de Mendonça: "... a confusão não extingue a dívida só pelo fato de sua existência; é essencial que o devedor incorpore o crédito ao seu patrimônio e se coloque na impossibilidade real de exercê-lo contra si. Ora, isso não se dá quando a herança é recebida a benefício de inventário" (Doutrina e prática das obrigações, v. 1, p. 684). Com esse benefício individualizam-se dois patrimônios: o do herdeiro e o da herança. Um só sujeito ingressa em duas relações jurídicas distintas, em posições de credor nesta, ou de devedor, sem se confundir com sua posição ativa

A dualidade subjetiva mantém-se na compensação. Não se dá compensabilidade sem dualidade de sujeitos e créditos recíprocos. Se somente *A* é devedor e *B* é tão só credor, a via para extinguir a relação é o *implemento satisfativo* da prestação por parte de A. Mas se *A* e *B* são reciprocamente credores um do outro, ainda que as relações creditórias nenhuma relação entre si mantenham (provenham de causas negociais diversas), isso importa, reversivamente, que são reciprocamente devedores. Há duas relações jurídicas obrigacionais recíprocas, para nos restringirmos ao direito substancial privado, sem *causa* debendi *comum*, que as faça conexas: *sem relação entre as duas relações jurídicas.*

Não ocorre *novação objetiva* com o sobrevir de nova obrigação com eficácia extintiva da existente. Verifica-se dúplice extinção, quer por força de convenção de lei ou de sentença. Com o direito subjetivo de compensar e a obrigação jurídica correlata. Ocorre eficácia extintiva das relações *R'* e *R''*, sem se constituir nova relação *R'''*.

Não há mutação subjetiva na extinção compensatória. Por isso, descabe ao representante compensar, com um terceiro, o

e passiva diante de seu patrimônio próprio. Com sua habitual precisão, assim diz Pontes de Miranda: "A titularidade e a situação passiva têm de ser na mesma relação jurídica. Se o devedor apenas se fez usufrutuário ou titular de direito de penhor sobre o crédito contra ele, não há confusão. Se adquiriu usufruto do crédito contra si mesmo, os interesses não fluem – ou melhor, fluem e se extinguem automaticamente – durante o usufruto". V. Tratado de direito privado, cit., v. 25, p. 32. Já, antes, advertiu: confusão não se dá se há patrimônios distintos da mesma pessoa. A confusão é um fato jurídico de eficácia extintiva, dependendo do direito positivo, não da lógica das relações (teoria formal-lógica das relações, ligada à teoria das funções lógicas – Lourival Vilanova, As estruturas lógicas e o sistema do direito positivo, p. 251 ss.). Sobre o benefício de inventário e a separação de patrimônio, R. de Ruggiero, Instituições de direito civil, v. 3, p. 543 ss. "Quando normas especiais impedem ou consentem que se impeça a confusão dos patrimônios, desaparece a eficácia extintiva... é o que se dá na herança aceite a benefício de inventário..." (Ruggiero, Instituições de direito civil, cit., p. 227). Vemos que, logicamente, a confluência de titularidades reciprocamente excludentes – a ativa e a passiva – num só sujeito levaria ao contrassentido; juridicamente, à confusão. Mas a ratio do direito evita-o com norma impediente da confusão: cinde-se a relação jurídica em duas, quer nos direitos reais, quer nos direitos obrigacionais, e o mesmo sujeito desempenha duas posições que não confluem ou se autoeliminam.

débito próprio com um crédito do representado. Esse terceiro não ingressa na relação jurídica de compensabilidade.

5. Bilateralidade da relação

Temos tomado a relação jurídica em sentido amplo, de modo a abranger tanto aquelas cujos termos são titulares de direitos subjetivos e de obrigações correlatas quanto outras posições de titulares, a quem se lhes dão direitos potestativos, direitos reflexos, interesses legítimos, facultamentos ou autorizações sem o poder de exigir coativamente (judicialmente) o cumprimento das prestações, objeto desses facultamentos, revestidos de licitude, mas desprovidos de eficácia processual.

Mesmo no campo estrito dos direitos subjetivos, são várias as relações jurídicas, se se trata de direito subjetivo à conduta própria ou de direito subjetivo à conduta de outrem (direitos subjetivos relativos), ou de direito subjetivo a constituir ou desconstituir relação jurídica (direito de contratar, de alienar, de gravar imóvel, de dispor por liberalidade ou de dispor por testamento). No primeiro caso, há um dever geral de não impedir o exercício da liberdade. É um direito absoluto, *erga omnes,* e situa-se como o reverso ou o correspectivo, como o direito, *converso* ao dever geral negativo. Logicamente, converso (recíproco). No segundo caso, ao direito subjetivo corresponde o dever de prestar a obrigação correlata do sujeito passivo. A conduta alheia é objeto desse poder de exigir, de sorte que essa conduta (ação/omissão) é o conteúdo do poder de exigir da pretensão (material). E com base nesse direito subjetivo que Kelsen caracterizou o direito subjetivo como direito reflexo ao dever ou obrigação. Nos direitos subjetivos absolutos, as direções em que se manifesta o direito de liberdade são algo mais que direitos reflexos de deveres gerais negativos. Ao direito subjetivo não corresponde um dever de prestar específico, uma ação ou omissão determinadas. Aqui descabe a interpretação kelseniana.

O direito positivo é um processo de objetivação normativa. Como a ciência, a arte, a moral, a técnica são processos de objetivações de sentidos (normas, valores, significações, segundo Sorokin). O direito objetivo, projetando-se na realidade social, dá lugar a subjetivações e a relações. Incidindo no *factum* social do indivíduo, ou de associação de indivíduos, dá, como efeito, a subjetivação, a criação de sujeitos de direito. Não é possível subjetivação sem entidade humana colocar-se em relações. Relações que são efeitos, eficácia de fatos. A subjetivação é eficácia, numa relação em que um dos termos é ser humano ou entidade grupal humana. Sem sistema, acrescentemos, nem norma, nem incidência, nem fato jurídico, nem relação jurídica, nem sujeitos de relações existem. Existirá a matéria social, qualificada por outras formas normativas. Outras formas de objetivação cultural.

A bipolaridade da relação jurídica não é uma imposição da lógica. É um dado estrutural do fato do Direito. Aqui e ali, por conveniência da *razão prática*, a bipolaridade é suspensa, permanecendo provisoriamente em expectativa-de-sujeito (sujeito que encontre o título abandonado; que apareça o herdeiro ausente; ou o titulado com vocação de suceder; o terceiro que, eventualmente, venha a fazer valer a servidão, exercendo os direitos que lhe competem como titular do prédio dominante).

6. Ainda a unissubjetividade da relação

Há *indeterminação* do sujeito da relação jurídica, o que não importa em relação jurídica *sem sujeito*. Mais frequente a do sujeito ativo. Assim, na estipulação em favor de terceiro, que está por nascer (seguros de vida cujo beneficiário não é ainda sujeito de direito), na emissão de títulos ao portador, na promessa unilateral de recompensa, cujos titulares *ainda* não surgiram. Mas, do lado passivo, a obrigação se perfaz.

Quem promete prestação como recompensa obriga-se desde a declaração de vontade, já *antes* da aceitação ou do serviço prestado: o promitente não é policitante, como nos contratos entre ausentes. Há condições objetivas para se verificar o desfazimento da promessa unilateral, revogando-a.

Pode o sistema positivo admitir a transmissão por morte do promitente; ela se agrega ao patrimônio como parte passiva. As relações jurídicas apassivadas, como obrigações de prestar, subsistem com força vinculatória, dentro do transcurso do prazo, só exonerando o promitente no termo final.

Nesse intertempo, inexiste direito subjetivo, pois a titularidade está indeterminada. Observa Korkounov que bem é possível aparecer uma obrigação sem o correspectivo direito subjetivo. O dever de não causar dano ao feto carece de titular ativo, correlato desse dever. Observa, ainda, que semelhantemente ocorre com o título ao portador abandonado, ou perdido, cuja obrigação não se desfaz por não aparecer titular com posse sua, fazendo valer a prestação devida.

Assim, tanto nas relações jurídicas sem sujeito ativo (direitos sem sujeito) como nas relações jurídicas com somente titulares passivos, tais relações subsistem, ainda que parcialmente e provisoriamente, privadas de subjetividade ativa. Como *estruturas lógicas* são incompletas, pois uma relação *de um só* termo ou membro há de ser *reflexa* (do termo com ele mesmo). Podemos acolher o fato, o dado que o direito positivo nos expõe, e recolhê-lo logicamente do seguinte modo: as relações jurídicas têm, pelo menos, um sujeito *determinado*. O outro ou está determinado (individualizado, subjetivizado, concretizado numa pessoa individual, ou numa pessoa jurídica), ou está indeterminado, a espera de determinação. Há determinabilidade. O titular individualizado é a *constante* (o termo fixo, conhecido). O indeterminado é a *variável* (o termo cujo valor, cujo substituto está por vir, podendo ou não sobrevir).

O terceiro (*conceptus*) favorecido numa estipulação contratual, o portador do título não nominal, o eventual herdeiro ou legatário de um espólio, o acervo patrimonial de uma fundação que ainda não se personificou, a servidão cujo titular do prédio serviente ficou incerto, nem por isso dcsconstituindo o Direito Real do dono do prédio dominante: em todos esses casos temos *feixes de relações jurídicas, centros de interesses*, que o direito positivo resguarda, tutela, custodia, *por uma razão pragmática.* Não por uma *personificação* das relações *dessubjetivando-as* em seus polos ativo e passivo. Elevando, por exemplo, um título ao portador em um direito subjetivo sem sujeito, em um *direito por si bastante,* incorporado ao documento.

7. Aspectos lógico e jurídico-positivo do problema

Partimos da tese de que *não é a lógica que impõe ao direito positivo qual a estrutura que ele deve tomar.* A teoria lógico-formal das relações, em seu próprio nível, verifica que pode haver relações *reflexivas* e *irreflexivas, simétricas* e *assimétricas, transitivas* e *intransitivas.* No nível abstrato, esse comportamento formal das relações é independente deste ou daquele campo específico de objetos, fatos ou coisas. Uma relação é *reflexiva* quando vale entre o termo referente e ele mesmo como termo relato. Assim, em "*A* igual a *A*", "*A* idêntico a *A*". Já outras relações são *irreflexivas.* Desacertado dizer que "*A* é diverso de *A*", "*A* é desigual a *A*". *Simétrica é* uma relação que, se vale entre *A* e *B,* vale em sentido inverso. Assim, se "*A* igual a *B*", então "*B* igual a *A*". *Assimétrica* se vale em sentido direto, não em sentido inverso. Assim, "*A* maior que *B*" dá a *conversa* "*B* menor que *A*".

No direito, temos relações simétricas e assimétricas, como "*A* é esposo de *B*", então "*B* é esposa de *A*"; "*A* é pai de *B*", então "*B* é filho de A". Parece-nos que no campo do direito descabem as relações reflexivas. *Logicamente, é plenamente possível que um termo tenha relação reflexiva com ele mesmo. Mas é a textura do direito positivo que repele essa retroversão de um termo sobre ele mesmo.* Tomando-se a locução "relação jurídica" *em sentido amplo* (compreensiva de relações em sentido estrito, de qualificações de coisas ou pessoas, de posições jurídicas, de situações jurídicas, *status)* em toda relação jurídica está um termo-sujeito em face de *outro* termo-sujeito. *É a expressão lógica da alteridade, da intersubjetividade, do estar ante outros, ligado pela normatividade jurídica.*

Tomemos o mínimo e básico direito de ser pessoa, direito subjetivo não relativo, mas absoluto. É-se pessoa *erga omnes*. Essa absolutidade logo relativiza-se quando a abstrata faculdade de ser pessoa concretizar-se, tomando posições de sujeito ativo e de sujeito passivo. Relativiza-se, digamos com redundância, nas relações jurídicas, sem perder sua absolutidade decorrente do caráter de direito subjetivo personalíssimo, na terminologia corrente.

Mas o ser pessoa não é um fato físico ou psicológico. É *uma qualificação normativa de um suporte fáctico, em* cuja composição está ser humano. É um direito subjetivo fundamental isonômico nos sistemas jurídicos evoluídos. Se é direito subjetivo, a ele corresponde dever geral negativo de não impedimento, de não interferência no âmbito lícito em que se projeta esse direito. Mas "ter o dever de" é a *relação inversa* de "ter direito a". E, ainda, quem tem o direito de ser pessoa tem-no perante outrem, que tem dever. Um sujeito *A* não tem direito de ser pessoa ante ele próprio: falta reflexibilidade. Tem-no perante *outro:* a relação é *alio-relativa.* O ser pessoa ocorre numa relação interpersonal. Se o outro é individuado, diz-se direito subjetivo relativo; se indeterminado, compreensivo de uma totalidade de outros sujeitos, diz-se direito subjetivo absoluto. O ser sujeito (ou o ser pessoa) é um polo em relações jurídicas intersubjetivas. Esta é uma tese, sob o *ponto de vista normativo.*

8. Relações assubjetivas

Logicamente, por sua formal estrutura, uma *relação qualquer R* dá-se, pelo menos, entre dois termos, ou seja, "*R* (*A*, *B*)". Pode dar-se entre três, quatro, *n*-termos, mas é, no mínimo, binária (bimembre). Os termos, no domínio específico do Direito, são, como sabemos, os sujeitos de direito (individuais, coletivos, unissubjetivos, cada um, ou multissubjetivos – na solidariedade ativa e/ou passiva, por exemplo).

Nos sistemas em que jurídicos (deixemos de parte dados histórico-comparativos) que admitem a herança jacente, os bens do *de cujus* ficam privados de seu titular, e, *ainda*, neles não se investiram seus sucessores testamentários ou com vocação para suceder. Há, pois, um intertempo, em que um complexo patrimonial sem titular ativo fica. São os direitos-sem-sujeito. Façamos mais largo o termo: são direitos subjetivos e deveres subjetivos, pretensões e obrigações, o que, numa totalidade *ainda* indivisa, compõem a universalidade patrimonial sucedenda. Indo-se até a estrutura interior dessa massa patrimonial (os direitos ligados intimamente à pessoa humana são insucessíveis), lá encontramos relações jurídicas, pois não há direitos subjetivos, deveres, pretensões, obrigações, *fora* de relações jurídicas.

Nos sistemas em que se admite a herança jacente, haveria, pois, a possibilidade de um feixe de relações jurídicas sem titular ativo, relações jurídicas assubjetivadas ao lado da titularidade ativa. Todavia, a razão prática, que articula enormemente o Direito, como regime de controle da conduta humana, para o logro de interesses, de fins de valores individuais e coletivos, não deixa que tais bens à sucessão fiquem como coisas de ninguém, susceptíveis de apropriação, de aquisição originária, pelo primeiro ocupante. Ainda que cesse *a eficácia ativa, o plexo de relações jurídicas* mantém sua *eficácia passiva*, como anotara Ihering.

A massa patrimonial sucessível é um centro de relações, com eficácia *erga omnes*, se direitos absolutos continham, ou eficácia individualizada, se eram direitos relativos. Dá-se-lhe curadoria. Atos de gestão são praticados, que aumentam ou diminuem o acervo patrimonial. Atendendo à finalidade de segurança na tutela dos interesses, o feixe de relações é mantido, assegurado, enquanto aguarda o sucessor. Se não houver, não se torna coisa de ninguém: qualifica-se (judicialmente) como *vacante*, e o Estado surge como último sucessor.

A assubjetividade ativa é, pois, provisória: tem sujeito ativo possível, indeterminado, mas, em último termo, determinável, com a investidura do Estado na posição de sujeito de direito. Essa assubjetividade ativa intermédia é uma *exigência pragmática* do direito positivo: verifica-se no processo histórico de formação e de transformação das relações jurídicas. E verifica-se *no interior* do sistema jurídico, como problema não já histórico, mas *dogmático*. O sistema que não admite a jacência da herança não enfrenta esse problema dogmático: com a morte do titular do patrimônio, este *imediatamente* passa aos sucessores. Ainda que temporalmente a sucessão venha depois, *tem-se em retroeficácia o fato jurídico do suceder.* V. José Paulo Cavalvanti, *Direito civil* (escritos diversos), cit., p. 431-434.

Capítulo VI

TIPOS DE RELAÇÃO JURÍDICA

SUMÁRIO: 1. A relação sujeito/norma – 2. Relacionalidade dos direitos absolutos – 3. Relações jurídicas primária e secundária – 4. Múltiplas relações num só ato jurídico – 5. Relações entre relações jurídicas – 6. Outras relações entre relações jurídicas – 7. Relações jurídicas reciprocamente vinculadas.

1. A relação sujeito/norma

Não se justifica, porém, conceber (como o faz F. Cicala, *Il rapporto giuridico,* p. 14, 17 e 65) a relação jurídica como relação entre o sujeito de direito e a norma jurídica. Cicala vê a mesma relação *ideal* entre o indivíduo e a norma moral, entre o indivíduo e a norma religiosa, dar-se na relação jurídica. Cremos que essa relação imediata se dê entre o ordenamento ou sistema jurídico, como um todo, e seu *domínio tempo-espacial de validade,* dentro do qual ocorrem fatos naturais e fatos de conduta. Essa relação é ideal – quer dizer, normativa – e fáctica. Tomamos o termo ideal como contraposto a causal-fáctico, à natureza como sistema de fatos interligados pela causalidade natural. Mas tal relação assenta no existencial – o conjunto de fatos, cortado do total dos fatos para compor o universo do Direito.

Em rigor, relação meramente ideal entre homem e norma não é relação jurídica. Sem a ocorrência de *pelo menos um* fato, da natureza ou do homem – o homem é tanto natureza quanto cultura: cultura inexiste sem normas –, a norma jurídica do direito positivo em vigor não se realiza. Quer dizer, não passa de seu estado ideal de norma para a atuação no mundo. Em outros termos: faltará o ponto de incidência, o fato que em sua concreção aqui e agora corresponda à hipótese fáctica (hipótese de incidência, como denominam os tributaristas). *V.* Del Vecchio, *Justice, droit*, État, *p. 225-252.*

É bem certo, Cicala não chega ao ponto de suprimir o fato, pois diz que a relação jurídica *(Il rapporto giuridico,* cit., p. 18) é uma relação entre o indivíduo e a norma jurídica, aplicável ao respectivo *fatti specie.* Ora o fato-espécie é temporalmente e espacialmente concreto, e ele é o que serve de interpolação entre sujeito e norma. A norma jurídica, observemos, não incide diretamente no homem total, mas no sujeito de direito e conduta sua (ação/omissão). E há, sim, incidência imediata da norma no dado, que é o homem. Dá-se isso, justamente, na norma que toma o *factum* do nascimento do ser humano com vida como o suporte factual do ser sujeito de direito. É talvez o primeiro (logicamente, *i. e.,* o sistema de norma já constituído) fato e a primeira incidência da norma. Daí em diante, a personalidade (o poder ser sujeito de direito, ativo ou passivo, em relações jurídicas) é pressuposto fáctico, imediato, ou mediato, de todo fato juridicamente relevante. O que não surpreende porque o homem faz o direito para o homem. Quer se mencione, quer não, o homem está presente. Assim sendo, essa *relazione ideale della norma coisoggetti* torna-se relação real, pela sua projeção no fato-espécie.

Tem cabimento a observação de Kelsen de que não é o homem, em sua concreta individualidade, que está dentro do sistema jurídico. É a conduta sua, e ele mesmo, digamos, é um suporte fáctico de normas de personalização, é uma porção normativamente recortada de sua personalidade integral. O que do homem integral entra no Direito são porções suas, como suportes fácticos de ser sujeito de direito, como doador donatário, comodante, comodatário, ser eleitor, ser elegível (*o homo juridicus* e a insuficiência do Direito de Del Vecchio).[59]

2. Relacionalidade dos direitos absolutos

Os denominados direitos subjetivos absolutos (pessoais e reais) parecem que dispensam outro termo-sujeito, o sujeito do dever jurídico. Vejamos, tão apenas, o direito de personalidade e os "direitos sobre a própria pessoa" (direitos personalíssimos – direito à integridade corporal, ao nome, à honra). A personalidade, a capacidade de ser sujeito de direito, como vira Jellinek (G. Jellinek, *System der subjectives oeffentlich Recht,* p. 28), é não uma substância, mas uma relação. Diz textualmente (p. cit.) que a "personalidade pressupõe assim uma multiplicidade de homens, que estão em relações". É relação (*Verhaltniss*) com o ordenamento jurídico, e com a comunidade de Direito (respectivamente, *Rechtsordnung* e *Rechtsgemeinschaft).* É, enfim, uma relação de sujeito a sujeito.

O ser sujeito de direito é o momento *eficacial, no interior de uma relação jurídica, em sentido amplo.* Nas relações jurídicas *em sentido estrito,* no direito das obrigações, das sucessões, das coisas, nas relações de direito material ou processual, de direito privado ou público, quem é portador do *direito de personalidade* toma posições concretas em face de outros sujeitos de direito investidos de direitos subjetivos, ou de deveres jurídicos, estes ora na espécie de *deveres concretos* (de fazer, de dar, de omitir), ora na espécie de *deveres gerais negativos* (de não impedir, não ameaçar – o dever geral de respeito que reside na universidade dos sujeitos passivos).[60]

---

59. Diz Kelsen: "Es ist nicht ein Mensch in der Totalitaet seiner Existenz und seines Verhaltens, sonder ein bestimmtes menschliches Verhalten, auf das die Norm bezieht, indem sie es als gessollt statuirt" (*v.* Allgemeine Theorie der Normen, p. 23; General theory of law and State, p. 94).

60. Observa Pontes de Miranda: "o vínculo entre o homem (não o sujeito de direito) e a coisa seria extrajurídico. O vínculo é entre sujeito de direito e as outras pessoas, a respeito da coisa; como nos direitos de obrigação, é entre sujeito de direito e alguma ou algumas pessoas, a respeito da coisa" (Tratado de direito privado, v. 5, p.

Os direitos sobre a própria pessoa não importam em o sujeito titular desses direitos ser ao mesmo tempo o sujeito ativo e o sujeito passivo, tornando-se *termos* de uma *relação jurídica interna*, como se houvesse um direito subjetivo em face de um dever de si mesmo, no mesmo titular. O *objeto* dos direitos chamados personalíssimos está representado por frações destacadas abstratamente da integridade do sujeito de direito (o nome, a integridade física de seu corpo, a honra): é a própria personalidade jurídica do titular em face dos demais sujeitos de direito. Não é um direito do titular sobre si próprio, bipartindo-se o titular em sujeito de direito, em objeto do direito e titular do dever, correlato ao direito subjetivo.

Os direitos personalíssimos são a projeção eficacial decorrente da incidência de normas constitutivas da personalidade sobre suportes fácticos (ser humano com vida): não estão *antes* ou *acima* do ordenamento jurídico positivo. Estão *no interior* do sistema de normas. Se há *normas* e há *fatos* que sofrem sua *incidência*, há *relações jurídicas* em *sentido amplo*, ou relações jurídicas em *sentido técnico restrito*. Cabe dizer que os direitos personalíssimos, tidos por absolutos, são relativos: estão na estrutura interna das relações jurídicas. Sua absolutidade diz respeito apenas ao sujeito passivo, que é indeterminado, pois abrange *a extensão universal* (o *conjunto*) de todos os sujeitos de direito que têm o dever abstrato e negativo de não impedir o exercício dos direitos subjetivos personalíssimos. Ninguém é sujeito de direito, portador de direitos subjetivos relativos ou absolutos, sem estar nessa relacionalidade que Jellinek sublinhou. O direito subjetivo absoluto (pessoal ou real) é tão relacional quanto o direito subjetivo relativo.[61]

442). A relação com coisas pode ser mediata ou imediata. A imediatividade (immediatezza) não é necessariamente conexa com a absolutidade (*assolutezza*). A pretensão erga omnes reside em todo o direito subjetivo, correlato do dever geral de não impedir o exercício de direito real ou obrigacional: esta é a tese de Invrea, La parte geral del diritto (comentado por E. Espínola, Tratado de direito civil brasileiro; dos direitos subjetivos, v. 10, p. 536-546).

61. Assevera G. Jellinek: "Persoenlichkeit oder Person ist die Faehigkeit, Traeger von Rechten sei zu koennen, mit eimen Worte dir Rechtsfaehigkeit. Sie gehoert

3. Relações jurídicas primária e secundária

Fazendo-se um corte abstrato na série de normas que compõem unitariamente o sistema do direito positivo, vemos que uma regra jurídica completa consta de duas normas. Na norma primária, tem-se o pressuposto fáctico (ou hipótese de incidência) em relação de implicação com a consequência: a relação jurídica. Abstratamente, se ocorre o fato *F*, então *A* ficará numa relação *R* com *B*. Na norma secundária, a hipótese fáctica é a não observância do dever da parte do sujeito passivo, a qual implica o exercício da sanção e da coação (já aqui por meio de órgão jurisdicional). Abstratamente, se ocorre o fato *G* (não observância do dever), então *A* exigirá de *B* a sanção pelo não cumprimento, chegando até o limite do exercício da coação judicial para o cumprimento do devido. Está fora de análise a nova *relação processual*, que tem como um de seus pressupostos a relação jurídica inobservada. Sem passarmos por alto que a relação jurídica processual é autônoma, em face da relação jurídica material.

Se de uma norma jurídica suprime-se a norma secundária sancionadora da norma primária, fica a norma primária desprovida de juridicidade. Poderá permanecer como norma do uso, do costume, como norma social, desjuridicizando-se assim. Mas, relacionadas uma e outra norma, ocorrendo os fatos previstos em seus esquemas hipotéticos, têm incidência, convertendo os fatos, que antes da incidência eram não jurídicos, em fatos produtores de efeitos – as relações jurídicas em sentido amplo e em sentido técnico restrito. Se assim é, teremos relações jurídicas primárias e relações jurídicas secundárias, como efeitos dos fatos e *F* e *G*.

---

nicht der Welt der Dinge an sich an, ist ueberhaupt kein Sein, sonder eine Relation von einem subjekt zu anderen und zur Rechtsordnung" (System der subjecktiven oejfentlichen Rechte, p. 28). Acrescenta, Jellinek, que a pessoa (em sentido jurídico) não é substância, mas uma relação: "Personlichkeit setzt daher eine Vielheit von Menschen voraus, die in konstanten Relationen stehen". Resulta de uma Verhaetniss des Rechtssubjektes zum Gemeinwesen.

Em rigor, todas as normas sociais acompanham-se de sanções ante seu descumprimento. O que destaca a sanção jurídica é sua previsibilidade típica e a possibilidade do uso da *coação organizada* (por meio de órgão jurisdicional) para fazer valer as obrigações principais e as obrigações secundárias. Num contrato de locação, por exemplo, estipulam-se as obrigações do locatário. Não as satisfazendo, no próprio negócio jurídico incluem-se as normas sancionadoras: juros pela mora no pagamento, até o desfazimento do contrato, multa contratual; se o locatário ainda não atende às obrigações principais sancionatórias, vale-se o locador do direito subjetivo de ação e originar-se-á outra relação jurídica, agora não só entre locador e locatário, mas entre três termos: o locador, o locatário e órgão julgador.

O que apenas destacamos é que a norma primária e a norma secundária sancionadora, incidindo cada uma em suportes fácticos, que os fazem fatos jurígenos, produzem (normativamente, não pela causalidade natural – física, biológica, sociológica) os efeitos, as relações jurídicas primária e secundária. Relações estas que se ligam, por sua vez, mediante relações. As relações jurídicas, digamos abstratamente, *R'* e *R''*, não se verificam soltas, autonomamente. Entre elas, sobrevêm a relação *R'''* (de fundamento a consequência ou de principalidade a conexidade). A relação *R'''* tem como suporte fáctico justamente a não observância do dever do sujeito passivo da relação *R'* (a prestação de dar, de fazer, de omitir). Por isso, como observa Nawiasky (*Allgemeine Rechtslehre,* p. 156), o caráter jurídico *(Rechtscharakter)* da norma primária depende da secundária.[62]

---

62. Divergindo da colocação kelseniana, mantemos a teoria da composição dúplice da norma. Com Nawiaski: "An ersten Stelle stehen die Normen, die den Rechtsgnossen ein ausseres Verhalten vorschreiben; deneben stehen an Zweiter Stelle Normen, die dazu bestimmten anderen Personen vorschreiben, falls die ersten Normen nicht eingehalten werden, die Rechtsverletzer durch Vollstreckungszwang zur Einhaltung der betreffenden Norme..." (H. Nawiaski, Allgemeine Rechtslehre, p. 13). Tese que se reflete na concepção do direito subjetivo (p. 153-156) e no conceito de relação jurídica. R. Schreiber não elimina a norma primária, retendo só a secundária (a sancionadora – para Kelsen, a norma primária). V. Schreiber, Logik des

4. Múltiplas relações num só ato jurídico

Um contrato, qualquer que seja a espécie, é sempre bilateral pela formação. Sem sujeito ativo contraposto a sujeito passivo, sem duas manifestações de vontades concordantes, não se dá a espécie negocial que é o contrato. Mas diz-se unilateral ou bilateral *quanto aos efeitos*. No unilateral, o sujeito tem unicamente a posição de sujeito credor; o outro sujeito, unicamente a posição de devedor. Assim na doação pura (não modal); há prestação sem contraprestação. Encontrando-se a oferta com a aceitação, ao doador cabe a prestação de dar, ao donatário o direito de receber. O mesmo ocorre com os contratos de depósito, de comodato, de mandato e de mútuo.

A relação jurídica é a relação entre dois termos – os sujeitos intervenientes na relação. Mas, no caso, sendo unilateral, pelos efeitos, ao conceito de "ter o direito de receber" põe-se o *conceito converso de "ter o dever de entregar"*. A dualidade de termos sujeitos decorre do fato de que a relação jurídica, ainda aqui, é *irreflexiva*, quer dizer, um sujeito *A* não pode ser doador de si mesmo, nem um sujeito *B* pode ser donatário de si mesmo. Justamente pela *não reflexibilidade* é que a relação jurídica conversa (inversa) de "ser doador de" é a de "ser donatário de".

Bastaria introduzir na doação um encargo para o donatário, cuja inexecução fosse pressuposto para a revogação, e teríamos no donatário a convergência de direitos e obrigações, e também no doador: além do dever de dar com liberalidade, o direito de revogar ante o inadimplemento da obrigação do donatário. Dar-se-iam, então, direitos subjetivos e deveres

---

Rechts, p. 26-32. Idem em Die Geltung von Rechtsnormen, p. 33. G. Gavazzi mostra-nos o abandono kelseniano da antiga terminologia e observa que, se a coercitividade é nota do ordenamento em seu conjunto, não o é "per le sue singole parti", distinguindo as normas não autônomas (Gavazzi, Norme primarie e norme secondare, p. 118-125). Cossio recupera a dualidade compositiva da norma jurídica com sua teoria da endonorma e perinorma (H. L. A. Hart acrescenta às normas primárias e normas secundárias as denominadas regras de reconhecimento. V. The concept of law, p. 78-79 e 97-107), distinguindo acertadamente a verificação endonormativa e a verificação perinormativa. Aqui como base para o valor veritativo das normas. V. Cossio, La teoría egológica del derecho, p. 469-481.

jurídicos em cada uma das partes contratantes. Caso em que o ato jurídico ganharia em complexidade de relações jurídicas. Da doação pura para doação modal passaríamos de relações menos complexas para relações mais complexas. Não diríamos de relação jurídica simples, pois sempre as há, num ato, mais de uma, por mais simples que seja o ato jurídico. Basta decompor sua estrutura interna para vê-lo.

Nos contratos bilaterais ou sinalagmáticos, há obrigações para ambas as partes contratantes. Do fato da vontade concordante das partes advêm efeitos bilaterais, *efeitos* esses que são obrigações. Mas bem poderiam constituir-se obrigações para ambos os sujeitos pactuantes e não se corresponderem. Sem a relação de correspondência seriam obrigações não *reciprocamente* vinculadas. Se não reciprocamente vinculadas, o descumprimento advindo de um sujeito não conferiria ao outro o direito de deixar de adimplir a sua obrigação. Valendo-se da *exceptio non adimpleti contratus* nos termos do art. 1.092 do Código Civil [sem correspondência no CC/2002] (não se vale, claro, no caso de as prestações mutuamente relacionadas serem de cumprimento não simultâneo, sucessivas, pois). Mas, por isso mesmo que, nas obrigações recíprocas, a inadimplência de uma das partes dá lugar à resolução do negócio jurídico, desfazimento das relações jurídicas, e reposição das partes no *statu quo ante*. De modo geral, os atos contratuais bilaterais, pela distribuição bilateral das obrigações, levam implícita ou explicitamente à condição resolutiva, o que no final repousa no princípio de equidade na distribuição das obrigações a serem mutuamente satisfeitas (v. Alberto Trabucchi, *Istituzioni di diritto civile,* p. 701-704, acerca do contrato "a prestatinoni corripettive"; Pontes de Miranda, *Tratado de direito privado,* v. 3, p. 209-230).

5. Relações entre relações jurídicas

Entre relações quaisquer há, por sua vez, relações. Entre as relações "maior que" e "menor que" existe a relação de desigualdade. É intuitivo: a relação "   " (desigual a) é intersecção daquelas outras duas. As relações jurídicas, portanto, subordinam-se a essa lei formal de toda relação. Podemos operar com elas mediante relações de conjunção, de alternação (por exemplo, nas obrigações alternativas), de implicação (a relação jurídica subordinante em face da relação subordinada), e outras mais. Mas, sempre sublinhar: quando há relações não apenas conjuntivas (obrigações cumulativas), mas relações alternativas (obrigações ora com multiplicidade de prestações – *illiud vel illiud* – ora com multiplicidade subjetiva – de sujeitos ativos), correspondentemente, há várias normas, de cuja incidência no suporte fáctico resultam efeitos vários.

Não se trata, para tomarmos o caso das relações obrigacionais alternativas, de simples justaposições de relações jurídicas. Se *A* é devedor perante *B*, das prestações *P* ou *Q*, ou *R*, o ponto comum de referência das prestações alternativas é a relação entre *A* e *B*. Mas, se *A* é devedor da prestação *P* diante de *B*, ou C, ou *D*, exonerando-se do dever pelo implemento da prestação ante qualquer um dos sujeitos ativos *B*, *C*, *D*, têm-se relações jurídicas diversas, com o mesmo sujeito passivo, e a mesma prestação (pode haver, também, simultaneidade com a alternância de prestações). Nesse caso, vemos que há várias relações jurídicas, entre as quais há relação. Há várias relações jurídicas: a relação entre *A* e *B* entre *A* e C, entre *A* e *D*, podendo, como sublinhamos entre parênteses, existir disjuntividade de prestações – prestações *P*, ou *Q*, ou *R*.

Se há várias relações jurídicas, força é convir que há várias normas incidentes no fato-suporte dessas relações (a vontade negocial). Uma só norma não se projeta no fato abrindo um leque de relações jurídicas assim diversas. Aparentemente, quer dizer, em sua estrutura de linguagem, muitas vezes normas várias se conjugam formando gramaticalmente uma só textura de expressão. Porém, à análise não escapa a compositividade de tais normas aparentemente simples. São normas compostas, como logo veremos.

Outra espécie de relação entre relações jurídicas é a que se dá nas obrigações principais em face das obrigações acessórias. As primeiras subsistem *per se*. As segundas são fundadas nas primeiras. Não se trata tão apenas de *relação lógica de implicação* (de princípio a consequência). *É o direito positivo que estabelece normativamente o nexo entre a principal e a acessória.* Pode livremente escolher o legislador os dados entre os quais tece normativamente o vínculo. O importante é que, por exemplo, numa relação jurídica de locação, há obrigação que é principal. A relação de garantia, na fiança, entre o locador e o fiador é adjacente: jacente, a que jaz, subsistentemente, é a relação de locação entre o locador e o locatário. É uma relação de dependência a de garantia obrigacional. Como de dependência são as relações jurídicas de garantia real (penhor, anticrese e hipoteca) em face da relação jurídica principal, cujo adimplemento reforçam, sustentam (Enneccerus e Lehmann, *Derecho de obligaciones,* v. 2, p. 476).

6. Outras relações entre relações jurídicas

Dissemos que há normas aparentemente simples. A formulação verbal do direito positivo não segue parâmetros lógicos de composição. Sua é a finalidade prática de ser entendido e aplicado. O legislador não é o sujeito racional que põe normas segundo estruturas bem construídas logicamente. Por isso, muitas vezes, num artigo de lei ora ele é norma simples, mas completa; ora incompleto, contendo mais de uma norma; ora é norma bastante em si, ora integrante de uma série de outras normas, distribuídas em setores e subsetores do Direito. O preceito do Código Civil, art. 4.° [art. 2º do CC/2002], que diz que a personalidade civil do homem começa com o nascimento com vida é norma, pois reescreve-se assim: dado o fato *F* (nascer homem com vida) deve ser a personalidade civil. Dado *F*' então deve ser C. O dever-ser aqui é *modal genérico* não idêntico a dever-obrigação, que é espécie apenas. É o dever-ser nexo, vínculo, relação (não causal natural, mas implicacional-deôntica, ou relação de "causalidade jurídica").[63]

63. Analisamos a causalidade jurídica em sua estrutura lógica, que em linguagem não simbólica dir-se-á assim: "deve ser a implicação da hipótese fáctica ante a consequência". Para o direito, essa implicação não é efetivamente, nem possivelmente, nem probalitariamente, mas deve ser (fundado esse dever-ser num ato de valoração do sistema de normas). O excelente estudo de Karl Engisch, inserido em seu livro Von

Pois bem. A norma cuja incidência no fato faz surgir a subjetividade jurídica (o ser pessoa) é incompleta, mas é parte integrante, explícita ou implícita, de todas as normas. Normas que, projetando-se nos fatos, trazem relações jurídicas, cujos *termos* são necessariamente sujeitos de direito. Onde quer que se dê relação jurídica, em sentido amplo ou em sentido restrito, aí está compondo-a. A norma, de que resulta a relação básica, a de todo homem ser capaz de direitos (que é a do art. 2.° do CC [art. 1° do CC/2002]), não se restringe ao domínio civil. Mas é o ser sujeito de direito que está integrando todas as normas de direito privado e de direito público: as normas em apreço são normas – partes de normas de maior composição.

WeltbilcLdes Juristen, p. 110-140, examina os diversos aspectos em que o natuerllich Kausalbeg iff ingressa no mundo do direito: a causalidade física, biológica, psicológica e, inclusive, a causalidade cultural (individualizadora) – especificamente a concepção de Rickert (Engisch, Von Weltbild des Juristen, cit., p. 139). "Eine psychische Kausalitaet treffen wir im Recht dort, wo die Tatbestataende der Rechtsnormen auf die Arte der Motivation der menschlichen Verhaltensweise abstellen, undo dort, wo es erheblich wird dass und wie der Mensch auf den Menschen seelisch einwirkt" (p. 138). Com esse mesmo fim, Engisch examina a causalidade natural para o direito penal. Quando pondera que não é a causalidade natural por si mesma, imediatamente, decisiva e relevante, já se revela a valoração do dado fáctico. Nos termos de nossa tese, a causalidade natural pode ou não (dependendo da valoração) ingressar no suporte fáctico como elemento determinante do efeito. É justo que A causador da morte de B seja pressuposto factual da consequência punitiva: o dado fáctico natural é pressuposto antijurídico da sanção. Mais ainda. O que importa não é a causa que A representa. Importa A como autor, quer dizer, se a ele deve ser imputado o resultado de sua ação ou omissão. "L'imputazione, infatti, non è a'tro che il giudizio che riferisce il fatto ad una persona e più precisamente il giudizio mediante il quale un fatto è considerato 'próprio' di un essere umano" (F. Antolisei, *Il* rapporto di causalità nel diritto penale, p. 201). O jurista, observa Antolisei, não busca a causa, mas o autor de uma modificação do mundo externo, modificação esta que se faz servindo-se da causalidade natural (não contra ela, acrescentemos). Em linguagem kelseniana: a imputação (Zurechung) é uma relação de dever-ser (deôntica) entre uma Rechtsfolge e um Tatbestand (Tatbestand em cuja composição haja ação humana). Adverte Pontes de Miranda: "Donde duas causalidades: a física ou natural, quanto ao suporte fáctico; e a jurídica, segundo a regra jurídica, entre o suporte fáctico tornado jurídico e tudo o que entra na irradiação de sua eficácia". V. Tratado de direito privado, t. 1, p. 30 (*v.* mais p. 18, 19, 24, 48, 77, 78, 80, 81, 92 e 99, sobre a causalidade jurídica).
A causalidade, como dado-de-fato, recolhida no suporte fáctico (na.fattispecie concrett-ta, correspondente à fattispecie astratta) não se confunde com a causalidade como spezifische Verknuepfung tecida, estabelecida, constituída pela norma. É o que pensa Von Thur (citado por Engisch, Einfuehrung in das jurisitische Denken, p. 35-36) quando diz: "Zwischen Tatbestand und Rechtsfolge besteht eine nicht auf der Naturordnung, sondern auf dem Willen des Gesetzes beruhende Kausalitaet... welche, in letzer Linie in der Beschaffenheit des menschenlichen Denkens bergrendet ist". Já, antes, Zitelmann sublinhou o específico da kausale Verknuepfung: ser uma geschaffenes Band.

Também aparentemente há uma só norma, por exemplo, no art. 1.122 do Código Civil [art. 481 do CC/2002]. Esse artigo disciplina a compra e venda como negócio jurídico típico. Por ele, um dos contraentes se obriga a transferir o domínio de certa coisa, e o outro se obriga a pagar-lhe o preço em dinheiro. Há duas obrigações que recaem sobre cada um dos sujeitos da relação jurídica. Daí sua *bilateralidade efectual.* O dado fáctico é a manifestação de vontade concordante e ingressante no negócio típico de compra e venda. Há duas relações jurídicas: numa, o vendedor *está obrigado a* entregar a coisa, *correlativamente* ao comprador que *tem o direito de* havê-la; noutra, o vendedor *tem direito* ao preço convencionado, *correlativamente* ao *dever de prestar* (de pagar) por parte do comprador. Há obrigações reciprocamente vinculadas. Em termos de *teoria geral das relações* (campo temático da Lógica), as relações *R'* e *R"* são reciprocamente dependentes. Poderia a dependência ser não recíproca, unidirecional, assim: *A* está obrigado a fazer (ou omitir, ou dar) em face de *B* que, em *recíproca,* obrigação nenhuma tem. A obrigação seria unilateral: de *A* para *B,* mas não à inversa (como na relação obrigacional de doação: só o doador – hipótese de doação pura ou não modal – contrai obrigação em face do donatário). Mas, como se vê, na compra e venda há duas relações jurídicas. Reduzir-se-ia a uma só relação jurídica – abstração feita de outras possíveis, não necessárias, como relações jurídicas adjectas à relação fundamental – se o ato jurídico passasse à categoria-tipo de comodato, ou de doação, ou de depósito. Claro, do ato provêm obrigações, *fundadas*, para o comodatário, o donatário etc.

7. Relações jurídicas reciprocamente vinculadas

Nos contratos bilaterais, as obrigações recaem sobre as partes contratantes ou sobre os sujeitos de direito que estão nas *posições de termos* da relação jurídica. O tópico do sujeito da obrigação no primeiro membro da relação jurídica não se confunde com o tópico (*topos,* lugar) de sujeito da obrigação no segundo membro da relação jurídica. São obrigações com objetos diversos. Se o objeto fosse *a mesma prestação,* essa confluência de obrigações contrapostas sobre o mesmo objeto levaria a uma impossibilidade formal, lá em cima, em nível lógico, e o conflito, lá em baixo, no plano das relações inter-humanas. Por isso mesmo, temos duas obrigações, *O'* e *O"*, respectivamente, com duas prestações, *P'* e *P"*. A obrigação do comprador difere da obrigação do vendedor. Esse vínculo entre as duas obrigações é tecido pelo legislador; Adolf Reinach *(Die Aptiorischen Grundlagen des Recht,* p. 18-19) procurou verificar se tais estruturas são necessárias, invioláveis pelo legislador histórico, porque se fundamentam em legalidades apriorísticas, que Reinach encontrou numa teoria fenomenológica dos atos. É essa uma investigação que naturalmente vai além da investigação dogmático-positiva, e além da lógica das estruturas racionais – no ponto em que se colocam as questões de uma teoria filosófica das estruturas lógicas. Deixemos de parte o tema.

Tenha-se em conta o seguinte: toda relação tem termos e tem sua relação conversa (recíproca). Se *A* é comprador diante de *B, B* é vendedor em face de *A*. A relação jurídica conversa de comprar é vender, e a de vender é comprar. Fundado nessa estrutura relacional é que cada termo da relação *A* e *B* tem correlatamente direito subjetivo e dever jurídico. Quando *A* tem direito subjetivo, correspectivamente, *B* tem dever jurídico; quando *A* tem dever jurídico, *B* tem, correlatamente, direito subjetivo. Direito subjetivo e dever jurídico são correlatos: só existem na relação, não fora ou acima de relações jurídicas. Em outras relações, as não jurídicas, teremos outras posições de termos, mas sempre obedecendo às estruturas que são constantes, por serem formas (lógicas).

Nos contratos unilaterais, a relação jurídica constituída é unidirecional nesse sentido: um só dos contratantes é credor; o outro é somente devedor. A relação tem sua conversa, apesar de ser uma só relação (diremos, pois, justamente, é *uma* relação). Assim, *A" é* credor de *B"*, tem: sua relação conversa em *B"*, é devedor de *A"*. Quando se diz que os contratos são bilaterais pela *formação* (vontade de ambas as partes) e unilaterais ou bilaterais pelos *efeitos,* feitos são as relações. As relações, diz Pontes de Miranda, com acerto, são o lado *eficacial* da incidência das regras de Direito sobre os suportes fácticos (Pontes de Miranda, *Tratado de direito privado,* cit., t. 1, p. 116-132). Unilateral, diremos, é o ato jurídico (num sentido geral) do qual provém uma relação jurídica; bilateral, aquele do qual provém mais de uma relação jurídica. Tecnicamente, o bilateral requer a reciprocidade das relações, que poderiam ser independentes por determinação do direito positivo. Logicamente, dependente é a *recíproca* de qualquer relação: decorre implicacionalmente.

São relacionais os termos-sujeito na linguagem jurídica. Comprador/vendedor, locador/locatário, representante/representado, mutuante/mutuário, promitente/promissário, delegante/delegado, expropriante/expropriado, concedente/concessionário, eis posições de sujeitos compondo relações jurídicas, de direito privado ou de direito público. Gramaticalmente, são substantivos; logicamente, são termos relacionais, extremos ou polos de relações, tecidas morfologicamente por verbos relacionantes (R. M. Eaton, *General logic*, p. 46-58).

Um termo relacional ou é *referente* (antecessor) ou é *relato* (sucessor) e toda relação tem sua *conversa ou recíproca.* Quanto à composição, uma relação é, pelo menos, bilateral (entre *dois* termos). Cada termo pode ser singular ou plural, no que concerne à composição *subjetiva,* nas relações jurídicas. Diz-se: as *partes* num ato jurídico são duas. Internamente, cada parte é simples ou composta: na relação, aparece como um termo.

Se as relações se distribuem ou não, entre a pluralidade interna de sujeitos de direito que compõem cada parte, depende da natureza do ato, da espécie negocial (solidariedade ativa, solidariamente passiva, concorrência de sujeitos ativos ou passivos, com ou sem relações jurídicas entre si).

Por fim, sendo a relação jurídica *eficácia* de pressupostos fácticos, vindo *depois* da realização do fato (pela *causalidade jurídica),* a relação jurídica é concreta, *individuada. É a* realização, *a concreção da* consequência jurídica, *como o fato jurídico é a realização da hipótese fáctica. Nesse sentido, descabe falarmos em relações jurídicas abstratas.*

Capítulo VII

ASPECTO FORMAL DA RELAÇÃO PROCESSUAL

1. Estrutura da norma jurídica

Em reescritura reduzida, num corte simplificado e abstrato, a norma jurídica apresenta composição dúplice: norma primária e norma secundária. Na primeira, realizada a hipótese fáctica, *i.e.*, dado um fato sobre o qual ela incide, sobrevém, pela causalidade que o ordenamento institui, o efeito, a relação jurídica com sujeitos em posições ativa e passiva, com pretensões e deveres (para nos restringirmos às relações jurídicas em sentido estrito).

Na segunda, a hipótese fáctica, o pressuposto é o não cumprimento, a inobservância do dever de prestar, positivo ou negativo, que funciona como fato jurídico (ilícito, antijurídico) fundante de outra pretensão, a de exigir coativamente perante órgão estatal a efetivação do dever constituído na norma primária.

Ainda que eventualmente juntas, por conveniência pragmática, linguisticamente formuladas como unidade, logicamente são duas proposições normativas. Lógica e juridicamente, são diversas, pelos sujeitos intervenientes, pelos fatos jurídicos e efeitos. Norma de direito substantivo, ali; norma de direito adjetivo, aqui. Normas diversas que têm como ponto de incidência fatos diversos. E relações jurídicas diversas. A uma *relação jurídica material R*, entre *A* e *B*, sucede outra *relação jurídica formal* (processual) entre *A* e C (órgão *C* que concentrou o emprego da coação) e entre C e *B*. Figuradamente, se a relação material era horizontal, unilinear, a relação formal fez-se angular: não se desenvolve linearmente de *A* para *B*, pois conflui em *C*. Perfaz-se outra *relação R'*. Esta é uma relação composta de duas relações processuais, eficácia de dois fatos jurídicos (atos jurídico-processuais): o exercício do direito de ação e o exercício do direito de contradição. Termo comum dessa (dúplice relação processual é o órgão jurisdicional. No conjunto, o processo é uma série ordenada de relações.

A norma secundária (sancionadora, coativa) pode ou não ficar à disposição do sujeito titular ativo na relação material. Geralmente, nos direitos subjetivos privados, como expressão mesmo da autonomia da vontade, cabe ao legitimado pôr em movimento a norma secundária. Nos direitos subjetivos de exercício optativo assim ocorre. Nos direitos subjetivos de exercício obrigatório, privados ou públicos, o titular não pode deixar de exercer a pretensão à prestação que lhe cabe, ou cumprir os direitos-deveres que lhe são atribuídos. Nawiaski só entende como direito subjetivo em sentido estrito aquele em que a vontade é condição de aplicação do ato de coerção. Já a coação penal independe – descontados os casos de iniciativa do titular lesado em seu direito – dessa vontade. De ofício, o Estado-juiz aplica a norma sancionadora do direito subjetivo ameaçado ou atingido, sem ou contra a vontade do sujeito titular do bem, objeto desse direito.

Norma primária (oriunda de normas civis, comerciais, administrativas) e norma secundária (oriunda de norma de Direito Processual objetivo) compõem a bimembridade da norma jurídica: a primária sem a secundária desjuridiciza-se; a secundária sem a primária reduz-se a instrumento, meio, sem fim material, a adjetivo sem o suporte do substantivo.

Para valer-se da coação, o sujeito do direito reveste-se de capacidade processual, que advém *como efeito da incidência de norma processual;* do mesmo modo, o sujeito passivo investe-se de capacidade processual para se opor. Ao direito de ação contrapõe-se o direito de defesa. No exercício de um e de outro, os sujeitos dirigem-se ao Estado-juiz, com este constituindo relação: o exercício do direito de ação provoca no órgão julgador o dever jurisdicional de acolher o pedido, o dever de praticar o ato processual – despachar e mandar citar o sujeito passivo. O exercício do direito de defesa dirige-se ao juiz e outra relação linear se constitui: o órgão julgador contrai o dever de acolher a defesa. As duas relações lineares, reunidas em um ponto – o órgão jurisdicional –, perfazem *a angularidade da relação jurídico-processual.* O objeto comum de ambos os sujeitos, o ativo e o passivo, é a prestação da tutela jurisdicional do Estado. O pedido contido na ação proposta demarca o campo de incidência da prestação jurisdicional para todos os sujeitos de direito intervenientes na relação processual. Não poderá ampliá-lo a contestação. Observemos, de passagem, que o direito subjetivo processual de defesa não é sempre de exercício obrigatório. O sujeito passivo pode ou não exercê-lo. Ao seu exercício não corresponde pretensão material ou processual do sujeito ativo. O sujeito passivo pode omitir a defesa e deixar que o curso da relação corra à revelia. Por isso, dizem-se *ônus* e não deveres jurídicos em sentido estrito.

Na relação jurídica material (de direito privado ou de direito público) estão a *pretensão* e a correspectiva *prestação.* Sobretudo na relação de direito material privado. Ao direito subjetivo contrapõe-se o dever jurídico. O ficar o credor com o dinheiro do devedor para se pagar da dívida não é *ato coativo* que venha a reforçar a *sanção* ou o inadimplemento da obrigação. *E ainda momento incluso na relação de direito material.* Como o é a exigibilidade do cumprimento da prestação, com ou sem, ou contra a observância espontânea do sujeito obrigado. A ação de que se mune o direito subjetivo privado é, ainda, como observa Pontes de Miranda, expressão da pretensão material, e não a ação como exercício do direito à prestação de tutela jurisdicional. Desde que o Estado-juiz chamou a si o monopólio da função jurisdicional, somente como exceção restrita se concede ao titular do direito a defesa (a autodefesa) dele de mão própria.[64]

2. A sanção em nível de relação processual

Em reescritura reduzida, como vimos, a norma jurídica total tem composição dúplice: norma primária e norma secundária. Na primeira, efetivada a hipótese fáctica, *i. e.*, dado um fato sobre o qual ela incide, sobrevêm a relação jurídica, com os necessários termos-sujeitos, com pretensões e deveres reciprocamente implicados. Na segunda, a hipótese fáctica de incidência é o não cumprimento do dever do termo-sujeito passivo. Ocorrendo o não cumprimento, dá-se o fato cujo efeito (por isso o não cumprimento é fato jurídico) é *outra* relação

64. Há sanções integrantes da relação jurídico-material que são integrantes da pretensão. A pretensão, como direito público subjetivo, é direito pré-processual, advindo de regra de direito que se tenha posto como regra constitucional. É o que ensina Pontes de Miranda, Comentários ao Código de Processo Civil, v. 1, p. 78-83. A propósito da via autossatisfativa da sanção, diz Pontes: "A coerção jurídica nem sempre é judicial. Há, por exemplo, a compensação, que é jurídica, e não é, de regra, judicial: nela, é evidente o fato da autossatisfação do credor" (Tratado das ações, v. 1, p. 111). Observa J. Alberto dos Reis que uma vez o Estado proibiu a autodefesa, ficou na obrigação de pôr a prestação jurisdicional à disposição do portador da pretensão do direito subjetivo substancial. Mesmo quando essa pretensão repousa num título executivo, a relação processual não se confunde com a material. V. Processo de execução, v. 1, p. 113-118. Sobre a independência da relação jurídico-processual em face da relação material, observa Arruda Alvim que depois do estudo da ação declaratório-negativa, cujo objeto é a "negação do direito subjetivo material", e a colocação do direito objetivo processual no nível do direito público, não mais tem cabimento confundir os dois planos. V. Arruda Alvim, *Código* de Processo Civil comentado, v. 1, p. 312.

jurídica, na qual o sujeito ativo fica habilitado a exigir *coativamente* a prestação, objeto do dever jurídico.

Empregam-se os termos sanção e coação como equivalentes. Todavia, convém advertir que sanção pode haver na norma primária. O pagamento de um percentual de juros pela tardia adimplência da prestação do locatário, como a rescisão contratual independente de qualquer medida judicial, são geralmente cláusulas acessórias adjetas às cláusulas principais. As prestações subsequentes às prestações principais são apenas acréscimos em ônus, ou a desvantagem, para o locatário, da rescisão contratual. Mas essa sanção, cujo pressuposto é o descumprimento de obrigações negociais, é parte integrante da norma primária. As medidas que o locador toma para fazer exequível ou a exigibilidade que exerce para efetivar seu direito subjetivo, as diligências que emprega, tudo isso passa em nível da pretensão e da ação, *antes do processo,* como observa Pontes de Miranda.

Aqui a pretensão do sujeito ativo é de direito material. O particular que cobra de outro, ou manda cobrar pelo procurador, sem ser judicialmente (observa ainda Pontes de Miranda), exerce a *actio,* como projeção do direito subjetivo material. O credor que se paga com dinheiro do devedor, que estava em suas mãos, ainda que o faça no uso fáctico de alguma coercibilidade, a executoriedade do dever ocorre em plano pré-processual: os fatos e os atos, que se verificam, inserem-se no esquema da norma primária, que pertence a algum campo específico do direito substantivo. V. Pontes de Miranda, *Comentários do Código de Processo Civil,* cit., v. 1, p. 75-78.

Deixemos de parte as sentenças cuja eficácia é meramente declaratória de existência ou inexistência de relação jurídica, pois nelas não se exige, pela via judicial, aplicação de norma sancionadora ao sujeito passivo. A declaração, todavia, não lhe suprime o caráter de ato de império estatal, como vontade jurisdicional, nem confere à sentença a forma lógica de enunciado descritivo. É enunciado normativo, representa *preceito* (como advertem Liebman e Pontes de Miranda)[65] e, em outra relação processual, pode ingressar como um dos elementos do fato jurídico processual, com a eficácia normativa que tem toda decisão judicial. Há fatos e atos jurídicos – os atos jurídicos processuais – no interior da relação processual, e a sentença mesma, em seu todo, é fato jurídico. Consoante o *princípio de relatividade do fato*, no universo do direito, a sentença é fato jurídico-efeito e fato jurídico, por sua vez, pressuposto de novas consequências ou efeitos normativos.

3. Ainda a sanção em nível de relação processual

A sanção em nível pré-processual, que tem por pressuposto o não cumprimento de deveres ou obrigações principais, carece de eficácia coercitiva. Somente na norma secundária, que se diz norma sancionadora, o descumprimento é o pressuposto antijurídico que conduz à relação jurídica processual. Em esquema simbólico, temos: se se dá o fato *F*, deve ser a relação *R'* de A em face de *B* – onde *B* obriga-se à prestação *P* e, correlativamente, *A* adquire o direito subjetivo de exigir essa prestação; se se dá (se ocorre) o descumprimento da obrigação por parte de *B* – pressuposto antijurídico –, então deve ser a relação *R"* de *A* em face de *C*. Vê-se que as duas relações, *R'* e *R"*, são efeitos normativos de pressupostos fácticos. E, que sobrevém outra relação entre *R'* e *R"*.

Realmente, ainda que a teoria processual moderna tenha a segunda relação, a relação processual, como autônoma, abstrata, não é ela desligada da relação substantiva. Tanto que entre as condições da ação requer-se que o sujeito ativo deduza regularmente sua pretensão material, fundamente o pedido de tutela jurisdicional. A relação processual é instrumentalmente conexa com a relação material. Assim, entre as relações *R'*e *R"*

65. Quando Liebman pondera que a sanção não é elemento da relação jurídica material (privada), está tomando a sanção no momento da sentença condenatória, cujo cumprimento é obrigação secundária, correspectiva do direito à sanção do exequente (T. Liebman, Processo de execução, p. 69).

há a relação R''' (na teoria das relações, têm-se as relações-de--relações, como uma categoria, que se enche de concreção de acordo com os campos especificados de fatos e de objetos).

Mas, retomando, a sanção, como sanção coercitiva, munida da coação, esta reside na norma secundária ou na norma sancionadora. Mas a coação não é autoaplicável. O sujeito ativo na relação *R'* não vai em busca da coisa integrante do patrimônio de *B* para satisfazer coercitivamente a prestação que lhe é devida. Não vai ao uso da força por não estar habilitado, por lhe faltarem poderes ou o exercício do direito subjetivo de coagir o devedor. Há regra proibitiva do uso da coação, porque o poder de coação ficou como direito subjetivo público do Estado-juiz. Tirou-se ao indivíduo o direito subjetivo de autoaplicar a coação, não sendo legítimo o uso da própria força pelos indivíduos-membros da comunidade, no pressuposto da antijuridicidade. Só excepcionalmente abre-se permissão diante da proibição geral. Por isso, a autoaplicação da coação passa – afora o permissivo explícito – a ser pressuposto antijurídico de consequências sancionadoras incidentes no sujeito ativo da relação jurídica primária.

Para não incorrer na antijuridicidade do exercício da coação sobre o sujeito passivo inadimplente, o sujeito ativo da relação *R'* abre via da relação jurídica *R''*, que não é bimembre, entre *A e B*. É relação trinária, como se denomina na teoria geral das relações: é entre *A, B e C, i. e.*, entre autor, réu e juiz. Em rigor, não é uma relação linear, em série, por assim dizer horizontal. A relação processual simbolicamente estabelecida na norma secundária – consta de duas relações, como é tese dominante na processualística moderna: é a relação entre *A* e *C* e a relação entre *B* e *C*; relação entre o sujeito processual ativo e o órgão jurisdicional; relação entre o sujeito processual passivo e o mesmo órgão jurisdicional.

Temos, então, duas relações cujo termo comum de intersecção reside em *C*. São relações em ângulo, cujo ponto de confluência reside no órgão-juiz. Essa angularidade não é necessária, pondera Pontes de Miranda, levando em conta a relação processual em que o sujeito processual meramente pede que judicialmente se declare a existência ou inexistência de relação: de outra relação, que pode ser substantiva, ou mesmo de direito processual. Sem a contraparte processual, que lhe conteste o pedido, sem haver, pois, a contenciosidade.

Tenhamos em conta a hipótese em que o sujeito ativo, privado do direito subjetivo de autoaplicar a coação, mas habilitado pelo direito subjetivo a obter a prestação jurisdicional do Estado-juiz, para que este aplique a coação (o órgão que tem o direito subjetivo de fazê-lo), não requer sentença que meramente declare, ou sentença que constitua relação jurídica, mas que tenha *eficácia condenatória*. A sentença condenatória institui cumprimento de obrigação. É obrigação secundária porque vem por meio da via processual e vem munida de sanção, que não é a sanção em nível de relação jurídica material. Correlata a essa obrigação secundária está o direito subjetivo do sujeito processual ativo. Esse direito subjetivo suplanta o direito subjetivo material, por conter um imperativo com *sanctio juris*, mas, de algum modo, nele fundamenta-se, conferindo à decisão o caráter de sentença favorável pela procedência do pedido.[66]

Diante da sentença condenatória, que é uma estrutura normativa e, como tal, poderá ser obedecida ou inobservada, digamos que o sujeito passivo processual descumpre-a. A regra sancionadora nela contida é um dever-ser de conduta, e não um ter-de-ser, uma impositividade inviolável, de tal modo que a *incidência* da norma sancionadora determinasse uma necessária *coincidência* entre a sentença e a conduta do sujeito portador da obrigação.

66. A eficácia decorrente do título executório faz com que ele transite no momento executivo como válido por si, independente de sua causa. Concordando com essa eficácia abstrata de Liebman (do título executivo), não desconhece Alberto dos Reis que "... nos seus pontos extremos o direito e a execução, a relação jurídica substantiva e a relação jurídica processual tocam-se; e este contacto não é meramente material, mas causal. Ainda que numa tem-se em conta a prestação, na segunda, um efeito processual: a realização jurisdicional do direito"; V. J. Alberto dos Reis, Processo de execução, cit., v. 1, p. 19-20. A eficácia abstrata de Liebman corresponde ao fenômeno de abstração, que autonomiza, até que sua eficácia persista, o título executivo.

O descumprimento da norma sancionadora, contida na sentença condenatória, é conduta antijurídica. Mas, ainda aqui, esse antijurídico não serve de pressuposto à aplicação coercitiva da sanção por parte do sujeito favorecido com a sentença. O que vai funcionar como pressuposto jurídico da execução coativa da sanção é justamente a sentença condenatória. Assim, a sentença mesma (que pode produzir efeitos secundários como fato jurídico em sentido estrito), que é terminativa do *processo de conhecimento,* abre a via para nova relação jurídica, a relação que se constituirá no *processo de execução,* em que passa a função de pressuposto. Abrindo nova relação processual (nova instância), o processo de execução constitui-se precisamente para dar efetivação coativa à sanção contida na sentença condenatória. Falamos, claro, do processo executório no sentido restrito do termo, e não do processo executivo, fundado em títulos executivos não processuais, ora advindos de atos jurídicos estatais, ora de atos jurídicos negociais. Sublinhamos que objeto do processo de execução, fundado em sentença condenatória, é a execução forçada da norma sancionadora, e aplicação de coação por meio do órgão judicante, ou "realizzazione coattiva del diritto" (Ugo Rocco, *Trattato di diritto processuale civile,* v. 4, p. 25; J. Alberto dos Reis, *Processo de execução,* cit., v. 1, p. 68-121).

Temos, assim, as sanções inclusas na estrutura das normas primárias de direito material. Essas sanções situam-se nas relações como consequências decorrentes de certos pressupostos obrigacionais (obrigações de fazer, de omitir, de dar – genericamente, prestações do sujeito passivo). Seu cumprimento verifica-se dentro do poder de exigir a prestação correlata ao direito subjetivo material.

Ante o não cumprimento voluntário das obrigações principais e dessa classe de sanções, somente pela via processual é possível exigir coercitivamente. Exige-se o cumprimento por meio de sentença cuja eficácia seja condenatória. O direito à sanção, advindo dessa sentença, fundamenta o direito ou a pretensão frente ao Estado, para que ele ponha o poder de coação a serviço da realização concreta da sanção, esta em nível de relação processual (na sentença condenatória). Assim sendo, temos sanções integrantes da relação jurídica substantiva (de direito privado ou de direito público); sanções integrantes da relação jurídica processual (sempre de direito público). E, finalmente, a coação, o poder de efetivar a sanção contida na vontade jurisdicional do Estado (expressa na condenatoriedade de seu ato).

Fazendo um corte por assim dizer vertical, encontramos os três níveis de relações jurídicas: uma no plano do direito material, duas no plano do direito formal. Nas três, esquematicamente (simplificando de modo a reduzir a puras estruturas formais), deparamo-nos com pressupostos fácticos e consequências. O vínculo entre pressupostos (ou hipóteses fácticas) e consequências (efeitos jurídicos) é relacional: é a relação de implicação entre antecedente e consequente. A juridicidade da relação decorre do contexto material, da concreção fáctica em que as estruturas relacionais se encontram. No mundo dos fatos jurídicos, as relações se tornam relações jurídicas.

Por isso, quando se diz que o direito é um conjunto de normas sancionadas, coercitivas, coativas, necessário é, em análise no interior dos níveis das normas, sublinhar *onde a sanção é efeito de antijuridicidade material, onde é consequência processual*. É ainda, conceptuado com rigor, como se distinguem sanção e coação, esta como execução coercitiva, por meio do órgão do Estado, de sanções preceituadas nas sentenças condenatórias. Mais, que a coação é normativamente delimitada: pelas regras de competência do órgão aplicador, pela prévia caracterização dos fatos de conduta (tipificação do fáctico por meio das normas) e pela área de sua incidência (não execução sobre a pessoa do devedor, mas sobre seu patrimônio, não sobre todo ele, sobre-excedendo o limite do equivalente jurídico da sanção). Em suma, a aplicação da coação para efetivar a sanção segue a via processual, que é uma série de atos normativamente regrados: segue o devido processo legal.

O uso não unívoco dos termos "sanção" e "coação" é comum. Mesmo num Kelsen, com sua habitual precisão, e em linguagem da Teoria Geral do Direito, essa indistinção se faz notar.

4. A relação processual efectual

Retomemos pontos já assentes.

O ser sujeito de direito é o efeito da incidência de norma sobre um dado de fato. Se a subjetividade não fosse efeito estaria *sobre* o sistema de normas positivas, mas, ainda aqui, supondo-se efeito de incidência de uma norma jurídica ideal (direito natural): mesmo na hipótese de um sistema de direito ideal (natural), inexiste a subjetividade como propriedade inata *(innatus)*, inerente, originária, não adquirida. Quer dizer, não efectual. Ínsita na substância mesmo do homem. Quando na teoria kantiana da personalidade jurídica se tem o ser sujeito de direito independente do direito positivo, a relação norma/fato exprime-se como a relação entre o postulado *a priori* da razão prática e o homem não empírico, o homem como ente transcendental. A relação norma positiva e homem empírico (concreto, histórico) está no plano do direito positivo, fundado no direito natural, quer dizer, o direito natural é *o* fundamento último, transcendental do direito positivo: é o fundamento de validez.

O ser sujeito de direito é efeito de fato que norma qualificadora de subjetividade ligou a esse fato. É o fato jurídico fundamental, que passa a figurar como *termo* em todas as relações. Antes de ser sujeito de direito em relação processual, é-se sujeito de direito. Não coincidem necessariamente as duas *posições* de sujeito. É o sistema que diz que dada a subjetividade de direito material deva ser a possibilidade de pretensão à tutela jurisdicional.

A todo direito corresponde uma ação – em sentido de pretensão material – e a toda lesão de direito subjetivo ficará aberta a via judiciária –, pretensão ou direito subjetivo processual. Já, antes, o sistema acolhe o nascituro, concedendo-lhe, por meio de representante legal, a capacidade de ser parte na relação processual. Apanha mesmo o não ente humano – individual ou coletivo – como herança vacante, a massa falida, dando-lhes curador ou síndico. Podemos, assim, dizer que a todo direito corresponde uma ação: pretensão material. O ser sujeito de direito, sendo um direito (o direito de personalidade), a esse direito fundamental corresponde uma ação, ou seja, o direito subjetivo público para reclamar do Estado sua intervenção jurisdicional para proteger as violações ou ameaças a esse direito de ser sujeito de direito, em suas diversas manifestações, como titularidade ativa ou passiva de relações de direito material, privadas ou públicas.

Há a abstrata e a potencial titularidade ativa processual do sujeito, como há a abstrata e a potencial titularidade passiva do Estado, por meio de seu órgão-juiz, da prestação de tutela jurisdicional. Nesse ponto, sem nenhum *fato* não surge a *relação jurídica processual.* Ordinariamente, provém do sujeito titular da pretensão ativa a *manifestação de vontade,* que é justamente o *exercício* do direito subjetivo público de acionar. Encontrando-se com a *manifestação de vontade* do Estado-juiz, aceito o pedido ou o requerimento (a petição inicial), a potencialidade abstrata se converte em ato jurídico processual. Satisfeitos os pressupostos e as condições do exercício do direito de agir, e pressupondo-se a competência do órgão, tem-se o *suporte factual,* do qual resulta o efeito: a relação jurídico-processual.[67]

67. Sem o ***exercício*** do direito subjetivo público, ao qual corresponde a obrigação correlata de prestação jurisdicional, como observa Ugo Rocco, não se dá o ***fato jurídico*** que inicia a relação processual. É manifestação de vontade produtora de efeitos jurídicos (os atos jurídico-processuais). Por sua vez, como ato processual decisório, a sentença pode funcionar como produtora de efeitos, digamos, extraprocessuais, que se prolongam além dos atos propriamente processuais (direito de inscrever hipoteca judiciária, dissolução do regime de bens, com fundamento na sentença anulatória do casamento). Nesse caso, o ato jurisdicional passa a funcionar como fato jurídico em sentido estrito. V. Enrico Tullio Liebman, Efficacia ed autorità della sentenza, p. 50.

5. Ainda a efectualidade da relação jurídico-processual

O órgão jurisdicional é portador de um complexo de poderes-deveres, em virtude da incidência de normas constitucionais (e legais) que o institui e lhe demarca a competência. Num corte meramente conceptual, dizemos: existe e tem a competência (direitos/deveres) sem que seja provocado ao exercício dos direitos e ao cumprimento dos deveres de órgão. O dever de prestação de tutela jurisdicional está na competência, como potencialidade. Se aquele que tem o direito à tutela (a *Rechtsschutzanspruch* de Wach), como direito pré-processual – porque distribuído isonomicamente por norma constitucional, ou outra, de direito não processual –, exerce-o, então dá-se o suporte fáctico da relação jurídico-processual: o sujeito proponente da ação passa ao tópico de parte ativa e o Estado, por meio do órgão, à posição de sujeito do dever. Constitui-se a relação linear, de direito público, ainda que fundada em relação jurídica material de direito privado ou de direito público.

Mesmo que o órgão jurisdicional rechace a demanda, por não dispor o proponente de pretensão de direito material, há ação válida. Ainda mesmo na hipótese de não entrar na questão de fundo, no mérito, relação jurídico-processual se deu. O ato jurisdicional pode refluir sobre atos processuais, como se o processo retrofletisse sobre parte de si mesmo. Ocorre uma relação jurídica sobre outra relação jurídica, como objeto.

Se o direito à tutela jurisdicional do Estado-juiz, revestido de todos os requisitos e condições previstas na lei processual, e universalmente distribuído (a todo cidadão), não se exercita, inexiste *subjetivação, direito subjetivo individualizado* a requerer. E, se a abstrata obrigação de prestar a tutela por parte do órgão judicante não vier a se compor – como correspectivo comportamento do Estado em face do autor –, então fato jurídico (fato com efeito jurídico – a relação processual) não se dá, por falta do pressuposto fáctico desse efeito de direito. Antes, a relação jurídica é *subjetivamente indeterminada*, como sublinha Ugo Rocco (*Trattato di diritto processuale civile*, cit., v. 1, p. 251-259), ainda não se concretizou com a *determinação* dos sujeitos da relação, e seu conteúdo.

É certo, o pressuposto fáctico (o suporte fáctico) da relação jurídico-processual é, por sua vez, tomado em si mesmo, efeito da incidência de várias outras normas. Antes de ser-se sujeito processual (parte), é-se sujeito de direito, como efeito de incidência de normas de direito constitucional e civil. Antes de ser sujeito no exercício do direito à tutela, tem titularidade de sujeito de direito com pretensão à tutela – tem-na por determinação pré-processual, não por se achar *no interior* do processo. O preceito de que toda lesão de direito subjetivo individual tem a proteção jurisdicional universaliza o direito subjetivo processual. Confere direito de ação, cujo exercício é manifestação de vontade, objetivada na petição. E o direito de defesa, ao sujeito passivo: são os dois aspectos ou posições do sujeito de direito portador de direito subjetivo processual.

6. A relação jurídica processual e material

A relação jurídica entre mutuante e mutuário, entre comodante e comodatário, entre locador e locatário, entre o órgão (administrativo) e o titular investido como funcionário, é *relação binária*, entre dois sujeitos de direito, como termos da relação. Além disso, são relações materiais, fundadas em fatos jurídicos cujas normas de incidência a eles ligaram efeitos materiais, de direito privado; exceto a última, de direito público administrativo.

Aos *direitos subjetivos* de um lado da relação correspondem *deveres subjetivos* do outro. A exigibilidade do titular ativo dirige-se imediatamente ao titular passivo, sem intermediariedade.

Essa relação jurídico-material, de direito privado ou de direito público, passa a suporte de outra relação, a relação de direito público, se um dos titulares se vale do direito de ação, fundado na resistência do titular passivo a cumprir a prestação. Com o exercício do direito de ação surge o terceiro elemento-sujeito da relação: o titular do órgão jurisdicional. O *exercício do direito subjetivo de ação não tem como destinatário o sujeito passivo da relação. Dirige-se ao Estado, mediante seu órgão julgador.* A relação faz-se triádica, a três termos. A relação material *diádica R (A, B)* faz-se relação *triádica R (A, B, C)*. Os sujeitos de direito ativo e passivo, advindos da relação material, que tomam posição na relação jurídica processual são *partes*. Sempre duas, ainda que internamente cada parte componha-se pluripessoalmente (nas relações jurídicas de obrigações solidárias, ativa ou passiva, que permitem, levadas ao plano processual, o consórcio na lide).

Ainda que a relação jurídico-material legitime o direito de vir a juízo, não se confunde com a relação jurídico-processual. Pelo *objeto imediato*, o titular do direito de ação dirige-se ao Estado – de que é órgão o poder jurisdicional – pedindo-lhe a prestação da tutela jurídica, qualquer que seja ela, sentença favorável ou decisão desfavorável. Por isso que o pedido é o da prestação jurisdicional, destinatário do direito processual desse pedido não é o sujeito passivo da relação jurídico-material. É o Estado na posição de sujeito de direito público, com o dever de prestar a tutela. Então, pelo objeto do pedido (prestação jurisdicional) e pelo sujeito a quem se pede (o Estado-juiz), a relação jurídico-processual difere da relação jurídica que lhe é *conexa*, para legitimar o interesse de agir.[68]

---

68. Acerca da relação de forma para conteúdo, de direito substantivo para direito adjetivo, diz Ugo Rocco: "... poichè questi scopi, o meglio questo scopo, consiste nella realizzazione da parte degli organi giurisdicionali dello Stato delle norme di diritto sostanziale, pubblico o privato, le norme di diritto processuale civile sono norme mezzo, o norme strumentali, in confronto delle altre norme di diritto pubblico o di diritto privato, di carattere sostanziale" (Trattato di diritto processuale civile, cit., v. 1, p. 185).
Ainda que a ação nasça de um direito subjetivo preexistente (material), pois nele tem sua causa petendi, dele difere. E. Redenti denomina o direito material direito primário. Mas o objeto e a finalidade são diversos. A providência sancionatória do juiz não se acha no direito primário. Assim, observa ele, uma coisa é o direito de propriedade, outra sua reivindicação; uma coisa é o direito do credor a receber a prestação e outra é o direito a obter a expropriação de bens, manu judici para obter o equivalente de seu crédito (E. Redenti, Derecho procesal civil, v. 1, p. 55).

Na relação jurídico-material, o direito subjetivo do titular ativo advém do poder ou da faculdade (à parte os direitos à conduta própria) sobre conduta de outrem, cuja exigibilidade coativa é posta à disposição do titular: advém de norma material e de fato produtor de efeitos, fato e efeitos individualizados pela concreção aqui e agora. O direito subjetivo processual é efectual, também: requer norma incidente sobre o fato do sujeito de direito, decorrente de seu *statusverhaeltniss*, como advertira Jellinek (*System der subjektiven oeffentlichen Rechte, p. 86). Mas* norma atributiva da subjetividade processual é norma de direito público (de direito processual e de direito constitucional). O ser sujeito de direito de relação processual é, por sua vez, relação jurídica: é estar na relação jurídica como um dos termos. O outro é o Estado, na posição de titular do dever de prestar a tutela jurisdicional.

7. Relação entre classes de relações

Trata-se agora de saber que relação (se existe) se dá entre a relação processual e a relação de direito material. Esta ingressa no processo, como *objeto* sobre o qual incidirá a sentença, declarando-se certa, ou eliminando a controvérsia na titularidade ativa e passiva. Para o *exercício* do direito de ação e de contestação, além da legitimação processual das partes, do interesse juridicamente relevante, requer o direito processual objetivo (parte do sistema jurídico positivo) a possibilidade jurídica do pedido, uma *causa* (*causa petendi).* Sem fato jurídico produtor de efeitos subjetivos materiais, faltará, como anota Liebman, o fundamento jurídico do pedido. Faltará o pressuposto sobre o qual assenta a decisão do mérito da pretensão.

Não falemos do exame da formação regular da relação processual pela satisfação dos chamados *pressupostos processuais,* condição prévia para o exame do mérito do pedido. Sob o prisma da teoria geral da relação jurídica, importa o ingresso da relação de direito substantivo no interior da relação adjetiva, e o seu papel *jurídico-dogmático.* Depois, a relação propriamente entre as duas relações, *como relações* que são. A juridicidade, o conteúdo juridicamente específico, não destrói a relacionalidade.

Com a teoria da ação como direito subjetivo autônomo e abstrato, consagrado em geral, nas legislações positivas, a ação e a pretensão de direito material, compondo a relação jurídica de direito substantivo, não se confundem com a ação e a pretensão processual. Além dos sujeitos ativo e passivo da relação substantiva, acrescentar-se-á outro sujeito, o Estado, por meio de órgão jurisdicional; a relação passa a compor-se entre autor e órgão, e entre réu e órgão. Interpõe-se o Estado e a relação entre titular ativo e titular passivo permanece, mas *fora* da relação processual. O sujeito passivo, ingressante na relação processual, tanto em face de quem exerce o direito de ação quanto em face de quem exerce o direito de contradição, é o Estado-órgão. Ainda, a decisão pode ser desfavorável ao que propõe a ação, dando por improcedente o pedido, e, todavia, relação processual válida se constituiu. Ainda mais. Pode inexistir controvérsia, como na ação declaratória, positiva ou negativa, sem a angularidade se formar, por inexistir individuado sujeito passivo da relação jurídica material. Concretizou-se o exercício do direito subjetivo à prestação jurisdicional, compondo-se relação processual.

Tudo isso nos leva a pensar que se a relação processual não é indiferente à presença ou ausência da relação material, mas a leva em conta, entre as *condições da ação*, esta relação entra compondo o *pressuposto fáctico* para o exercício do direito de pedir a prestação jurisdicional. Não se insere *como fato jurídico com eficácia de direito/deveres substantivos, pois isto se verifica no plano do direito substantivo. A causalidade jurídica que interliga tal fato jurídico com tais efeitos é norma de direito substantivo, não norma de direito processual.* E se a decisão vem a confirmar, modificar ou desconstituir esses efeitos, a eficácia advém do direito substantivo, que o direito processual tem em vista *aplicar.* Essa relação de aplicação é de *conexidade instrumental,* como anotou Liebman.[69]

---

69. Nisso reside a autonomia do direito processual. Observa Chiovenda que não se confunde o direito à prestação com o poder de provocar a coação do Estado: "São

8. Fatos jurídicos e relações entre relações

Os efeitos do fato jurídico, na coisa julgada, são efeitos processuais: esgotamento do direito de agir do autor, impedimento do órgão judicante julgar a mesma relação jurídica, sujeição do sujeito passivo e impedimento do exercício do direito de contradição. O ato processual é uma relação jurídica e dentro dela ocorre aquela eficácia. Mas tal eficácia dota a relação jurídica material de certeza, torna-a insusceptível de contestação. A relação material podia ser improcedente em seus fundamentos, sem obstar o exercício do direito de ação, o que mostra o caráter abstrato e autônomo desse direito subjetivo processual.

Todavia, desde que a sentença terminativa do processo de cognição adquira o grau de coisa julgada, os efeitos processuais incidem na relação de direito material. Reinsistamos: os efeitos processuais advêm de normas processuais, sobre fato jurídico processual. A norma adjetiva não confere efeitos substantivos. Porém, a relação substantiva é *indiretamente* (explicação de Ugo Rocco) atingida. Tem-se uma eficácia processual, por via oblíqua. Impede-se a relação material de percorrer, outra vez, o caminho da cognição jurisdicional, pois sobre ela já se pronunciou, por último e com definitividade, o órgão julgador. Deu-se-lhe a segurança de ser a pretensão exigível, a necessidade normativa de seu cumprimento.

---

dois direitos distintos, se bem que possam coordenar-se em um mesmo interesse econômico". O processo não busca obter a prestação insatisfeita, existente na relação substantiva, mas obter a satisfação da obrigação com meios externos à obrigação. Direito distinto e autônomo, que nasce e pode extinguir-se independentemente da obrigação (Chiovenda, Instituciones de derecho procesal civil, v. 1, p. 24-27). É na ação declaratória negativa que melhor se mostra a independência da relação processual. Com ela o autor obtém a declaração de que não lhe está atribuindo nenhum dever: ele não alega outro direito subjetivo que o de pura ação. Nem a certeza poderia ser prestada pelo obrigado, aduz Chiovenda. Devemos, pondera ainda Chiovenda, evitar a sinonímia de lei processual e lei formal. A norma processual tutela um bem, que se obtém pela via processual. Exemplifica: quem é credor de uma letra de câmbio tem o poder de pedir a execução forçada imediata. Há, pois, direito processual formal e material (Instituciones de derecho procesal civil, cit., v. 1, p. 75).

Inexiste relação material entre as duas relações. Poderia haver se a relação substantiva continuasse no interior da relação processual. Mas esta é cortada: o direito subjetivo de agir, o poder/dever de julgar e o direito subjetivo de contestar compõem uma *relação abstrata*. Quer dizer: uma relação tirada (*ab* é prefixo indicador da separação), ou desvinculada de sua *causa* (em sentido técnico-jurídico). A ação em sentido de direito substantivo não continua na ação em sentido processual.

Foi, como se sabe, consequência de órgão do Estado convocar o monopólio da solução das relações contenciosas. Com o Estado-julgador, institui-se a relação processual. A pretensão e o dever de prestação continuam, mas, na nova relação, outra pretensão dirige-se ao órgão, que não se sub-roga no dever de prestar material, mas no poder/dever de prestar a função jurisdicional. O órgão nem fica devedor nem credor perante os sujeitos, como partes contrapostas. Por isso, em lugar da relação horizontal do direito material, instaura-se outra relação, agora em ângulo: duas linhas que partem do autor e do réu, encontrando-se no órgão, como ponto de confluência. Continua a linha reta, horizontal, limitada pelos seus termos, os sujeitos de direito, demarcando a relação jurídica material.

A relação de conexidade instrumental (Liebman) entre as duas relações não se insere na relação de causalidade jurídica. Tampouco na relação lógica de fundamento: a falta de fundamento na relação substantiva não impede a formação da relação processual: a improcedência do direito material invocado não priva o autor do exercício do direito subjetivo público de pedir o exercício da prestação jurisdicional.

9. Fatos jurídicos e possível nexo entre relações

Constituída uma relação jurídica obrigacional, em decorrência de fato que uma norma o fez fato jurídico, essa relação, por outro fato jurídico, se desconstitui (pela satisfação da prestação, por prescrição, por novação: pelos modos de extinção das obrigações, uns não negociais, outros negociais, uns sendo fatos jurídicos naturais, outros sendo fatos jurídicos no gênero de atos jurídicos). A extinção pelo cumprimento da prestação é a via normal. A relação de crédito era entre *A* e *B*. Se *B* adimple sua obrigação para com o credor, extingue-se o direito subjetivo de *A* e o dever subjetivo de *B*. Os direitos e os deveres eram correlatos e a relação individualizada entre os sujeitos da relação.

O fato jurídico extintivo devolve esses sujeitos à relação jurídica em sentido amplo. Um e outro retomam sua posição de titulares de direitos absolutos (pessoais e reais). Um e outro reingressam na universalidade de sujeitos ativos e de sujeitos passivos, mantendo e contraindo direitos relativos (obrigacionais), que tinham ou vão adquirindo nas relações inter-humanas. Não se pode dizer que os direitos absolutos, reais ou pessoais, decorram do fato jurídico extintivo daquela relação jurídica obrigacional, pois foram *outras normas* (as de direito pessoal e as de direito real) que incidiram noutros fatos (nascer, pertencer a um sistema jurídico estatal, obter por sucessão universal coisa móvel ou imóvel, por ato jurídico típico ou atípico), produzindo efeitos diversos. O fato jurídico produtor de "direitos relativos" não é o mesmo que produz "direitos absolutos".[70]

Isso na relação de direito privado. Dar-se-ia o mesmo nas relações de direito público, especificamente na relação processual? Eis a pergunta. Sustenta Ugo Rocco que tanto nas relações privadas quanto nas relações de direito público todo fato extintivo de uma relação é ponto de partida de outra relação, cujos

70. Um fato só é jurídico na medida em que a norma de um sistema positivo lhe atribui eficácia. Há fatos jurídicos de direito substantivo, como fatos jurídicos de direito adjetivo. De direito privado, como de direito público. De qualquer um se pode dizer: "Tra la fattispecie e la vicenda del rapporto giuridico intercede um rapporto che può essere qualificato come rapporto di causalità, com l'avvertenza che non si trata di un rapporto di causalità naturale, ma di un rapporto de causalità che possiamo chiamare arbitrario, cioè stabilito dal legislatore" (M. Allara, La fattispecie estintive del rapporto obbligatorio, Corso di diritto civile, p. 31-32). Sobre a sentença como fato jurídico processual e seus efeitos na relação formal e na substancial, *v.* Ugo Rocco, Trattato di diritto processuale civile, cit., v. 2, p. 309-329.

sujeitos permutam suas posições de titular ativo e titular passivo, e cujo objeto também se transforma: onde haja direito subjetivo de exigir ação ou omissão existirá obrigação de não exigir, e onde havia obrigação recobra o sujeito o direito de não sujeição, ou o direito de omitir a exigência ou pretensão do sujeito ativo.

Cremos que o fato extintivo é um fato jurídico desconstitutivo sem ser, sempre, ao mesmo tempo, constitutivo de nova relação. A relação que remanesce é a relação abstrata, genérica, que se concretizou na relação obrigacional, entre um determinado *A* e um determinado *B*, acerca de uma prestação individualizada (de fazer, de omitir, de dar, ainda que *in specie* – como no mútuo). A relação concreta *A/B* é um recorte na pluralidade indeterminada de posições que os *sujeitos ativos totais* e os *sujeitos passivos totais* podem ocupar no sistema jurídico dentro do qual há sujeitos de direito, ações, coisas, fatos jurídicos, atos jurídicos, relações jurídicas: configurações jurídicas (*juristischen Gebilde*) que os interesses humanos incessantemente fazem e desfazem, compondo assim, sob ângulo (parcialmente) jurídico, não só a urdidura, o fundo temático, mas também o quadro, o marco dentro do qual flui a história do homem.

10. Fato jurídico extintivo de relações

Ugo Rocco compara o fato extintivo de relações obrigacionais e a sentença passada em julgado na relação processual. O caso julgado extingue: *a)* o direito de ação para rever o julgado; *b)* o direito de contradição e *c)* o direito de jurisdição. Nem autor, nem demandado, nem órgão julgador podem mais exercer seus direitos subjetivos públicos no reapreciarem a relação que foi objeto da decisão. Os efeitos precludentes da coisa julgada não se encerram apenas no processo, extinguindo a relação.

Outra relação, sustenta Rocco, conexa com a decidida, resulta entre autor e órgão, entre órgão e demandado. Reflexamente, entre as partes, acrescentemos, pois a relação jurídica material não mais pode ser objeto de novo julgado: fica declarada certa, ou a salvo de controvérsia. Preclusa fica a via processual para fazer valer a pretensão processual de qualquer das partes. Esse *efeito reflexo* sobre a relação substantiva estabiliza-a, confere-lhe a certeza de que o direito subjetivo e a obrigação são exequíveis.

Compreende-se. A decisão terminativa e última, de que não mais cabe revisão jurisdicional, insusceptível de remédio recursal, ao mesmo tempo em que é um *fato jurídico extintivo* da relação no processo de cognição (para nos restringirmos a este, somente), norma processual do sistema lhe confere a eficácia de fato jurídico obstativo de renovação ou de repetição: com o que estatui relação jurídica (negativa) entre autor e órgão judicante, entre órgão e demandado. Relação potencial, que se atualiza se o autor intenta restaurar novo processo sobre a mesma causa, com o mesmo ou outro órgão, em face do mesmo (ou seu sub-rogado) demandado. O julgado, o *meritum causae* e o processo não podem ser mais objeto de outro processo. Descabe aqui um processo sobre o processo, concluso pela eficácia preclusiva do último.

Mas essa relação jurídica não se *atualiza* se o postulante não exerce o seu direito de ação, nem o demandado o direito de contradição. A relação permanece *in potentia*. Se se intenta atualizá-la, o caso julgado funcionará como fato jurídico impediente, objeto de exceção: o autor exauriu seu direito à prestação jurisdicional, e põe-se no dever de omitir; o órgão exauriu seu direito de jurisdição, e opõe-se à pretensão de julgar de novo; e o réu põe-se na posição de não exigir do órgão que exerça direito jurisdicional que se consumou, no trânsito da *res judicanda* para a *res judicata*. O órgão, assim, posiciona-se, ora passivamente, ora ativamente. Posiciona-se ativamente com a faculdade de exigir que ambas as partes omitam o *jus actiones* em sentido amplo.

Acrescentemos, mesmo na coisa julgada material, que se projeta fora do processo, a sentença, como observa Liebman, não é fato jurídico de eficácia constitutiva ou desconstitutiva de relação jurídica substancial: com o que se demarca a linha divisória entre o direito substantivo e o direito abstrato e autônomo de ação. Nem a coisa julgada formal, nem a coisa julgada material perdem o caráter de fatos processuais, passando a funcionar como fatos jurídicos (fatos ou atos) criadores de novas relações jurídicas materiais (substanciais), de direito privado, ou de direito público.[71]

---

71. Anota Ugo Rocco os efeitos da coisa julgada: a) efeitos imediatos, diretos, regidos pela relação de causalidade jurídica, que incidem na relação jurídica processual – extinção do direito de ação, extinção do direito de contradição, extinção do direito de jurisdição, ou seja, extinção de direitos e obrigações, e correlatas proibições de repristinar, digamos, a relação contenciosa, dentro ou fora do processo; b) efeitos mediatos, indiretos, reflexos, não regulados pela relação de causalidade jurídica – os efeitos sobre a relação jurídica material, conferindo-lhe estabilidade, certeza, inquestionabilidade. Estes não são efeitos que norma de direito processual objetivo ligue à decisão definitiva e irrecorrível. Mantém-se, com isso, a separação entre a relação jurídica substantiva e a relação jurídica processual. A causa extintiva, o fato jurídico processual traz efeito sobre a relação processual (sobre o direito subjetivo público de ação, direito subjetivo público de contradição, direito subjetivo público de jurisdição – competência). Reflexamente, estabiliza a relação substantiva, porque é fato extintivo do direito de acionar, único veículo para tornar tal relação em relação contenciosa (Ugo Rocco, *Trattato di diritto processuale civile*, cit., v. 2. p. 323-329).
Ao lado desses efeitos, que "... non sono efetti giuridici, ma semplice conseguenze di fatto", poderíamos mencionar os efeitos da sentença como fato jurídico em sentido estrito (não como ato jurídico em sentido estrito). São efeitos que não decorrem de pedido especificado, ou de decisão do órgão judicial. São efeitos de fato, não ligados pela relação de causalidade jurídico-processual, mas pela relação jurídica de causalidade, estatuída pela lei. Ainda que se digam Tatbestandswirkungen, efeitos fácticos, discorrem eles juridicamente (extraprocessualmente, porém). No Capítulo sobre os efeitos sencundários da sentença, Liebman registra esses Nebenwirkungen, ou Reflexwirkungen (Liebman, *Efficacia ed autorità della sentenza*, cit., p. 49-54). Mencione-se, no direito privado, a dissolução do regime de comunhão de bens, em decorrência da sentença que anula o casamento; em direito público, o efeito normativo (legislativo) de decisão definitiva do Supremo Tribunal Federal que declara inconstitucional uma lei ou decreto, nos termos do art. 41, VII, da Constituição brasileira de 1969. A declaração de inconstitucionalidade comunicada ao Senado Federal obriga-o a suspender a eficácia, ou "suspender a execução". O pronunciamento judicial não é ab-rogante da lei, dada a separação de poderes, mas determinando suspender a eficácia, ou execução, suprime da norma sua incidência; deixa ela de existir, não mais podendo ser judicial ou administrativamente aplicada. O efeito dessa suspensão é ab-rogante. Não é efeito imediato, mas por mediação de outro órgão, o Senado, o efeito se faz valer. Sem ato deste, a declaração vale in concreto, não in abstracto. É o entendimento de Castro Nunes (Teoria e prática do Poder Judiciário, p. 303) e de Pontes de Miranda (Comentários à Constituição de 1946, v. 6, p. 395). Lucio Bittencourt (*O controle jurisdicional da constitucionalidade das leis*, p. 131-149) examina os "efeitos da declaração"; Mauro Cappelletti (*Il controllo giudiziario di costituzionalittà della leggi nel diritto comparato*, p. 105-115) examina a questão da eficácia da declaração em função dos sistemas positivos.

Capítulo VIII

NORMA, FATO E RELAÇÃO COMO CONCEITOS JURÍDICOS BÁSICOS

SUMÁRIO: 1. Relatividade do conceito de fato - 2. Direito subjetivo e relação jurídica - 3. Dever jurídico/direito reflexo - 4. Direitos mais que reversos de deveres - 5. Direitos potestativos e relações jurídicas - 6. Indefinição do conceito de relação jurídica - 7. Relação jurídica: conceito fundamental - 8. Duas atitudes - 9. Uma observação crítica - 10. Uma sinopse.

1. Relatividade do conceito de fato

O conceito de fato jurídico é conceito-limite. Fora do conjunto de fatos jurídicos, ali onde nenhuma norma alcance o fato para relacioná-lo com efeitos jurídicos, há fato juridicamente neutro, juridicamente irrelevantes. Sempre que o mero fato natural relação alguma mantenha com a conduta humana, inexiste relevância normativa para convertê-lo em fato causa ou fato efeito. O juízo de relevância é um juízo-de--valoração que o sistema jurídico faz diante dos fatos.

No interior do sistema de normas, todavia, o conceito de fato é relativo. Assim, a relação jurídica entre os sujeitos *A* e *B*, a respeito do objeto C (prestação ou coisa) é factual: advém da manifestação de vontades concordantes, ou de manifestação unilateral de vontade de *A* em favor de *B*, que a desconhecia, ou de ato ilícito de *A*. *A* mesma relação *R*, que é efeito, pode advir de causas *C'*, *C''*, *C'''*, cumulativa ou alternativamente. Não há sempre relação de correspondência unívoca entre a causa e o efeito. A obrigação de entregar coisa móvel provém de diversos negócios jurídicos: de compra e venda, de doação, de comodato, de locação. Em cada negócio jurídico, a causa difere, enquanto a relação obrigacional de prestar pode ser a mesma: foram diversos os fatos jurídicos, na espécie de fatos jurígenos – fatos produtores de efeitos jurídicos.

Isso tanto ocorre na relação jurídica material quanto na relação jurídica formal. Dada a qualificação pré-processual de ser portador de direito de ação, e dado o exercício desse direito em face do órgão jurisdicional, surge a relação linear autor/juiz. Tal relação é efeito de fato jurídico: exercício de vontade no acionar, exercício de vontade do órgão judicante (competente) em cumprir a obrigação de receber o pedido, de despachar e citar o réu (se não se tratar de mera ação declaratória, sem destinatário passivo, o réu). Com a citação válida ao réu, estabelece-se outra relação linear, circunvergindo para o órgão judicante, perfazendo a angularidade da relação processual. A relação processual é, assim, efeito de fato jurídico complexo.

A sentença definitiva, que é ato jurídico processual em que culmina a série de atos processuais no juízo de primeira ou única instância, insere-se na série de fatos e de relações jurídicas antecedentes, como ato consequente (observe-se que o silogismo judicial é a esquematização final, a *mis en forme* de vários atos, das partes e do juiz, simplificado assim, nesse final, como estrutura de argumento dedutivo). Mas se a sentença é a proposição concludente, é o juízo normativo concreto,[72] é o efeito jurídico. Mas só relativamente. É fato jurídico

72. "... la sentenza viene considerata dalla legge come fatto produttivo di effecti giuridici, della legge stessa prestabiliti e non dipendenti dal commando contenutto nella sentenza. Così la sentenza, la quale normalmente serve ad accertare quali sono le conseguenze giuridiche dei fatti controversi, diventa qui a sua volta il fatto a

processual para continuar nas relações recursais, no processo de cognição; é, ainda, fato jurídico processual de que provém o título para a execução (no processo de execução). Ser causa e ser efeito na série pontuada – os segmentos do curso ou do percurso processual das relações processuais – é uma questão tópica, ou um problema, diremos, tópico-funcional. O processo é uno na série de atos, e unitário não se desfaz em múltiplos processos, cada um correspondente a um ato ou um plexo de atos (Pontes de Miranda, *Tratado das ações,* cit., v. 1, p. 249: "A relação jurídica processual é una e unitária...").

2. Direito subjetivo e relação jurídica

Inexiste direito subjetivo sem norma incidente sobre fato do homem, ou sobre o homem como fato: sobre seu mero existir ou sobre conduta sua. *O direito subjetivo é efeito de fato jurídico, ou de fato que se juridicizou: situa-se no lado da relação, que é efeito.* Isso quer nos direitos subjetivos absolutos, privados ou públicos, quer nos direitos subjetivos relativos. O denominado direito subjetivo sobre a própria pessoa não divide o sujeito em dois: um, o titular do direito, e outro o sujeito-objeto. Fundamental é o direito subjetivo a ser sujeito de direito, decorrente da *primeira incidência de norma de personificação* (a que encontrou o fato-suporte: o ser humano nascido com vida). V. Pontes de Miranda, *Tratado de direito privado,* v. 5, p. 231-235.

---

cui una norma ricollega il prodursi di certe conseguenze giuridiche" (Piero Calamandrei, Appunti sulla sentenza come fatto giuridico, Rivista di Diritto Processuale Civile, 9/270-271, 1932; Opere giuridiche, a cura di M. Cappelletti, v. 1).
A sentença pode ser considerada como fato jurídico processual, da classe dos atos jurídicos em sentido estrito: resulta de ato de vontade do órgão jurisdicional e é o ato terminal (na sentença definitiva, ou na coisa julgada) de uma série ordenada de atos. Não negociais, como observa Ugo Rocco (Trattato di diritto processuale civile, v. 2, p. 197-221), salvo acordos com conteúdo negocial, no limite permitido pelas normas do direito processual objetivo. "A sentença ainda pode considerar-se como fato jurídico processual em sentido estrito, o que ocorre quando se encaram efeitos dela derivados e que não se referem à vontade do juiz formulada na decisão." É o que afirma Frederico Marques, Instituições de direito processual civil, v. 3, p. 532.

Direitos subjetivos absolutos são relacionais. Têm-se direitos subjetivos absolutos em relação a outros titulares de deveres subjetivos – os sujeitos de direitos passivos totais, ou a universalidade dos sujeitos de direito dos quais se exige o dever jurídico de respeito. O direito ao nome, à integridade física, são-nos relacionalmente. Apenas os sujeitos passivos são indeterminados, mas potencialmente individualizáveis. Mesmo, não há prestação a cumprir para com os titulares ativos. Há o dever jurídico negativo de abster-se de interferir na esfera de licitude do direito subjetivo absoluto.

Esse traço relacional é mais visível nos direitos subjetivos cujo conteúdo é conduta de outrem (ação ou omissão). Há neles individualização do sujeito passivo. Mas, quer nos direitos absolutos, quer nos direitos relativos, há sempre termo passivo compondo a relação jurídica. Nos direitos subjetivos relativos, por isso que o sujeito passivo é, de regra, individuado e há dever de prestação (não o mero dever negativo de não turbar), o direito subjetivo é o *reflexo* do dever jurídico, é o dever jurídico posto à disposição de titular ativo. Nos direitos subjetivos absolutos (pessoais ou reais), não tendo por correlato o dever de prestar de nenhum sujeito passivo, exercita-se o direito exigindo-se o simples omitir-se do sujeito passivo. Mas o omitir-se, o não impedir, o não turbar é ainda conduta relacional de um sujeito indeterminado, mas determinável (H. Nawiaski, *Allgemeine Rechtslehre,* p. 164-166).

Os direitos subjetivos obrigacionais e os direitos subjetivos reais são, ambos, interpessoais, intersubjetivos. Aqueles, direitos reflexos relativos; estes, direitos reflexos absolutos; naqueles, dá-se determinação dos sujeitos da relação; nestes, indeterminação dos sujeitos passivos – todos menos um, todos são passivos, menos o titular do direito. Como diz Kelsen: "... também os chamados direitos 'absolutos' são meramente relativos, pois apenas consistem na relação de uma pluralidade de indivíduos com determinado indivíduo. O direito reflexo de propriedade não é propriamente um direito absoluto: é o reflexo de uma pluralidade de deveres de um número indeterminado de indivíduos em face de um e o mesmo indivíduo, com referência a uma e a mesma coisa ...".

Devemos ter cuidado no uso da expressão "direitos reflexos", empregada por Kelsen. Ela designa, em sua teoria, apenas uma das espécies de direitos subjetivos. Mas não existe, nessa teoria, uma redução de qualquer direito subjetivo a mero reflexo, no titular ativo do dever jurídico que existe do lado do sujeito passivo da relação.[73]

3. Dever jurídico/direito reflexo

Há casos, observa Kelsen, em que o direito que assiste ao sujeito *A* não é mais que o correlato do dever jurídico que tem *B* em face de *A*. Mas *A* não dispõe de ação para exigir a prestação, objeto do dever jurídico. O que pomos em relevo é que ainda não se dê o caso de *A* ser titular de direito subjetivo, *em sentido estrito*, em face de *B*, *relação jurídica* há. Ainda que não haja a relação jurídica que subjaz no direito subjetivo *em sentido restrito*, o dever jurídico (de conduta positiva ou negativa) é termo numa relação de *B* para com *A*. *A* relação faz os termos reciprocamente determinados: A relação "ter dever jurídico" é *conversa* da relação "ter direito". E, ainda. Não é *relação simétrica*, de modo a se poder enunciar: "*A* tem direito em face de *B*" equivale a "*B* tem direito em face de A". A *relação* é, demais, *irreflexiva*: não se pode predicar de um termo *A* diante de si mesmo, ou de um termo *B* em face de si mesmo. Assim, *A* não tem direito em face de *A*, nem *B* tem direito em face de *B*.

---

73. No direito reflexo, ao titular ativo corresponde a prestação do sujeito passivo: o direito é o reverso do dever de prestar. Quer nos direitos reais, quer nos obrigacionais. Nos direitos subjetivos absolutos, tem-se apenas o reflexo (o reverso) de uma pluralidade de deveres de um número indeterminado de indivíduos. Mas o direito subjetivo de ação, o direito subjetivo público à prestação jurisdicional não se esgota num mero reflexo do direito material, não é o correlato de uma obrigação de prestar na relação jurídica substancial. Há, ainda, o direito subjetivo como permissão positiva, que não é função de nenhum dever correspondente. E, existe o direito subjetivo, em sentido técnico-dogmático (estrito), no poder jurídico conferido ao titular para fazer valer o seu direito mediante a prestação jurisdicional. Precisamente exercitando-se diante do não cumprimento do dever, pelo sujeito passivo da relação (Kelsen, Reine Rechtslehre, p. 130-142).

Isso parece desmentir-se no caso dos direitos personalíssimos, ou direitos autopessoais (*iura in persona ipsa).*

Todavia, observe-se que se se destacam esgotantemente os direitos sobre si mesmo (direito à vida, à integridade física e à moral, ao nome, à liberdade etc.), não sobrerresta um sujeito *per se stante,* que se ponha ou se preponha aos direitos destacados, como uma substância em relação aos predicados acidentais, de tal modo que esse sujeito pôr-se-ia em face dos direitos como perante objetos: seria, a um tempo, a um sujeito e a um objeto. Os direitos personalíssimos são facultamentos ou autorizações provenientes de normas que incidem no suporte fáctico do ser pessoa humana (em sua composição biopsíquica e moral), permissões básicas de ação ou de omissão e diante das quais a universalidade dos demais sujeitos de direito tem o dever jurídico de não interferir (exigindo o que está permitido não fazer, ou obrigando o que é deixado à possibilidade bilateral de fazer ou omitir). Direitos e deveres são posições de sujeito de direito. Assim, quer nos denominados direitos reais, quer nos direitos obrigacionais, a relação jurídica é interpersonal.

Tanto os direitos reais quanto os direitos personalíssimos são absolutos. Mas sua absolutidade não importa em que existam *per se.* Existem em face de todos: todos têm o dever jurídico de não interferência na órbita de licitude do titular do direito. Os direitos relativos valem perante um ou alguns sujeitos determinados e individualizados na relação jurídica. O ser absoluto ou o ser relativo de um direito subjetivo diz respeito ao *campo extensional de sujeitos passivos.*

Anotamos, de passagem, que não é a indeterminação do sujeito passivo que indica o caráter absoluto numa relação jurídica. A promessa de recompensa é vontade unilateral produzindo efeito relativo: relativo ao sujeito que eventualmente satisfaça os requisitos para ser titular de um direito à recompensa. Sem determinação ou individuação do sujeito passivo da relação obrigacional. Assim sendo, a indeterminação do sujeito em nada altera a estrutura relacional em que se verificam direitos e deveres jurídicos. Mesmo que os direitos não se apresentem revestidos dos requisitos que perfazem o direito subjetivo em sentido técnico-dogmático (direito subjetivo em sentido estrito).

Em rigor, tanto se pode dizer que o direito é um reflexo do dever jurídico quanto que o dever jurídico é um reflexo do direito subjetivo. Reflexo, aqui, exprime a correlatividade. Na estrutura relacional, ambos os termos se põem simultaneamente. A precedência ou a sucessividade genética de um termo ante o outro é problema extradogmático. Dogmático é que exista *norma válida*, com *incidência* no *dado-de-fato*, do qual provém a *relação jurídica interpersonal*. No plano da norma, *antes* de sua incidência, descabe falar de direitos e de deveres. Se dado-de-fato nenhum corresponde ao esquema de incidência (hipótese de incidência) da norma, "efeitos" não houve, ou seja, titulares portadores de direitos e titulares portadores de deveres jurídicos ainda não surgiram.

O que leva a teoria pura à tese de que há direitos que são meros reversos de deveres jurídicos é a consideração seguinte: *a)* o que resulta das *normas primárias*, nas quais se prescrevem sanções aos pressupostos de conduta antijurídica, é o dever de seguir a conduta que evita a sanção (o direito é reflexo subjetivo fundado em normas primárias): delas decorrem necessariamente deveres jurídicos; *b)* direitos não são decorrências *necessárias*, mas simplesmente *possíveis* no estabelecimento de normas.

A teoria pode cogitar do caso-limite de um sistema onde haja somente deveres jurídicos, sem direitos subjetivos. Todavia, parece impossível levar o argumento a esse ponto-limite. Haveria, nessa situação hipotética-limite, *pelo menos um* direito subjetivo: o direito de cumprir todos os deveres, o direito de não ser impedido no cumprimento das obrigações, com o que, na base da *obrigação*, como modalidade deôntica de toda ação possível, residiria a *permissão* do exercício da conduta lícita, que seria, na hipótese, toda conduta em cumprimento a dever positivo ou a dever negativo. Ontologicamente, não se pode eliminar esse *permissivo minimal*. Logicamente, onde há obrigação ou dever jurídico, *implicacionalmente* há permissão. Se inexiste, *pelo menos*, a única permissão de cumprir todos os deveres, a não permissão equivale à proibição. Com o que obrigar-se-ia e, ao mesmo tempo, proibir-se-ia o que é antinômico e conduz à paralisia de qualquer ação humana possível. Dar-se-ia aquela alogicidade, ou não racionalidade do sistema jurídico, que Von Wright destaca (*Norm and action*, p. 150).

Direitos subjetivos e deveres jurídicos ocorrem no interior – por assim dizer – de relações jurídicas. Por isso, direito subjetivo *anterior* ou *superior* ao sistema de normas – como um *sobredireito material* – seria fora de qualquer fato, c, *eo ipso*, de qualquer relação: seria *relação imediata ideal* (filosoficamente sustentável à maneira de F. Cicala) do sujeito com um sistema suprapositivo de normas. Também um dever *sobre* o ordenamento – o dever de obedecer ao Direito em sua totalidade não seria jurídico, seria dever moral, ou fundado em outra ordem de valores. *Sem mediação fáctica.*

4. Direitos mais que reversos de deveres

Nos direitos ditos sobre a própria pessoa encontra-se *algo mais* que o reverso dos deveres. Os deveres jurídicos cabem a todos os membros da comunidade jurídica: o dever jurídico negativo de não interferir – de respeito. A incidência da norma jurídica sobre a totalidade dos sujeitos passivos se faz em modalidade deôntica de proibição. Ao direito subjetivo do titular fica o conteúdo positivo do que pode fazer ou omitir licitamente, dispondo da possibilidade de exercício do direito de fazê-lo valer coativamente (por meio de órgão estatal jurisdicional) sempre que a turbação se concretiza. Usemos "norma primária" em sentido oposto ao de Kelsen.

Mas é nos direitos subjetivos em sentido técnico que sobressai esse *plus* em face dos direitos como efeitos reflexos *(Rueckwirkungen)* dos deveres contrapostos; primeiro, o conteúdo de tais direitos – os poderes, ou faculdades a favor do titular ativo – é algo mais que o correlato dos deveres; segundo, os direitos definidos na *norma primária* (onde se situa a *relação jurídica material)*, atingidos pelo descumprimento dos deveres, fazem-se valer pela coação judicial. Na *norma secundária*, em que o descumprimento é *pressuposto antijurídico da coação*, esse sujeito titular ingressa com ato de vontade, como condição do ato de aplicação coativa. A norma secundária implica a norma primária, porque é nesta que reside a relação jurídica substancial, definindo poderes e deveres correlatos; a não observância de dever primário é hipótese para exercício do outro direito subjetivo, o direito de ação. A norma secundária, dita *sancionadora*, abre a via para a relação jurídica formal ou processual, em que direito subjetivo é o de ação, como o de defesa. Ambos são direitos subjetivos dos sujeitos ativo e passivo perante o órgão jurisdicional. Na relação jurídica processual o sujeito passivo, a quem compete o dever de prestar a tutela ou garantia de *execução da coação* (Liebman), é o órgão jurisdicional.

O direito subjetivo de ação posto à disposição do titular ativo para defesa do direito subjetivo material é que distingue a existência de direitos subjetivos, em sentido estrito, dos simples *interesses juridicamente legitimados*. Há deveres jurídicos de prestar no âmbito do direito administrativo aos quais correspondem, reflexamente, como anotaram F. Ferrara e Ugo Rocco, *interesses legítimos* da parte dos membros da comunidade. Mas, na realização desses deveres, cumprem-se interesses coletivos, coincidentes com os interesses individuais, ou não coincidentes. Se coincidentes, não fica por isso o sujeito individual legitimado a exigir a realização do dever de prestar. A prestação do serviço público estabelece relação jurídica entre administradores e administrados, mas sem necessariamente investir os administrados de direito subjetivo material ou processual.[74]

74. Na teoria de Jellinek, é do direito objetivo que provém a qualificação dos interesses objetivos tutelados pela norma, interesses que podem ou não coincidir com os interesses individuais. Quando coincidem, nem por isso podem ser invocados judicialmente, pois não se subjetivizam. Não se põem em favor dos indivíduos uti singuli. Não são direitos subjetivos. Dá-se um reflexo (favorável) do direito objetivo,

Inexiste individuação do sujeito ativo, não ocorre a subjetivação do conteúdo da relação jurídica – o interesse social ou coletivo, matéria do dever jurídico, não pode ser exigido pela indeterminação do sujeito ativo, eventualmente favorecido com o ato administrativo. O interesse legítimo é difuso, desindividualizado, é efeito reflexo, como sublinhou Jellinek, do *dever jurídico de caráter publicístico*. Sua efetivação, sem quebra do princípio de legalidade da administração, fica sujeita à ponderação discricionária do órgão estatal. O dever administrativo de prestar não fica vinculado ao poder de exigir dos membros da coletividade. O conteúdo do dever aproveita a todos, como indivíduos-membros da comunidade.[75]

---

em lugar de um direito reflexo. Inexiste subjetivação ou titularização, determinação individual do portador do interesse juridicamente protegido. É o que ocorre com frequência no domínio do direito administrativo, na relação entre administração e administrados. V. Jellinek, System der subjektiven oeffentlichen Rechte, p. 67- 81. Os interesses, reputados pelo ordenamento legítimos, devem ser distribuídos, universalmente, a todos os membros da comunidade, sem cada um por si, como indivíduo, dispor da coação estatal para fazê-los valer. V. sobre o tema F. Ferrara, Trattato di diritto civile italiano, p. 315-318. Sublinha Adolfo Merkl: "Todo conceito possível do direito subjetivo se caracteriza, necessariamente, porque o direito objetivo faz depender sua aplicação, pelo órgão, da atuação de um interessado...", que é o titular do direito subjetivo, privado ou público. V. Teoría general del derecho administrativo, p. 183. Sobre a diferença entre reflexos do direito objetivo e direito subjetivo, Fritz Fleiner, Instituciones de derecho administrativo, p. 140. O direito subjetivo público difere do mero interesse geral tutelado pela sua individualização e pela determinação da prestação, seu conteúdo. Com máxima precisão, Ugo Rocco delimita os conceitos de direito subjetivo e interesse jurídico (Trattato di diritto processuale civile, cit., v. 1, p. 240-241, nota 1). V. Pontes de Miranda, Tratado de direito privado, cit., v. 1, p. 227- 230; Seabra Fagundes, O controle dos atos administrativos pelo Poder Judiciário, p. 140-142.

75. Mesmo na relação jurídica obrigacional, há que distinguir a relação entre o sujeito credor e o sujeito devedor – obrigação relativa – e outra relação geral e absoluta, consistente no dever jurídico de todos de respeitar o exercício dos outros direitos e na pretensão dos titulares destes de que os demais respeitem o exercício dos próprios direitos. É o que sustenta Ugo Rocco (Trattato di diritto processuale civile, cit., v. 1, p. 262-263). Essa pretensão e essa obrigação representam, segundo Ugo Rocco, o lado absoluto de todo direito, inclusive do direito relativo (obrigacional). Do mesmo modo, o direito subjetivo absoluto, oponível erga omnes, in potentia, relativiza-se quando perturbado. É um direito, diz E. G. Máynez, de exigir que seu exercício não seja impedido: "... quando o impedimento surge, o direito absoluto se converte, frente ao sujeito que o impede, em seu exercício, se converte em facultas exigendi, e, eo ipso, em direito relativo frente a esse mesmo sujeito" (*Filosofía del* derecho,p. 381 – sobre o direito subjetivo, p. 356-411, incluindo o dever jurídico).

Mas essa linha de separação entre interesses legítimos, ou, até mesmo, interesses de fato, e os direitos subjetivos em sentido restrito é politicamente móvel. Dogmaticamente, o direito subjetivo implica individuação do seu titular, correspectividade de dever de prestar e possibilidade normativa de esse titular valer-se do exercício de outro direito subjetivo – o de ação – para obter o cumprimento da prestação. No gozo do interesse legítimo, falta individuação do sujeito favorecido – é indeterminado – e este carece do poder, judicialmente encaminhado, para obter o objeto que constitui esse interesse. Mas basta que se configure esse poder para a *subjetivação do direito*. Assim, o valer-se do uso comum do parque público, para nele descansar, ler, passear, é conduta legítima, lícita, não impediente para qualquer cidadão. A todos aproveita. Há o dever geral de não perturbar o gozo da utilidade comum. Há norma permissiva legitimando a conduta de cada um. Por isso, qualquer proibição concreta vinda de agente de serviço público descabe.

Mas dê-se o ingresso no parque mediante pagamento e eis que o mero interesse legítimo de cada um converte-se em direito subjetivo de entrada. Já cada um dispõe do poder de exigir a contraprestação do preço. E ainda que o resultado desse poder de exigir venha a coincidir com a pretensão de não ser obstado na conduta permissiva e lícita de entrar sem pagar (na hipótese de gozo de mero interesse legítimo), o titular do direito subjetivo pode fazer valer sua pretensão, indo até o limite do uso do poder de exigir coativamente. O conteúdo desse direito não se reduz àquela mera ausência de proibição de visitar ou implícita permissão de frequentar, aberta ao público em geral. É facultamento expresso, vinculado à satisfação de pressupostos explícitos (o pagamento, a obtenção do bilhete de entrada), reverso do dever da administração pública de prestar, munido do poder de exigir coercitivamente. É um problema de conveniência; são critérios valorativos que ditam a política legislativa no sentido de manter certos interesses como interesses legítimos, no desfrute dos quais cada um partilha como cidadão (pela sua relação jurídica com a comunidade em geral), ou então de elevar alguns a conteúdo de direitos subjetivos em sentido técnico estrito.[76]

Pensemos na ação popular. Todo indivíduo na relação jurídica de cidadania tem interesse na probidade da administração, que visa por meio dos serviços públicos realizar o bem comum. Esse é um interesse legítimo. Desprovido de ação para exigi-lo, não é direito subjetivo de cada um. Mas, invista-se o cidadão (Constituição, art. 5.°, LXXIII) da titularidade de sujeito ativo, com capacidade processual para vir a juízo defender o patrimônio público contra ato lesivo de agentes da administração, o mero interesse legítimo do administrado é elevado a direito subjetivo público. Torna-se direito subjetivo público, vinculado ao direito político do cidadão: qualquer eleitor ou cidadão é parte legítima para propor a ação. E, assim, aquela mera relação jurídica de legítimo interesse em face do indivíduo converte-se em relação jurídica de direito

76. A locução direito subjetivo (pondo-se à parte um breve inventário de como tem sido conceituada entre civilistas e publicistas) abrange as seguintes subclasses (segundo Ugo Rocco): a) faculdade de o sujeito ativo exigir do sujeito passivo que faça ou omita determinada conduta; a pretensão é um "simples reflexo" da obrigação de prestar. O prius cabe à obrigação: e o conteúdo do direito subjetivo coincide com o da obrigação, b) se no primeiro há uma facultas exigendi, nessa outra espécie tem-se uma facultas agendi, e, em consequência, uma omissão do sujeito passivo. A obrigação consiste no dever de suportar, de tolerar. Essa obrigação é um reflexo do facultamento, é um posterius do direito que é o prius (assim nos "direitos de personalidade"); c) finalmente, o direito subjetivo como faculdade de o titular manter íntegro um estado da própria pessoa. Quando tal se dá, a relação jurídica compõe-se do direito subjetivo como prius, e, como posterius, do dever, que não é de prestar, mas também de omitir (Ugo Rocco, Trattato di diritto processuale civile, cit., v. 1, p. 21-24). A classificação de J. Dabin tem em vista o objeto (a personalidade, as coisas materiais, os créditos e os direitos intelectuais). V. Le droit subjectif, p. 165-200. Destaca a classe dos direitos interindividuais, os direitos corporativos e a noção de direito-função (p. 200-236). Com o que supera o individualismo liberal como pressuposto ideológico do direito subjetivo (denunciado por Kelsen, entre outros). Dispensamo-nos, para os estritos fins deste ensaio, de peregrinar pela civilística, na qual a dogmática tem trabalhado com mais rigor. A teorização dos direitos subjetivos públicos está ligada ao processo de expansão do Estado, com a passagem do liberal para o liberal democrático, e o social-democrático. Perde relevo e funcionalidade no Estado popular democrático, onde o indivíduo quase não tem direito subjetivo público em face do Estado, mas funções e deveres. O direito subjetivo público do Estado é prius. Aos membros da comunidade política são reconhecidos os interesses legítimos de administrados.

material e em relação jurídica de direito público processual. V. Seabra Fagundes, *O controle dos atos administrativos pelo Poder Judiciário*, cit., p. 197; Ação popular, *PDA*, 6/10.

5. Direitos potestativos e relações jurídicas

Às vezes distingue-se o direito subjetivo, em sentido estrito, do denominado direito potestativo. Naquele, ao titular ativo contrapõe-se o titular passivo com dever jurídico (conduta ação/omissão). O titular passivo na relação de direito potestativo não tem dever a prestar, pois fica reduzido à posição de sujeição. Suporta os efeitos jurídicos do exercício de poderes de seu titular, que por ato unilateral, só por si, é capaz de provocar constituição, modificação ou desconstituição de relações jurídicas. Assim, por exemplo, no direito potestativo constitutivo, perfaz-se a relação jurídica de servidão de passagem. O titular, dono do imóvel serviente, não tem dever jurídico a cumprir, senão o dever de tolerar, o de não impedimento diante dos efeitos constutivos do exercício do direito potestativo. De sorte que – ponto que aqui interessa – na relação jurídica não se vê aquela *correspectividade direitos/deveres*, específica dos direitos obrigacionais.[77]

---

77. Sobre o direito potestativo (negando que o direito de ação o seja), Ugo Rocco, Trattato di diritto processuale civile, cit., v. I, p. 206-272). O poder de influir na esfera jurídica de outrem, constituindo, modificando, ou extinguindo relações jurídicas, por ato unilateral do titular, seja privado ou público, é o que Pontes de Miranda entende por direito potestativo ("direitos do poder jurídico", "Rechte des rechtslischen Koennen" como o denominou E. Zitelmann). Titular desse direito pode ser sujeito privado ou sujeito público. Se tivermos em conta que não reside no conteúdo, nem na pessoa, mas na qualidade de pretensão, para seguir a tese de A. Thon (v. Norma giuridica e diritto soggetivo, p. 332-338), o direito potestativo tem como pressuposto de ilicitude, para aplicar a consequência sancionadora, não o descumprimento da prestação do sujeito passivo, mas a resistência no tolerar e suportar.
N. Coviello nega a categoria de direito potestativo: seria, consoante seus defensores, a capacidade para influir com declaração de vontade sobre a situação jurídica de outra pessoa, sem o concurso da vontade desta. Ao direito potestativo não corresponde um dever jurídico correlativo. Seria um direito a constituir outros direitos (v. Doctrina general del derecho civil, p. 32-34). Seriam tais direitos: o de pedir a nulidade, revogação ou resolução de um negócio jurídico, o de requerer a divisão de coisa comum. Nega-o Coviello. Primeiro, inexiste direito sem sujeito passivo, com dever positivo ou

Relação jurídica, porém, existe. A inexistência de dever jurídico, cujo descumprimento representasse ato ilícito, no direito potestativo, ou a contraprestação típica do direito subjetivo, não altera a *relacionalidade*. Também nos direitos autopessoais, inexiste contraprestação de dever jurídico concreto e individuado. Há dever jurídico de respeito (de não impedibilidade) e de caráter geral: é direito cujo dever é exigível *erga omnes*. Também nos direitos subjetivos sobre pessoa de outrem, o correspectivo dever é, muitas vezes, de sujeição, de obediência (o dever do filho ante o direito de pátrio poder). Há relação jurídica e é direito subjetivo o complexo de poderes de que dispõe o titular ativo. Do mesmo modo, nos direitos subjetivos públicos, como o direito de sufrágio, ao titular do direito – o cidadão eleitor – não se contrapõe sujeito passivo com o dever jurídico de prestar. Jellinek observou-o inexcedivelmente. Há o direito subjetivo de participar na formação do órgão imediatamente, ou mediatamente, elegendo o órgão

negativo, genérico ou específico; segundo, ou tais direitos não são direitos autônomos, ou não são, em rigor, direitos. Mas, sob nosso ângulo, se A pode declarar vontade própria, produzindo efeitos na esfera de B, sem o concurso da vontade deste, há relação jurídica (que requer dois termos, no mínimo) e B nela figura. O dever de suportar, de não se opor aos efeitos pretendidos por A, a obrigação de suportar, em estado de sujeição, é uma posição relativa, quer dizer, dentro de uma relação, que é jurídica porque provém de norma incidindo em fato (declaração de vontade de *A*).

A. Levi (Teoria generale del diritto, p. 310-317), que o recusa, opina que é conveniente colocar o conceito em face do de situação subjetiva. Verifica ele a influência da teoria do direito potestativo sobre o conceito de poder jurídico. Se o toma como situação anterior ao rapporto giuridico, descabe examinar a relação entre o poder e a posição do sujeito passivo. Ou é exercício de um direito, ou exercício de um ofício (o do titular de um órgão), com o que se inclui no conteúdo do direito subjetivo, privado ou público. Parece-lhe, com Santi Romano, inexato falar de sujeição de um indivíduo ao poder de declarar vontade, com efeitos em esfera de outrem, cuja vontade não participou. Assim o beneficiário de uma doação, que pode não aceitá-la. A faculdade de testar, de doar, é elemento do direito subjetivo real, não um direito autônomo, como observa Coviello.

Sobre o tema, o comentário de José Paulo Cavalcanti (Direito civil – escritos diversos, p. 644-647). Para o referido civilista a existência do direito potestativo é "uma realidade que não pode ser negada", tanto no direito privado quanto no direito público. Ainda analisa o caso dos direitos potestativos opostos. Nestes é de notar: "... a extinção do direito potestativo não é efetuado pelo seu sujeito passivo nessa qualidade, o que seria inadmissível, mas na qualidade de sujeito ativo de um outro direito potestativo". São direitos postetativos reciprocamente excludentes: o exercício de um importa na extinção do outro (*Direito civil* – escritos diversos, cit., p. 646-647).

constituinte, donde provêm os órgãos constitucionais permanentes – e o direito subjetivo de participar na investidura dos titulares de órgãos. O dever jurídico dos órgãos administrativos de prestar as condições para o exercício desses direitos são deveres de órgãos, deveres funcionais, inclusos em suas competências e atribuições. Na relação jurídica de sufrágio não ocorre a correspectividade direitos e deveres, específica de uma classe de direitos obrigacionais. E, no entanto, há direitos subjetivos (público-políticos), direitos subjetivos que não se verificam *acima ou fora* de relações jurídicas. O titular de direitos subjetivos, quaisquer que forem – autopessoais, sobre a pessoa de outrem, obrigacionais, reais, privados, públicos –, é *termo* de relação jurídica, como o é o sujeito passivo, individual ou coletivo, privado ou público, já determinado, ou determinável, na exata caracterização de Ugo Rocco.

É na estrutura de relações jurídicas que se verificam direitos subjetivos em sentido técnico-estrito, poderes ou faculdades, direitos potestativos, direitos relativos e direitos absolutos, direitos materiais e processuais. Restringir a relação jurídica ao caso dos direitos subjetivos, em sentido restrito, não se compadece com o *conceito de relação* e com o *conceito de relação jurídica.*

6. Indefinição do conceito de relação jurídica

Não é possível definir o conceito de relação jurídica mediante gênero próximo e diferença específica: indo-se ao conceito imediatamente subordinante e descendo ao conceito imediatamente subordinado. O que se faz, diante de um conceito fundamental, é descrevê-lo. Ora evidenciando suas *notas essenciais* constituintes, ora indicando o seu campo de aplicação (os objetos de sua *extensão,* quando o campo é finito e determinável). *Descreve-se* a relação jurídica quando se menciona que consta de *dois termos* (um *referente,* outro *relato),* um *operador relacionante* (expresso em adjetivos e verbos, e, até, em advérbios), que há um sentido ou vector que indica direção interna na estrutura da relação jurídica etc.

Tudo isso passa-se em nível formal: lógico. Quando se vai ao *nível formal jurídico,* já saturado (concretizado) do contexto material do sistema do direito positivo, em que a relação jurídica está, e pergunta-se como se forma a relação jurídica, qual o seu objeto, sua validade, já se vê que a análise pede mais concreção. Assim sabemos, por consulta ao direito positivo – e operando no plano da Teoria Geral do Direito –, que sem *norma jurídica positiva* não é possível relação jurídica, que é nela, em sua estrutura bimembre – *norma primária* e *norma secundária* –, que se encontra o fundamento de sua juridicidade, e de sua estrutura de *relação jurídica primária* ou substantiva, e *relação secundária,* ou formal (processual).

Mas não é *suficiente* só a norma para que se projete, do lado da realidade, a relação jurídica. Sem fato natural ou sem ato (conduta) do homem, ela não sobrevém. A norma, com uma *órbita de validade,* da qual provém seu *campo de incidência,* toma o fato ou o ato, que corresponde ao seu pressuposto ou *hipótese de incidência,* e incide nele, fazendo-o fato jurídico. Não há *fato jurídico* (tomemos em sentido amplo) que não traga consequências: *efeitos jurídicos.* Tece-se, portanto, uma relação – jurídica em sentido lato por se passar dentro (bem como entre) de normas –, uma *relação de causalidade jurídica* (o termo causalidade vem sempre com a carga semântica da conceptuação natural, das ciências empíricas não sociais, que é preciso purificar). *A causalidade jurídica entre o fato jurídico concreto e os seus efeitos conduz à relação jurídica.* Não ocorre relação jurídica sem fato jurídico prévio. Sem fato, teríamos aquela *relação ideal* (de F. Cicala) entre norma e sujeito. A relação jurídica está, diz com acerto Pontes de Miranda, no *plano dos efeitos.*

Por isso que nela é que se verificam direitos subjetivos e deveres jurídicos, pretensões (de direito material e de direito processual) e prestações; descabe falar em direitos subjetivos ou deveres jurídicos *acima ou fora* de sistema positivo de direito. Acima, vai-se ao direito natural. Do lado de fora, fica-se no direito meramente fáctico, domínio que, às vezes, certas (certas, não todas) tendências da Sociologia do Direito inclinam-se a considerar como a única realidade do direito (as normas são projeções mitológicas de uma mentalidade inconsciente e arcaica – assim em Alf Ross, em quem o normativismo kelseniano inicial converte-se num factualismo empírico intransigente).

Descreve-se a relação jurídica indicando seus termos – os sujeitos de direito ativo e passivo – e o fator relacionante (relator *"ter a pretensão de"* e o seu simétrico, *"ter o de")*. Demais a relação jurídica contém um dado-de-fato, sobre o qual tem incidência norma de direito. E, ainda, aqueles *relatores* (termos com função de relacionar), reciprocamente simétricos, que correlatam condutas e fatos relevantes para a conduta: enchem-se de *objeto*. Seria *restringir* o conceito de relação jurídica só tomar as posições dos sujeitos de direito como titulares de direitos subjetivos e de deveres jurídicos. O que não falta numa relação jurídica em sentido amplo, ou em sentido estrito, é de um lado um portador de *pretensão (substantiva/processual)*; no outro polo da relação, o portador do dever de prestar. *Pretensão* e *prestação,* em sentido amplo, são termos *correlatos* (correlatos: em recíproca relação): faculdade de exigir, dever genérico ou específico de atender.[78]

Só um conceito amplo, não tecnicamente restrito à área do direito privado, ou à área do direito processual, pode ser aplicado a relações que irrecusavelmente se verificam no universo do direito, tais como: relações entre indivíduos, como sujeitos de direito e os órgãos do Estado (administrativos e jurisdicionais); relações entre os órgãos do Estado, que se subjetivam – como sujeitos de direito – no interior da estrutura estatal (entre

78. Observa Miguel Reale a importância que reside em distinguir na "bilateralidade atributiva", específica do direito, a bilateralidade contratual e a bilateralidade institucional. O que vem a articular a relação jurídica mostrando como os sujeitos (termos da relação, em linguagem lógica) se contrapõem, ora em relação de paridade contratual, ora em relações *institucionais* de coordenação, de subordinação, de integração. Assim "... múltiplas modalidades de enlace" fazem a tessitura do direito, ultrapassando-se a concepção da relação sob o ângulo exclusivo de prestações e contraprestações recíprocas. V Filosofia do direito, p. 693-694; Lições preliminares de direito, p. 209-222; L. Legaz Y. Lacambra, Filosofia del derecho, p. 707-719; F. Schreier, Concepto y formas fundamentales del derecho, p. 89-125 (sobre a norma jurídica com relação), com abordagens pertinentes ao assunto.

titulares de governo e órgão legislativo, entre tal órgão e os órgãos jurisdicionais); entre fatos determinados (qualificados) por normas jurídicas e efeitos os mais diversos, de acordo com o subdomínio do direito positivo; relações entre relações (entre relações substantivas e relações processuais); relações entre normas jurídicas, consoante seu nível de coordenação ou de subordinação (entre leis ordinárias, ou entre leis constitucionais e leis ordinárias); entre normas, umas de *sobredireito*, outras de *direito-objeto* (normas de *sobredireito* temporal e interespacial); relações intranormativas e internormativas (mobilizadas na hermenêutica do direito e, em abstração formal, na lógica jurídica); relações jurídicas intraestatais de interestatais (esta já no domínio do direito internacional público).

Observe-se, por essa referência descritiva dos casos de relações jurídicas, *que o jurista, tácita ou explicitamente, no uso da expressão, opta por uma decisão, digamos, semântica.* Usa a denominação em sentido restrito, ali onde pode destacar os sujeitos de direito: de um lado o titular do direito subjetivo, de outro o portador do dever jurídico (de um dever subjetivo, quer dizer, subjetivado).

Mas somente com o conceito amplo de relação jurídica, com a outra opção semântica, pode abranger todas as relações que se verificam no domínio do direito positivo. Que são jurídicas tais relações precisamente porque não são puras relações de fato, mas *relações qualificadas por normas jurídicas.* Se num ordenamento jurídico positivo vale a *relação de supraordenação* de norma constitucional em face das leis ordinárias, tal relação provém de normas. Mas aí não se tem aquela relação jurídica em sentido *técnico-dogmático.*

7. Relação jurídica: conceito fundamental

O conceito de relação jurídica é um dos conceitos fundamentais, por isso que o seu estudo compete à Teoria Geral do Direito. Não é um conceito só específico do direito privado, ou só específico do direito público; atravessa universalmente todos os subdomínios do direito positivo. Sobre ele convergem as denominadas "partes gerais" de cada subcampo (do direito civil, do direito processual, do direito penal etc.). Mas, por maior que seja o *grau dc generalidade* do conceito de relação jurídica, obtido nessas partes gerais, sempre persiste nessa generalidade algo de especificamente material: obtém-se em cada "parte geral" o específico, que é um *nível de generalidade*. Não, porém, o conceito fundamental, no sentido de Somlò (*Juristiche Grundlehre,* p. 9).

Conceito fundamental é aquele sem o qual não é possível ordenamento jurídico. O mero conceito geral *(Allgemeiner Begrijf)* se encontra nos subdomínios do direito, mas dele se pode prescindir. O conceito fundamental (*Grundbegriff*), este é *condição da possibilidade do direito positivo e da Ciência do Direito positivo,* para dizermos em léxico bem kantiano. Assim, temos os conceitos de norma, de fato jurídico, de sujeito de direito, de relação jurídica, de objeto, de fonte técnica ou formal (modo de produção de normas), de hipótese fáctica, de efeito jurídico, de causalidade jurídica, de norma primária e de norma secundária, de direito subjetivo e de dever subjetivo (dever jurídico): todos esses conceitos pertencem ao nível da *Teoria Geral do Direito.* Em nível de *abstração formalizadora,* alcançamos as contrapartes lógicas de tais conceitos.

Uma abstração formalizadora é a estrutura de uma relação como tal, a relação em geral. Quando Pontes de Miranda *(Tratado de direito privado,* cit., t. 1, p. 117) diz que relação "é o ter-se de considerar a *A* frente a *B: ARB*" não está no campo da teoria geral das obrigações, nem no da teoria geral do processo, nem no da teoria geral do direito penal, nem em subcampo do direito privado, nem em subcampo do direito público, nem em grau de *Teoria Geral do Direito*: está conscientemente no plano da *formalização* lógica.

Considerar a relação jurídica substantiva ou a relação jurídica processual, a relação jurídica negocial ou a relação jurídica de direito público (relação jurídica tributária, processual, de direito administrativo ou de direito público externo), importa em reter algo do conteúdo da relação: *do conteúdo especificado de cada subdomínio do direito.* Mesmo *a relação jurídica é material, relativamente à relação em si mesma, como estrutura lógica.* É um conceito fundamental, conotando-se especificamente em cada subdomínio: de certo modo, é um conceito de conteúdo jurídico (um *rechtsinhaltliche Begriff,* na terminologia de Somlò). A relação jurídica, independentemente do setor particular de cada subdomínio do direito, é *geral* (não *abstrato-formal) e fundamental;* fundamental porque não é possível constituir ordenamento jurídico positivo sem ela, e não é possível Ciência do Direito dela prescindido.

Nos lineamentos de sua teoria kantiana, eis o que nos diz Stammler: "Wir koennen beispielweise den Gedanken des Rechtsobjektes oder den des Rechtsverhaeltbisses nicht als eine besondere Erscheinung aufweisen, soweing wie den Begriff des Rechtes selbst. Diese Begriffe sind nur bedingende Gedankenrichtungen, die einen geschichlichen Rechtsstoff formen ..." (*Theorie der Rechtswissenchaft,* p. 116, 1970).

Coube a Norberto Bobbio ter acentuado que: *a)* a Teoria Geral do Direito é *axiologicamente neutra* (não se confunde com a teoria filosófica do direito); *b)* é uma teoria com base no direito positivo; c) é uma teoria no sentido de pôr em evidência as *estruturas* do direito positivo; *d)* os conceitos fundamentais são obtidos empiricamente; *e)* por isso, não se confunde com o *formal-lógico* da teoria da *ciência. V. Bobbio, Studi sulla teoria generale del diritto,* p. 27-52.

8. Duas atitudes

Podemos tomar a expressão "relação jurídica" ora a título de *menção,* ora a título de *uso.* No primeiro caso, falamos sobre a relação jurídica como estrutura formal-jurídica, tendo em conta os termos de que se compõe, as relações entre relações jurídicas, sua configuração sintática, seus tipos lógicos, e outros temas mais nessa linha. No outro ângulo, sem apartar por completo análises *sobre* a proposição jurídica relacional, *aplicamos ou usamos* o termo composto para denotar situações jurídicas existentes no interior de um ordenamento jurídico.

Este ensaio utiliza a expressão consagrada pelos juristas: utiliza sua linguagem na Ciência do Direito e, inclusive, no direito positivo. Não usa uma sobrelinguagem para falar acerca da linguagem objeto (a dos juristas teóricos e a do direito positivo – em planos diversos, claro). Pretende ir aos fatos, denotados pela expressão, ao que se passa nas relações inter-humanas quando estas são qualificadas por normas de um sistema jurídico.

Tanto assim que se preocupou o ensaio em destacar, no dado da experiência: *a)* a *norma* incidente; *b)* o fato que pela incidência (de seu descritor ou *hipótese fáctica*) o faz *fato jurídico*; c) os *efeitos jurídicos* (*eficácia*, em sentido técnico-dogmático, nada tendo a ver com o uso técnico da teoria kelseniana), que são *status* de pessoas, qualificações de coisas, situações jurídicas, direitos/deveres, poderes/sujeições, tudo o que descabe no conceito restrito de direitos e deveres subjetivos.

Acolheram-se no uso largo de "relação jurídica" todas essas posições de sujeito e todas as modalidades de se vincularem, quer no direito material, quer no direito formal (processual), quer no direito público, quer no direito privado. Nas relações jurídicas em sentido restringido, encontra-se a contraposição direitos subjetivos/obrigações. A denominação "situação jurídica" equivale ora à relação em sentido estrito, ora à relação em sentido amplo. É um plexo de poderes e deveres, como observam Duguit e Jèze: os poderes expressam-se como manifestações de vontade, aptas para produzirem "efeitos jurídicos". *V.* E. Betti, *Teoría general del negocio jurídico, p.* 6-107.

Os efeitos são relacionais: de um lado, o sujeito ativo; de outro, o sujeito passivo. O fato mínimo de ser pessoa é, já, estar em posição de sujeito de direito potencial em várias relações, e estar na relação jurídica mínima, fundamental, de ser sujeito do direito de personalidade, que é interpessoal, intersubjetivo. E decorre de norma, pertence a sistema positivo de direito, que incide, qualifica, determina um fato humano inicial (nascer com vida): decorre como efeito jurídico, constituído pela causalidade jurídica, *dentro do sistema.*[79]

Mesmo quando se ingressa no direito natural, para fundar nele o direito de ser pessoa – e os direitos humanos que nele assentam –, a via lógica é buscar a norma de direito natural, o fato de ser homem e o efeito – ser sujeito com direitos ditos fundamentais. O esquema trimembre – norma, fato, eficácia (efeito) – aplica-se, como modelo de construção conceptual, tanto ao direito positivo quanto ao direito natural.

9. Uma observação crítica

Pontes de Miranda dedicou todo um capítulo ao tema da relação jurídica (*Tratado de direito privado,* cit., v. 1, p. 117–132). Sua notável formação de lógico, matemático e de privatista e publicista habilitou-o a imprimir precisão e amplitude ao problema. Sublinha que é um conceito indispensável em toda sistemática jurídica ("a cada passo o jurista tem de utilizá-la"). Sem invocar Somlò, toma-o com um *Grundbegriff,* um *conceito fundamental.*

Sua é a distinção entre *relação jurídica básica* e *relação eficacial* (que também denomina "intrajurídica"). Aquela resulta da "juridicização de relação inter-humana". Esta é *eficácia* de fato jurídico. A primeira é *eficácia legal,* eficácia da regra que incidiu (são palavras suas). Cremos que a distinção é relativa, com efeito.

79. As relações objeto da análise de Wesley N. Hohfeld são relações formais entre conceitos jurídicos: relações de oposição e relações de correlação. Mas, com essa análise, Hohfeld pretende ir além da lógica das relações e fazer Teoria Geral do Direito. Quando refuta a tese de que toda relação jurídica possa ser reduzida aos conceitos correlatos de direito e dever, está procurando fazer, digamos, ontologia do direito. A multissignificação do termo direito é responsável pela imprecisa correlação. Direito não é termo correlatum de privilégio, imunidade, poder. V. o comentário de Manfred Moritz (p. 173) ao estudo de Hohfeld, Concetti giuridici fondamentali. Por outra parte, Austin não concordava com a tese de que a todo dever correspondesse um direito. Assim, nos deveres absolutos. Essa correlação se dá nos deveres relativos. V. Moritz, in Hohfeld, Concetti giuridici fondamentali, cit., p. 199-200. Não há simetria na relação entre os conceitos (múltiplos, como right, claim) de direito e de dever (duty).

Não se dá, pensamos, *relação imediata* entre a regra de direito e a relação inter-humana, fazendo-a jurídica. A relação *biológica* de parentesco, por exemplo, é pressuposto fáctico, que, ocorrendo, dá lugar à incidência da norma sobre relação de parentesco, no sentido normativo. Do fato da relação parental decorre, por incidência de norma *e devido à causalidade normativa,* o efeito – a relação *jurídica* de parentesco. Sem mediação do fato biológico "parentesco" e sem incidência de norma, esse fato não se torna *fato jurídico* produtor de efeitos. O efectual é a relação jurídica ou as relações jurídicas decorrentes (direitos/deveres de proteção, de alimento, de educação, de obediência – na relação familial).

Tão efectual é essa relação básica quanto a relação denominada intrajurídica. O que ocorre, ao compasso da complicação da vida social inter-humana, é a combinação de relações, a formação de relação entre relações. Umas são *fundantes,* outras são *fundadas* naquelas. Sem a relação creditória principal, não tem apoio a relação acessória de garantia fiduciária. Uma é básica, em relação à segunda. Assim, relativizamos a diferenciação de Pontes de Miranda.

Ainda mais. A relação que, num ponto da série, é efeito de um fato jurídico passa ao tópico funcional de fato jurídico em face de novas relações eficaciais. O suporte fáctico pode ingressar na hipótese fáctica contendo, em sua composição interna, fatos naturais e fatos já juridicizados, meros fatos e relações jurídicas: no seu todo funciona como fato jurídico produtor de efeitos. A configuração do que na realidade física e social toma a forma de *suporte factual* é tecida pela *hipótese fáctica* da norma. E os efeitos são tecidos pela *causalidade normativa, que é a causalidade jurídica no interior de um sistema de normas.*

Por esse princípio da relatividade tópica de fatos jurídicos (causa) e efeitos jurídicos, o que é relação básica, num ponto, é relação eficacial, noutro; o que é *relação fundada,* num tópico, é *relação fundante* noutro tópico. Mera colocação, digamos, sintática, na construção das *proposições normativas,* e suas respectivas efetivações na realidade social. Com isso, o tecido social aparece como uma textura de interdependências. Dentro de um subdomínio, ou entre subdomínios do social.

10. Uma sinopse

Em síntese, e em sucessivas passagens de planos, temos: *a)* a *teoria lógica* das relações; *b)* a *teoria geral* das relações jurídicas; c) as relações jurídicas *em sentido amplo; e*, finalmente, *d)* as relações jurídicas *em sentido técnico restrito*. Esses planos sucessivos conduzem, pela especialização, às relações jurídicas materiais e formais (processuais), de direito público e de direito privado, diferenciadas pelo conteúdo diversificado dos ramos (subdomínios) do direito e da Ciência do Direito.

Em nível formal e abstrato, como o da lógica das relações, não é possível inferir o que se passa no campo já especificado do direito, em cujo sistema de normas ocorrem as relações jurídicas. Importaria essa tentativa de ultrapassagem num *logicismo,* descomprometido com a experiência. A *abstração formalizadora* da lógica só nos dá o mínimo estrutural das relações, independentemente dos subdomínios de objetos e fatos ou situações que enchem as formas estruturais.

Compete à Teoria Geral do Direito, já em nível de *desformalização* (de especificação do conteúdo, que a experiência jurídica oferta), a abordagem da relação jurídica como *conceito fundamental,* ao lado de outros conceitos fundamentais, como norma, fato jurídico, sujeito de direito, fonte de direito, pretensão, prestação, direito subjetivo, dever subjetivo, e outros mais.[80]

80. A noção mais ampla de relação jurídica, diz Carnelutti, é a de uma relação entre dois sujeitos, constituída pelo direito, concernente a um objeto (*v.* Teoría general del derecho, p. 184). Nessa relação concernente a um bem, a uma das partes se confere um dever, à outra, um poder. Pela via lógica, assevera Carnelutti, o dever precede o poder (o dever é como um recorte na liberdade). Há precedência histórica do poder sobre o dever. O que explica que a relação jurídica tenha sido concebida sub specie do poder, e de uma só espécie de poder: o direito subjetivo. A classificação das relações mostra a necessária correlatividade dos lados da relação. Logicamente (tão só logicamente), não há cabimento para saber qual dos dois termos é o primeiro: põem-se simultaneamente; se não, dá um sentido sintático incompleto: por

A teoria geral da relação jurídica é uma teoria material (específica) a cujo nível se alcança pela *generalização*. Ora, toda generalização assenta nos dados da experiência, repartidos em classes ou categorias pelo trabalho sistematizador da ciência jurídica, que continua e desdobra o trabalho do legislador e do aplicador. Em outros termos: *Teoria Geral do Direito pressupõe teorias especializadas, justamente as teorias elaboradas pelas diversas ciências jurídicas particulares*. É uma continuação delas, pondo entre parênteses metódicos os problemas diferenciais e específicos dessas ciências particulares, e retendo o núcleo comum, a porção genérica, ou o geral que no particular se realiza ou concretiza.

Nesse ponto, encontramos o *uso* do conceito de relação jurídica em sentido amplo e em sentido restrito. Muita divergência origina-se de certa imprecisão semântica: o uso ora denota uma coisa, ora outra. A mesma expressão tem *referentes* objetivos diferentes. Incorre-se na falta de univocidade: uma só *voz,* para um só *conceito* e, *eo ipso, um* idêntico *referencial denotativo* (objeto ou situação objetiva).

---

exemplo, "A é credor de ...", ou "... é devedor de B". Numa relação, temos as variáveis de termo (sujeito A/sujeito B) e o operador ou functor relacionante que dependem do universo-de-objetos dentro do qual nos situamos. As variáveis sacam seus valores dos objetos substituintes (comprador/devedor, comodante/comodatário, mutuante/mutuário, poder/súdito (poder político) etc.). Para a classificação das relações, Carnelutti, Teoría general del derecho, cit., p. 186-194. Para uma classificação das relações, segundo os sujeitos da relação sujeito privado/Estado, sujeito privado/sujeito privado (Einzelperson), Hans Nawiaski, Allgemeine Rechtslehre, cit., p. 238-244. Nawiaski distingue a Rechtsverhaeltniss em sentido amplo e em sentido restrito. Neste é a norma considerada do ponto de vista do sujeito favorecido. Como o autor toma a norma em dúplice constituição, norma primária e norma secundária (nesta constando a Erzwingungsanspruch ou a Vollstrekungsanspruch), o direito subjetivo pertence àquele que tem a sua disposição o poder dc invocar a coação estatal para cumprimento do dever. V. Allgemeine Rechtslehre, cit., p. 240. Relevante citar as palavras de M. Virally: "La relation la plus simple dès lors mettra en présence le titulaire d'un droit et le débiteur d'une obligation...". Ainda: "un rapport immediat, de volonté à volonté, entre deux hommes, est quelque chose de tout different d'un rapport qui se établie para la mediation d'une chose". Mesmo no dominium há relação intersubjetiva. Não só no Imperium, como Virally dá a entender. V. La pensée juridique, p. 41-43.

Técnica metódica indispensável foi, a cada passo, advertir em que uso se estava tomando a denominação "relação jurídica". Por isso, de quando em quando, estivemos sublinhando as variações temáticas que esse uso importaria. Não se poderia proceder metodicamente em exposição linear. Retomávamos o mesmo item, para acrescentar, contradistinguir, precisar conceptualmente. As espécies de relações tidas em conta representaram, apenas, contacto com a experiência, para evitar a generalização no vácuo.

Capítulo IX

RELAÇÃO NO DIREITO PÚBLICO

1. Problema insolúvel empiricamente

Não é possível, sob o ponto de vista dogmático-normativo, próprio do conhecimento da Ciência do Direito, demarcar o limite histórico em que a comunidade nacional provê-se de órgãos, *i. e.*, converte-se em Estado. Sem a norma, como esquema de interpretação (*Die Norm fungiert als Deutungsschema*, diz Kelsen), não importando qual *fonte material* venha a valer como *fonte formal*, nem a totalidade nacional, nem a minoria dirigente são sujeitos de direito para estabelecer, entre si, relação jurídica. Nem há soberania da nação, nem soberania do monarca (como tipo ideal weberiano de chefatura unipessoal): soberania é direito subjetivo público, que pressupõe já existente o "direito do Estado" (o *Staatsrecht*).

Para que tenhamos a nação-Estado, é indispensável que haja, pelo menos, um órgão naturalmente fazendo circunvergir, para ele só, todas as funções, em sentido técnico-jurídico. A diferenciação funcional e a pluralidade orgânica são um processo evolutivo, e também uma técnica política de exercício do Poder. Mister que existam normas de direito público, portanto. E necessariamente que, entre tais normas, constem as *normas de organização,* normas que incidam no *fato social objetivo da dominação.* Institucionalizando-o. A institucionalização do Poder é sua qualificação normativa em órgão. Sem normas dc organização, pois, o Poder é difuso, desconcentrado, inespecífico ou, então, individualizado: é Poder não jurídico, ou mera normalidade fáctica de dominação, ou Poder revestido por *outras* normas, pois, ali onde chega a interação social, chega a normatividade. O social é, sempre, uma textura, um tecido feito com alguma espécie de norma.[81]

Tenha-se em conta a formação do Estado moderno. No período medieval, quem se torna rei a princípio é apenas um *primus inter pares.* A relação jurídica é de paridade: é pactuada, ainda que formalmente eletiva, e, por isso, a relação modela-se pelo direito privado (pacto, acordo, contrato). A relação entre barões feudais e rei, no século XIII, na Inglaterra, é pactuada entre sujeitos de direito em coordenação. A relação de supraordenação, que reside na *suprema potestas,* vai desprivatizando a relação jurídica primitiva. Sobrevive ainda, em pleno século das revoluções, o resíduo da concepção privatística inserido na ideia, já de direito público, do *imperium.* O rei

---

81. A curva histórica da formação do Estado moderno é tema bastante revolvido. Uma síntese do processo, em Werner Naef, Staat und Staatsgedanke, p. 29-46. O Estado é um processo sócio-histórico de integração. Passa da concentração personalista do poder (não institucionalizado) para o Estado dualista (rei/estamentos); depois, para o Estado monárquico absoluto, até alcançar o Estado liberal-democrático. Agora, "Zu den Rechten der Individuen vom Staat sind aber algsbald ihre politische Aktivrechte im Staat gestellt worden...". O princípio da soberania popular leva à participação ativa do indivíduo (povo) no Estado. Ao liberalismo, digamos, acrescenta-se a democracia (liberalismo já existia no Estado monárquico limitado). V. W. Naef, Staat und Staatsgedanke, cit., p. 45. Também a magistral exposição de H. Heller, Staatslehre, p. 125-138.

tem o *império* e, ao mesmo tempo, o *domínio eminente* sobre o território. A concepção de direito público, do território como órbita de validade do sistema jurídico, vai progressivamente eliminando esse resíduo patrimonial do Poder.

O território passa, depois, a ser uma relação jurídica entre o órgão ou os órgãos e o espaço político. Mesmo na porção dominial do Estado, a relação é de direito público. Não se confundem a relação patrimonial com bens seus, de uso não público, com o seu poder de império. O *imperium* estende-se por *todo* o espaço político; o dominial, sobre uma fração de bens. Se o *dominium* fosse sobre todo o território, ter-se-ia a *desapropriação* pelo Estado como uma *autoexpropriação,* o que seria uma relação jurídica impossível: o Estado desapropriando de si mesmo, sendo sujeito expropriante e sujeito expropriado. A relação é *não reflexiva:* o Estado não tira de si mesmo e aliena a si mesmo.

2. Relação jurídica fundacional

A teoria do contrato social não é uma reconstrução histórica de como se tenha formado o Estado, não é, sabe-se, teoria sobre a gênese empírica deste. Já pressupõe, todavia, o direito. Sem direito vigente, desconcentrado em várias *fontes materiais,* em consonância com o pluralismo dos grupos em fase pré-estatal, descabe falar em contrato, pacto, acordo, como *ato jurídico.* O ato jurídico ou é relação ou tem eficácia de relação jurídica. Nos extremos da relação, perfazendo sua *estrutura, acham-se os termos,* que se denominam tecnicamente sujeitos de direito. Sem direito vigente, ainda que sem a especificação de órgão para aplicá-lo, na sanção e na coação, inexistem sujeitos de direito (alguma regra consuetudinária, pelo menos, atribuiu à pessoa humana a qualificação de sujeito, em sentido jurídico), atos jurídicos e relações jurídicas.[82]

82. Adverte Jellinek: "Zunaechst, dass es nicht so einfach ist, den Punkt zu bestimmen, von dem engefangen ein urspruengliches Gemeinwesen als Staat zu betrachten sei". Distingue um processo de *formação* primária do processo de *formação*

Por outro lado, a comunidade nacional, ou a integração de vários grupos numa unidade social global (pensamos na tese gurvitchena dos grupos parciais e grupos totais), não confere subjetividade jurídica. *Tenha-se essa unidade social global como suporte fáctico, e perguntar-se-á qual a norma cuja incidência o converte em fato jurídico fundacional do Estado.* Seria norma de direito privado, pois que o direito público *ainda* não surgiu, na hipótese. Para contratar, o povo, a nação, a maioria votante, o estrato dirigente, a chefatura minoritária, a soma dos grupos precisam da qualificação do ser sujeito de direito.

A tese revolucionária de 1889 de que a nação era portadora do direito subjetivo de soberania, ainda que arrimada num direito suprapositivo (natural), servia de ideia-força política, era uma motivação para a ideologia revolucionária. Juridicamente insustentável. Politicamente fecunda e admirável. Pois, se a nação tinha esse direito subjetivo público, era um sujeito de direito. O suporte fáctico era a unificação nacional, a comunidade sociologicamente integrada. E a norma, sem a qual tal suporte não adquiria a função de *fato jurídico*, não residia no direito positivo, mas no direito natural (cuja funcionalidade sociológica, como anotara Kelsen, ora é revolucionária, ora é conservadora).

Mas a nação, como tal, não é sujeito de direito. É um *corpus* histórico, projetando-se no futuro, com raízes no pretérito. É um processo que flui, interligando grupos, gerações, capas sociais, ideias e crenças. Não é o povo, ou massa dos indivíduos, cuja comparência total num comício é fisicamente impossível: falta-lhe a boca, o órgão para pronunciar a decisão *una e superior*, que se imponha como maioria, ou como minoria (forma autoritária), já que o consenso unânime é inviável, ou pela força de uma chefatura unipessoal.

A nação carece de titularidade para ingressar numa relação contratual, como parte. E a contraparte? Será outro sujeito de direito (no século XVIII, o monarca absoluto), que

---

secundária. V. *Allgemeine Staatslehre*, p. 266-269. A formação secundária "... wird durch Vorgaenge bewirkt, die ganzlich ausserhalb des Rechtsgebiets stehen".

obterá sua qualificação de sujeito; não do direito privado laico, ou canônico, ou natural, mas do direito público positivo (direito dinástico). A tese da soberania nacional não explica a *origem jurídica* do Estado: arrima-se no direito privado e, ao mesmo tempo, pressupõe o direito público, justamente quando *já existe* o Estado.[83]

3. Relações públicas e privadas

Termos-sujeitos das relações jurídicas podem ser pessoas individuais ou coletivas, privadas ou públicas, estas de direito interno ou de direito internacional. A publicização de uma relação não é determinada pelo titular da relação. Assim, a pessoa física pode ingressar em relação publicística: no direito eleitoral ativo/passivo, no direito à tutela jurisdicional, com base em pretensão material de direito privado ou de direito público (ação popular).

O Estado e outros entes públicos não publicizam sempre a relação em que tomam parte. Nos atos jurídicos contratuais, desvestem-se de seu poder de império, de sua posição de supremacia, contraposta à relação de sujeição do particular, e colocam-se em relação horizontal. Do sistema jurídico total, o Estado, nesse ponto em autolimitação, subordina-se à área privatística, como qualquer sujeito de direito, sem privilégios.

Não se confundem as duas posições do ente público. Na compra e venda de um imóvel, a relação jurídica rege-se por fato jurídico negocial, inserindo-se no direito civil. Os pressupostos fácticos dessa relação, os requisitos de existência e validade, são determinados por normas de direito privado. O mesmo no lado eficacial: os direitos e as obrigações, o objeto da relação, as prestações reciprocamente vinculadas. Mas se o sujeito de direito público, em lugar da espécie negocial,

83. A teoria do contrato social move-se num círculo e não pode explicar a subjetividade originária dos indivíduos, nem o ato fundacional de uma coletividade política (Estado), como agudamente C. Malberg demonstra (*Teoría* general del Estado, p. 64-79). A tese da soberania da nação é meta jurídica (p. 875-913).

vale-se de ato expropriatório, a relação jurídica é outra. O ato deixa de ser contratual, para revestir-se do característico do ato administrativo (O. A. Bandeira de Mello, *Princípios gerais do direito administrativo,* v. 1, p. 545-546).

O ato jurídico contratual era bilateral por sua formação e praticado no exercício de uma competência que prescindia da relação de supremacia. No ato administrativo, o fato jurídico é unilateral por sua composição de vontade. Causa do ato é a finalidade pública (o interesse social, o interesse público). Por isso, dispensa a consensualidade na formação. Há o valor pecuniário na relação jurídica, mas não a título de preço convencional. A contraprestação do ato expropriatório é a indenização (pelo justo valor) (Seabra Fagundes, *O controle dos atos administrativos pelo Poder Judiciário,* p. 404-413).

A consensualidade não suprime a autoexecutoriedade. A relação jurídica é eficácia de ato unilateral. Traz a execução coativa, sem mediação do poder jurisdicional. A executividade imediata não fecha, todavia, a via judicial para o administrado, inconformado com a legalidade do ato. Mas a competência de praticar o ato, sem participação de vontade do administrado, mostra que ato contratual não pode ser.

Mesmo essa área residual, insusceptível de apreciação judicial, o *meritum* do ato, evidencia que o ato é de poder (é ato de império, não de mera gestão privada de interesses públicos). A relação jurídica, pois, não é de coordenação, mas relação jurídica de subordinação. Dentro do esquema da legalidade, se se trata de autêntico Estado de Direito.

No Estado de Direito há relações de coordenação e de subordinação entre os órgãos do poder, e entre esses órgãos e os indivíduos, membros da comunidade jurídica e política. Órgãos de um só Estado personificam-se, compondo termos de relações jurídicas (Ernest Forsthoff, *Tratado de derecho administrativo,* p. 677-682).

4. Estado, sujeito de relações

Histórica e sociologicamente, o Estado provém de fatores diversos. A gênese empírica não é única. Sob o ponto de vista sistemático, em que se coloca o ponto de vista normativo, há Estado se uma coletividade estabiliza-se espacialmente e se provê de indivíduo-órgão para o exercício do Poder. Há, pelo menos, uma norma (consuetudinária) de investidura: essa norma minimal é a Constituição material, o estatuto orgânico do ente. Com esse conceito-limite (a norma fundamental é esse conceito-limite: entendemos; o conceito-limite que dá começo ao *sistema da Ciência do Direito)*, tem origem o primeiro órgão e o ente coletivo personifica-se. Faz-se sujeito de direito. A linguagem tende a substantivar o que é um plexo instável de processos e de relações.

O Estado como sujeito de direito é um feixe de relações. Não há o Estado, e, depois, as relações jurídicas. A hipóstase é processo linguístico: psicológica e gramaticalmente (e, via disso, ontologicamente) pensamos um ente e seus processos, um sujeito e seus acidentes predicamentais. Mas suprimam-se, em abstrato, as relações jurídicas e não subjaz, como substante, o Estado. Também, suprimam-se os órgãos, ou o órgão único, e sobrerresta a comunidade nacional, pressuposto fáctico da subjetivação. Não, porém, o sujeito de direito estatal. Podem sobreviver o espaço físico, a coletividade, os usos e costumes, normas jurídicas dispersas, sem um foco comum de referência: aquele pluralismo de ordens jurídicas despolitizadas, ou, ainda, em estádio pré-político. Mas espaço, coletividade, normas, tudo se despolitiza com a supressão do sujeito de direito que exerça o poder de império. Persistem como formas de socialização da vida comum, sem alcançarem o grau de concentração maior que é forma política em Estado.

Em algum ponto do tempo histórico, a primeira relação de dominação é fáctica (dominação mágica, militar, racial, econômica, religiosa). Depois, vem a norma que incide no suporte factual do mando/obediência, do imperativo/sujeição, e confere-lhe a eficácia que (naturalisticamente, por *causalidade natural*) não tinham. É a relação jurídica que implica sujeito de direito em face de sujeito de direito. Se um dos termos é tido como coisa, sem subjetivação alguma, a relação é de poder físico: *poder de alterar o mundo circundante*, onde se acham coisas não viventes, coisas viventes e pessoas, em sentido biopsíquico.[84]

Fazemos, por método, um corte abstrato. Difusamente, ou provindo de vários focos criadores de normas, dispersos, em desconcentração pré-estatal, as relações sociais vão se revestindo de efeitos jurídicos, tornando-se relações jurídicas. E os indivíduos, adquirindo subjetividade jurídica. Se não, as relações persistem como *relações sociais não jurídicas*.

Não se dá, primeiro, o Estado como sujeito de direito, depois, as relações jurídicas em que ele entra. Nem relações jurídicas sem termos (*referente e relato*), nem termo sujeito de direito sem estar, no mínimo, em uma relação com outro, ou outros. O sujeito de direito público (político) é subjetividade em face da comunidade global não estatal, em face dos grupos parciais, em face dos indivíduos-membros e em face dos demais Estados, na esfera internacional.[85]

---

84. Contra a tese de que o poder do Estado é mero fato real (*real fact*), pondera Kelsen: "These facts are action of human beings, and these actions are acts of State only insofar as they are interpreted according to a normative order". V. General theory of Law and State, p. 189. Sobre a revolução como fato jurídico "stricto sensu", Lourival Vilanova, Teoria jurídica da revolução (comentários à margem de Kelsen), *As* tendências atuais do direito público, p. 41 et seq. Derivando de ato jurídico é o caso dc o Estado provir de tratado (ato jurídico internacional). Sem ir ao direito internacional público, só resta dizer com G. Jellinck "Aber auch das Staatsrecht ist unfaehig, den Staatenbildungsprozess zu erklaeren. Der Staat kann nicht Recht fuer seine eigene Entstehung fertsetzen, da er zuerst dasein muss, um Recht schaffen zu koemen" (Allgemeine Staatslehre, cit., p. 273).

85. Ainda Jellinek: "Das Voelkerrecht knuepf daher an das Faktum der staatlichen Existenz an, vermag dieses Faktum aber nicht zu schaffen". A. Verdross critica tanto Anzilotti quanto Kelsen, seguindo a A. Ross: há um círculo vicioso em definir o Estado pressupondo o direito das gentes, e definir o direito das gentes pressupondo a existência de uma pluralidade de Estados. Digamos, de um processo interestatal se alcança o direito supraestatal: ambos os conceitos pressupõem-se mutuamente (Verdross, Derecho internacional público, p. 12).

5. Relação jurídica inicial

Sem pelo menos um órgão do poder, uma sociedade internamente polissegmentada não alcança a unidade de um poder de decisão superior, acima das particularidades grupais. A multiplicidade tende para a unidade não apenas por um fator naturalístico (raça, religião), mas enquanto tal fator sirva de substrato a uma norma de organização (instituidora do órgão). Como se forma lentamente essa norma unificante, é um tema reservado à antropologia cultural. Descabe no conceito-limite da ciência dogmática do direito público. Esta começa com a hipótese-limite de que tal norma *já se* formou, está dada.[86]

O fato fundamental (o *Urfaktum*) tem sua contraparte na norma-origem (que se pode entender em sentido *empírico*, ou em sentido *epistemológico*, conforme a teoria kelseniana). O fato fundamental, o processo de dominação, origem da publicização estatal da sociedade, é uma relação fáctica de império (não de *dominium*, em sentido privatístico, sobre coisas e homens-coisas, escravos, servos). A relação, que está no suporte fáctico, de dominador e dominados, com a *incidência da norma-origem*, converte-se *em fato jurídico*, cuja eficácia é a relação jurídica entre o órgão e a comunidade, entre *indivíduo-órgão* e *indivíduos-membros* da sociedade. Sublinhemos,

86. É o que afirma Carré de Malberg: "... a formação originária do Estado não pode ser reduzida a um ato jurídico propriamente dito. O direito é posterior ao Estado, i. e., nasce com a potestade do Estado já formado... A ciência jurídica não tem de buscar, pois, a fundação do Estado: o nascimento do Estado não é, para ela, senão um simples fato, não susceptível de qualificação jurídica". V. *Teoría general del Estado*, cit., p. 75. Mais ainda: "A doutrina que, remontando o curso sucessivo das Constituições, pretende chegar a descobrir a fonte jurídica do Estado se baseia num erro completo. A fonte do Estado é um fato: e a este fato adere-se posteriormente o direito" (Teoría general del Estado, cit., p. 1.168). Em termos kelsenianos: o conhecimento jurídico, como Ciência do Direito, i. e., sem se confundir com a história do direito, com antropologia social do direito, com política do direito, com filosofia do direito, trabalha, como todo sistema científico, com hipótese-limite, com o conceito-limite da norma fundamental: de um ponto-limite, em diante, não antes. A afirmação primeira de Malberg há de se entender assim: o direito público não é pré-estatal, para vir a ser esquema de interpretação de fatos pré-estatais (ato fundacional do Estado, primeira constituição, primeiro órgão estatal que se forma o Urfaktum não é jurídico, pois inexiste norma de direito público que sobre ele incida, tornando-o fato jurídico).

de passagem, que o suporte fáctico pode ser uma relação-de-fato, ou uma relação já qualificada juridicamente. Topologicamente, pela sua posição, é relação que se faz *fato jurídico*. Dela advêm os efeitos, o plexo eficacial. A relação fáctica pai/filho, dominador/dominado, grupo guerreiro vitorioso/ocupação do espaço, transforma-se em relação jurídica de parentesco, em relação titular de órgão/súdito, em relação jurídica pública de soberania territorial.

Sob ponto de vista abstratamente neutral, sem opção axiológica, a norma, por si mesma, já é uma legitimação, uma juridicização do fáctico. Legitimação, qualquer que seja, requer referência a valores, impostos por essa técnica social específica, que é a norma de direito. A norma, observa atentamente Heller, estabiliza, legitima e confere mais poder. Poder que não se exerceria se fosse tão só poder-violência, poder físico do mais forte. Quando a relação fáctica de poder (o guerreiro vitorioso de Duguit) serve de base de incidência de norma, o efeito desse fato é a relação jurídica de direito público.

Houve modalidades pré-estatais de organização política, mas no Estado a morfologia política alcança estrutura mais complexa e mais abrangente. O *quantum* de Estado, dentro da órbita social, é uma variável histórica. Porém, onde ele surge, coincide com a formação do órgão. Do ponto de vista da ciência jurídica dogmática, o Estado coincide com a instituição do órgão, e este coincide com norma de organização: é a tese de Malberg, sem ser um kelseniano. Dizemos em outros termos: não se dá órgão sem fato jurídico. Sem norma, fato não se faz jurídico. Sem fato jurídico, não teremos relação jurídica, que é efeito, eficácia, o lado efectual: é o que nos garante a *causalidade jurídica*. Em linguagem abstrata: se se dá *F* (fato jurídico), deve ser *R* (*S'* e *S"*), ou seja, a relação jurídica *R* entre os sujeitos de direito *S'* e *S"*.[87]

---

87. Assim a tese de Georges Burdeau de que a institucionalização é um ato jurídico. Afirma: "Confondre l'État avec les faits historiques qui accompagnent généralement sa naissance, c'est s'interdire d'en comprendre la signification veritable..." (*v.* Traité de Science Politique, v. 1, p. 192). Ora, esse puro fato transforma-se misteriosamente num

6. Orgão e representação

O Estado é uma personalização de uma coletividade nacional. O ser nacional importa numa certa homogeneidade cultural-histórica, para dizê-lo numa síntese. Internamente, podem coexistir vários grupos nacionais, religiosos, regionais: o direito, a política, a religião mesma, são fatores de homogeneidade, ao lado de outros historicamente variáveis. Sem uma comunidade de ideias, de sentimentos, de símbolos, retrocedendo no passado, atuante no presente e projetando-se no futuro, sem um *corpus* unificador da pluralidade de grupos, de raças, de crenças, não se dá o substrato da nação como individualidade histórica.

A personificação (o ser sujeito de direito) não coincide com a nação homogênea. Várias nações aglutinam-se e dão como suporte do Estado um substrato firme e pacífico, como é o caso suíço. Seja como for, a nação, por si mesma, não é sujeito de direito. Começa a ser quando num ponto do tempo histórico um indivíduo, ou uma minoria, se converte em poder de dominação. Verifica-se a politização do poder (outros poderes são apolíticos ou pré-políticos), com apoio em fatores extrapolíticos. A laicização e a secularização do poder, como processos sociológicos, de neutralização do poder em face de outras "potências culturais" (A. Dempf), requerem largos desenvolvimentos *(Filosofía de la cultura,* p. 53-72).

Importa sublinhar que nenhum agente do poder, unipessoal ou pluripessoal, recebe de alguma norma de organização seu título, sua habilitação. Se o Estado começa a existir,

---

fato jurídico pela despersonalização do Poder. Se o ato jurídico é ato de vontade, cujos efeitos importam em "modification dans l'ordre juridique" (p. 197), o ato de institucionalização é, primeiro, um ato que se perfaz, como suporte de efeitos, com incidência de normas. Que normas? As règles de droit existentes no grupo social, a que se refere Burdeau, ou são regras de direito privado, ou de direito pré-político (pré-estatal), pois, ainda, inexiste ente estatal. Como, então, as normas de direito coletivo, meramente privado, podem qualificar um fato de dominação conferindo-lhe efeitos publicísticos – tomá-lo Poder, órgão estatal? O ato jurídico que é a institucionalização pressupõe o que procura explicar. Move-se em círculo. Pressupõe uma norma de direito público que qualifique o fato da vontade de quem efetivamente exerça a dominação.

emergindo de uma coletividade sem o monopólio do poder de dominação, sem, pois, um mínimo de direito público, ou de direito político, inexiste norma de habilitação. O ponto-origem é factual, é uma situação de fato. Descabe, pois, interpretar o dado afirmando que o agente do poder é representante, ou é órgão da coletividade. Não é possível relação de representação, ou relação de órgão, sem norma: no caso, sem norma de direito político, norma constituinte do instituir-se em Estado. Nem com a teoria da representação, nem com a teoria do órgão conseguimos explicar a origem *jurídica* do Estado: *ambas firmam-se no pressuposto do direito político, que ainda não existe.*

Pensar que a nação delega poderes de representação, ou emite ato de criação de órgão, implica pensar que a nação é sujeito de direito, *antes de ser Estado.* E sobrevém o mesmo argumento. Se é sujeito de direito é portadora de direito subjetivo público (o de estatizar-se). Mas não há direito subjetivo sem norma e sem fato. E de onde provém a norma que subjetiviza o dado-de-fato? Provém do direito natural: é a tese liberal-democrática da soberania nacional. Os indivíduos e a nação são portadores de direitos que valem *acima* do direito positivo, pois são direitos naturais, fundados em normas de direito natural: tais *normas* incidem nos *fatos* – ser indivíduo, ou ser nação, daí advindo o *eficacial* – o direito subjetivo suprapositivo.

Mas se não há direito público, antes de existir a comunidade estatal, ou outra coletividade política, pré- estatal (regime tribal), o ordenamento jurídico (costumeiro) é privado. Sendo privado, não pode fornecer normas de organização do poder de dominação, que é público (dar começo ao processo de *publicização do poder).*[88]

---

88. No mesmo sentido é a ponderação de G. Jellinek: "Aber auch das Staatsrecht ist unfaehig den Staatsbildungsprozess zu erklaeren. Der Staat kannicht Recht fuer seine eigene Entstehung festzetzen, da er zuerst dasein muss, um Recht schaffen zu koennen". Quanto à origem jurídico-internacional: "Das Voelkerrecht knuepf an das Faktum der staatslichen Existenz an vermag dieses Faktum aber nicht zu schaffen" (*v. Allgemeine* Staatslehre, cit., p. 273).

7. Orgãos e Estado

Como hipótese para reconstrução dogmática, tenhamos como ponto de partida a monarquia absoluta, em que os poderes de legislar, de administrar e de julgar se concentram. A unipessoalidade coincide com a unicidade do órgão. Se se suprime, *ex hypothesis*, o órgão único, cessa o Estado e sobrerresta a coletividade nacional. Para que o monarca tenha titularidade, e não se confunda com um usurpador, um déspota, um mero poder *de facto*, uma norma, pelo menos, qualificou-o, incidindo em suporte fáctico – o poder efetivo –, e deu-lhe efeitos jurídicos. Os atos desse poder são atos jurídicos: de seus atos de ordenar provêm normas, medidas de governo, sentenças.

O processo crescente de complexidade da evolução social impõe a divisão do trabalho, a especialização de funções. Já as funções *F'*, *F''*, *F'''* não são comportáveis num único órgão *O*. Fragmenta-se o exclusivo órgão, destacando-se outros, cada um com função específica. No tipo empírico, monarquia absoluta, não se pode falar em monarca *representando* o povo (povo como fração momentânea, de cada presente histórico, da totalidade nação, que se estende nas três dimensões temporais). Nem, tampouco, como representante da nação, em sua unidade, permanência e continuidade. Antes do primeiro órgão, a nação não tinha personalidade: não era sujeito de direito, titular de poderes e de deveres. Se o fosse, caberia pensar numa relação jurídica de representação entre ela e o órgão nascente. Nascente quer dizer ainda não existente. O monarca não existe por si, e a nação não existe por si, para depois entrarem em relação jurídica.

Não se pode segmentar o Estado em povo e em órgão, subsistindo cada um por si mesmo. Se o povo for sujeito de direito *antes* de estar na forma de Estado, sua personalidade jurídica advém de alguma regra jurídica. Se o órgão for tal, um plexo de funções, de poderes, de deveres, em que se investe o titular dele, o órgão é sujeito de direito: a personalidade do órgão advém de regra jurídica. A possível relação jurídica que se estabeleça entre povo e órgão também pressupõe regra de direito que incida na relação, juridicizando-a (Bidart Campos, *Derecho constitucional*, v. I, p. 300-305).

Regra de direito que converta o povo em sujeito de direito e converta o fato personalizado da dominação eficaz em órgão monárquico não se encontra no direito positivo. Será regra de direito público, político; não de direito privado, ou de direito coletivo pré-político, ou, sendo político, ainda não alcançou a protoforma maior de Estado. Vê-se, só ascendendo-se a um direito suprapositivo, ao direito natural, cabe pressupor tal regra de organização e de personificação. Nos limites do direito positivo, em que se contém o conhecimento científico-dogmático, não a encontramos. Um positivismo metódico detém-se nesse ponto. Sabe-se, o jusnaturalismo em direito público é uma via de legitimação da situação vigente, ou uma ideologia, uma ideia-força, no sistema dinâmico de processos que subjazem em toda revolução.

8. Relações interorgânicas

Um povo ou nação é Estado por meio de seus órgãos. A existência de uma vontade nacional, pré-estatal, ou sobreestatal, ou paraestatal, não tem cabimento no interior do sistema de conhecimento jurídico-dogmático. Tem-no sob outros pontos de vista, que um positivismo metódico nem pode rechaçar, nem fundamentar. A vontade nacional, como vontade legislativa, administrativa ou jurisdicional, forma-se por intermédio dos órgãos cujo número, composição, funções, modos de investidura de seus titulares, inter-relações, são variáveis, de acordo com a morfologia do Estado. Esse monopólio de funções sempre existe, quer haja ou não "divisão de poderes". O pluralismo de outros centros (grupais) de funções é uma tese sociológica. E política. Como observou Del Vecchio, depois que o Estado se institucionalizou, fez-se centro de irradiação, foco de origem ou de convalidamento de todo o direito. Se as *fontes materiais* são múltiplas, as normas só ingressam no sistema positivo por meio de *fontes formais* (legislação, jurisprudência).[89]

Suprimindo-se os órgãos, suprime-se o Estado. O órgão, não um sujeito de direito, *per se stante,* em face do Estado. Se este legisla, governa, sentencia, os atos se efetivam por meio dos órgãos. Se estes tivessem personalidade jurídica ante o Estado, poderiam estar contra o Estado: o Estado legislando contra si mesmo, governando contra si mesmo, jurisdicionando contra si mesmo. Essa relação do Estado contra ele próprio é, juridicamente, impossível.

Com a repartição de funções, instituição de órgãos específicos para funções específicas, cada órgão é um cento parcial de imputação, como o Estado é o centro total de imputação, de criação e de aplicação do direito. Cada órgão é um plexo de atribuições, de faculdades, de poderes e de deveres: é um feixe de competência. Como núcleo parcial de competência é um ponto de imputação (de referência, de atribuição, de pertinência). A subjetivação, o fazer de um centro de imputação, um sujeito de direito, é um processo técnico no interior do sistema jurídico. Desconcentra, reparte, divide atribuições e deveres. Desconcentra-se para melhor estender-se o Estado sobre o espaço e seu povo, para incrementar seus cometimentos,

---

89. A nação, desenvolvendo Carré de Malberg, só alcança ser capaz de vontade unificada (em sentido jurídico), uma vez provida dc órgãos (pelo menos um), cujos atos sejam juridicamente atribuídos ao Estado. Mesmo, a nação não é um sujeito-de-direito, uma pessoa em sentido técnico-jurídico. É uma formação histórico-cultural, um sujeito histórico no sentido de um Dielthey, ou de um Spengler (acrescentemos). Ora, se a nação não é sujeito-de-direito, como se representar por indivíduos, ou um colégio, pelo deputado ou pelo parlamento? O que confere subjetividade de direito público é um estatuto constitucional (Constituição em sentido pelo menos material). De normas constitucionais advêm órgãos. Com os órgãos, o Estado. Insiste Malberg que uma assembleia não representa a nação, "ser coletivo, sucessivo e intangível", pois somente através do órgão legislativo pode querer juridicamente em forma de lei. Como somente através do órgão judicante pode querer em forma de decisão ou sentença. Os membros da assembleia são investidos no órgão legislativo através do corpo eleitoral, este apresentando-se como corpo votante e designativo. Não é a nação que é corpo eleitoral. Este é a fração, historicamente variável, da totalidade nacional, que se faz presente no ato. A nação é retrocessiva no tempo e projeta-se no futuro. V. Teoría general del Estado, cit., p. 1.098 et seq.; p. 1.139-1.144.

para publicizar mais seus encargos. Donde a interrogação do século: até onde pode ou até onde deve ir o Estado? (V. W. Naef, *Staat und Staatsgedanke*, cit., p. 30.)

A subjetivação de cada órgão permite explicar as relações jurídicas interorgânicas. Se cada órgão do poder não tiver uma individualidade subjetiva (de sujeito de direito), abre-se caminho para a confusão de poderes. E não se explica o fato objetivo de que entre presidente ou monarca haja relações com o parlamento, conforme seja ou não parlamentar o sistema de governo; o fato de que se deem relações entre Ministério e parlamento, entre Ministério e presidente ou monarca, como não se explicará o fato de que o órgão executivo coopere na feitura da lei (iniciativa, sanção, veto), investindo-se de funções administrativas, de governo e de colegislador; nem o fato de que se manifestem relações entre o Judiciário e os órgãos Executivo e Legislativo, contendo-os nos seus limites competenciais, no exame da legalidade e da constitucionalidade de seus atos de órgãos.[90]

---

90. No estudo do órgão jurisdicional, Ugo Rocco distingue sua competência e as relações não jurisdicionais dos titulares de órgão com o centro de imputação total que é o Estado. São relações de direito administrativo (modos de investidura, direitos subjetivos, deveres). Observa que o juiz, como funcionário da ordem judicial, tem a obrigação de cumprir com o seu dever de ofício perante o Estado. Trata-se de uma organização interna, em que o sujeito assume a qualidade de titular de órgão. Mas essa obrigação, sublinha Rocco, não deve ser confundida com a obrigação do Estado em face do cidadão: essa é a obrigação de prestação jurisdicional, à qual corresponde o direito subjetivo público de obter essa prestação, e cujos titulares são os indivíduos-membros da comunidade política. Há, assim, o direito subjetivo público do juiz ao exercício do cargo (ofício) e o dever, o direito do órgão, correlata ao direito subjetivo público, de requerer em juízo, de praticar o ato jurídico, potencialmente, encerrado no círculo da competência (Ugo Rocco, *Trattato di diritto processuale civile*, vol. I, p. 272-275).
Só nessa linha de argumento compreende-se a afirmação de Jellinek: "o Estado e o titular do órgão são duas personalidades distintas, entre as quais são possíveis e necessárias relações jurídicas variadas" (menção de Malberg, Teoría general del Estado, cit., p. 1.142). O mesmo se dá com os indivíduos, portadores do direito subjetivo público de voto. Como corpo eleitoral, investe membros num órgão legislativo; como indivíduos, não são órgãos. É-o como corpo eleitoral, com a competência de um órgão de Estado. Não se confundem os direitos subjetivos de cada cidadão com o direito subjetivo (competência) do órgão.

9. Relações jurídicas internas

Os órgãos são internamente complexos, ou externamente complexos. O Executivo estrutura essa composição em graus de competências, que se distribuem em subórgãos, ou órgãos de segundo grau, para não aludirmos aos órgãos secundários, meramente de execução material, das decisões provindas dos superiores. A hierarquia é essa série de graus superpostos *no interior* do mesmo órgão.

Igualmente, o Legislativo, já unicameral, ou bicameral, internamente secciona-se, para mais eficiente divisão do trabalho. Há órgão de existência intraorgânica (as comissões), sem relação jurídica externa. Há relações entre as duas câmaras (e relações de ambas com o chefe do Executivo), que são internas porque o órgão é bicameral, compósito em sua formação. Há funções exclusivas (competência privativa de cada um) e funções compartidas: muitas funções requerem o órgão operando conjuntamente (como o Congresso Nacional).

Agora, tais relações são relações jurídicas. Se não, analisemos: há *atos de vontade* manifestados na forma prescrita, que são *fatos*, há *normas* internas incidindo nesses fatos e os *qualificando como fatos jurídicos*, e os *efeitos, o plexo eficacial das relações*. Seria estreitar o conceito de relação jurídica sempre pensar no esquema direitos subjetivos/deveres, e, ainda mais, pensá-lo nas linhas da dogmática civil.

Há relações jurídicas onde se ponham central de imputação ou referência como sujeitos de direito, onde se requeiram fatos jurídicos e, pois, normas jurídicas incidentes nesses fatos. Os sujeitos de direito são portadores de direitos subjetivos, em sentido estrito, e de poderes, faculdades, e de deveres, obrigações, de prestações a adimplir. Os sujeitos de direito, manifestando sua vontade, fazem com que as normas atribuam ao fato de sua vontade a constituição, modificação, desconstituição de relações.

As denominadas *normas internas* provêm de fatos de vontade, qualificados pelas normas constitucionais ou ordinárias que *conferem* ao órgão *competência* para fazer seu *regimento interno* (competência regulamentar de autonormação). Posto em vigor o regimento interno de uma câmara legislativa, ou o regimento interno comum, o autorregramento não tem menor incidência que as *regras externas*. Não são normas de boa convivência, de cortesia parlamentar: são *normas jurídicas*, providas de sanções, que o órgão autoaplica.

Ainda mais. Além dos atos de função própria, o órgão constitucional pratica outros, materialmente não funcionais. Há atos administrativos no interior do órgão judiciário, atos administrativos (e, inclusive, jurisdicionais) no interior das câmaras legislativas (na Câmara dos Lords, encontram-se os *Law Lords,* que constituem uma câmara em funções de alta corte judiciária). Pode o sistema jurídico positivo autorizar o órgão judiciário de certa instância e, em certos casos, a elaborar a *norma geral,* para depois aplicá-la à situação contenciosa concreta: o acentuado *law-making-power*, sob o pressuposto da norma (implícita) contida no *stare decisis.*

10. Subjetivação da competência

Um órgão de Estado é uma porção constitucionalmente delimitada de competência. Há as normas atributivas, autorizativas, habilitantes, as que conferem poderes; e as normas que impõem deveres, prestações, ações e omissões. Há as *normas,* os *suportes fáticos* (declarações de vontade) e os *efeitos* – os atos legislativos, administrativos e judiciais, imputados à personalidade total do Estado. As normas criadas, os atos de administração e os judiciais provêm de relações e incidem sobre fatos, cujos efeitos são relações. A relação-de-imputação é uma relação de causalidade jurídica: sem as normas, os fatos não trariam estes ou aqueles efeitos.

É um dado objetivo, que se apresenta no direito positivo, existirem relações de órgão a órgão: o presidente colegisla (propõe, sanciona, veta) com o parlamento; as câmaras do parlamento inter-relacionam-se no processo legislativo, com competências definidas; um gabinete, em regime parlamentar, compõe-se de membros do parlamento e exerce a administração com apoio da maioria parlamentar; um presidente pode ser tirado do cargo, por ato do parlamento, em regime presidencial. Dos atos-leis do parlamento, cabe recurso para um Tribunal Supremo, que examina a constitucionalidade (e a legalidade dos atos administrativos internos do parlamento) de suas leis, e outras decisões suas.

Há normas que regram as relações de órgão a órgão, como há normas que regram os atos internos dos órgãos. Os regimentos internos representam esse poder regulamentar intraorgânico. Relações jurídicas externas, ali; relações jurídicas internas, aqui. E normas que regulam as relações dos titulares de órgão, com os órgãos, e outras que disciplinam as relações entre órgãos e os indivíduos-membros da comunidade estatal.[91]

O fato capital é que o Estado forma sua vontade mediante o órgão. Que cada órgão é um centro parcial de imputação e, por isso, nas relações jurídicas comporta-se como sujeito de direito, parcelamento da subjetividade total do Estado. Ser sujeito é ser

91. "L'organo però non ha una própria personalità giuridica, perchè è già parte essenziale ed integrante della personalità dello Stato ', diz Carlo Cereti, o que não impede "rapporti intercedenti tra i diversi organi", pois é um dado objetivo esse "rapporto gli uni cogli altri". V. Corso di diritto costituzionale italiano, p. 46. (Tomamos o órgão como centro parcial de imputação, na linha do pensamento kelseniano.) Já M. T. Zanzucchi recusa nestes termos: "Non existono rapporti giuridici tra organi – pubblici ouffici – e ente, e tra organi e organi, paragonabili a quelli che intercorrono tra subietti diversi di diritto". V. Istituzioni di diritto pubblico, p. 30. Por outro lado, E. Crosa recusa a concepção de que tais relações interorgânicas seriam apenas "relações internas ou reflexos". O ordenamento prevê relações entre órgãos, e cada órgão é um "feixe de competência". Há conflitos entre os órgãos e normas que disciplinam as soluções de tais conflitos. V. Corso di diritto costituzionale, v 1, p. 165-166.
Já Duguit vai mais longe: "... les governants ne sont que des individus comme les autres, puis qu'ils ne sont ni les représentants, ni les organes d'une personne collective". Contesta Barthélemy, que toma os agentes como "representants juridiques de l'État personne". Tese sua é a de "tout droit subjectif est une conception d'ordre métaphysique": conduz à onipotência do Estado e à autonomia da vontade individual, o que é contrário ao solidarismo social (Duguit, Traité de droit constitutionnel, v. 1, p. 618 et seq.). Enquanto isso, é com a tese do direito público subjetivo que Ugo Rocco analisa o direito processual e o órgão jurisdicional. É a "conquista da ciência do direito, devida principalmente a Jellinek". V. Ugo Rocco, Trattato di diritto processuale civile, cit., v. 1, p. 239-298.

um ponto de convergência de uma pluralidade de normas jurídicas. Num Estado federal, vemos como coexistem o sujeito-união federal, os sujeitos autônomos (Estados-membros e Municípios), sem falar no Distrito Federal e nos Territórios federais.[92]

A expansão do Estado moderno revela a autonomização de serviços, aos quais se conferem posições de sujeitos de direito (autarquias, empresa pública). São sujeitos de direito de caráter público, porém *não derivam imediatamente de normas constitucionais*. Não pertencem à estrutura necessária do Estado. Suprimam-se-lhes, e o Estado persiste. Suprimam-se os órgãos políticos (não apenas dê-se vacância eventual de seus titulares), fica a nação desorganizada. A nação sobrevive ao Estado. O que nada diz quanto ao Estado como *fator de integração nacional*, configurador de totalidades nacionais. Este é outro problema.

11. Personificação do órgão

Já no caso-limite (tipo empírico ideal) de unicidade de órgão, pode haver atos do mesmo órgão que se distinguem materialmente ou se estruturam em relações de ordem ou valia. Uma ordenação do rei é superior a um decreto executivo, emitido pelo próprio rei. Um ato legislativo, materialmente, difere de um ato administrativo, ou de um ato judicante. Perante o mesmo órgão emissor de atos diferentes, cabe a ele

92. A denominada atividade discricionária do órgão não é fora de seu âmbito de competência. É atividade sub lege. E há o dever de usar o poder discricionário sempre quando e como o interesse público o reclama, afirma Alessandro Raselli. O órgão diante de uma fattispecie concreta, que não encontre correspondência nos tipos legais prefixados, subordina-se ao preceito jurídico: "fazer aquilo que é mais oportuno para o interesse público". Há discricionariedade em todos os órgãos, cada um exercendo-a consoante a particularidade de seu campo de atribuições e dos fins estatais que persegue. V., no órgão jurisdicional, Raselli, Studi sul potere discrezionale del giudice civile, p. 172-216. O poder de criar regras jurídicas é uma competência de toda função jurisdicional: é o que assevera o estudo de S. Belaid, Essai sur le pouvoir createur et normatif du juge, p. 271. Citando Eisenmann, ele diz: "... l'oeuvre du juge qui pose des règles supplétives des règles législatives, proprement dites ou qui complète ces dernières, doit certainement, elle aussi être considerée comme un pouvoir politique" (Essai sur le pouvoir createur et normatif du juge, cit., p. 272). Sobre a regra implícita do stare decisis, como pressuposto do poder criador judicial, J. Cueto Rua, El common law, p. 121-143.

recorrer, com o que o órgão adota dúplice posição: de autor do ato e de sujeito passivo recorrido – dá-se assim em matéria administrativa, civil, penal. O órgão supremo único é instância recursal na hierarquia interna.

As relações jurídicas decorrentes, não já entre súditos e monarca, mas as *relações jurídicas internas,* no interior do órgão, ainda que decorrentes de *fatos jurídicos* que sofrem incidência de *normas internas,* são relações jurídicas. Não se dá, digamos, a *confusão* ou convergência, no mesmo sujeito de direito, de posições ativas e passivas. O mesmo *órgão* exerce *funções* diferentes, que não chegam a se sujetivizar, a se tornar *centros de imputação.* Mas, observe-se, uma posição é a do rei em gabinete; outra, a do rei em parlamento; e outra, no exercício de seu poder judicante residual – para nos referirmos à história constitucional inglesa. De certo modo, sob cada posição, o monarca adota diferentes subjetivações ou se torna diversos centros de imputação. Só assim explicaremos os dados do direito positivo, sem incorrer na construção de relações que, *logicamente,* são *reflexas,* retrofletivas: do órgão contra ele mesmo, ou ante si mesmo. Ou ocorrendo a subjetividade ativa e a subjetividade passiva num único sujeito de direito.

A divisão de poderes importa numa repartição de funções a órgãos diferentes. Os órgãos se tornam, em *centros parciais de imputação,* pontos de referência de um complexo de normas (e seus respectivos suportes fácticos). Os órgãos carecem de personalidade *própria*: a personalidade total do Estado sobrepõe-se-lhes. Mas a cada órgão é distribuído um feixe de atribuições, de faculdades, de deveres e de meios disponíveis, para a execução de suas funções. Esse plexo de direitos/ deveres (para dizer numa fórmula abreviada) é *competência repartida.* Há uma individualidade em cada órgão, uma diferenciação formal e material, indispensável para demarcar as *relações jurídicas interorgâncias.*[93]

---

93. Constantino Mortati inclina-se para a concepção do Estado-subjetividade jurídica. É um fato que há normas de direito positivo que o determinam como "centro de imputação de qualificação jurídica". A subjetivação de um centro de interesses

O ser sujeito de direito não corresponde sempre a um suporte fáctico, como ser homem, ser pluralidade de homens com fim comunal ou coletivo, ser um complexo de bens afetados a um fim (fundação), uma porção de serviços públicos com gestão autônoma (autarquia). O ser sujeito de direito é processo técnico de atuação, de que se vale o sistema jurídico. Do ponto de vista do conhecimento é uma construção auxiliar (Kelsen) para ordenar o material jurídico positivo. Hipostatizamos o que é subjacente, procurando o ser real do suporte fáctico (vontade humana individual, coletiva, vontade unilateral do disponente, do fundador, do Estado que autonomizou o serviço). No fundo, a linguagem, com os substantivos e os predicados, conduzindo à ontologia, aos entes que repousam como essências intemporais. Em torno deles, a peripécia dos possíveis atributos.[94]

(poderes/deveres) verifica-se não somente no Estado em suas relações externas (com os indíviduos-súditos e com outros Estados), mas inclusive na sua estruturação interna. Pode-se falar em relações do órgão com o Estado, e relações dos órgãos entre si, pois há normas que qualificam fatos com esses efeitos. Também há relações de cooperação interórgãos e relações intraorgânicas (v. Mortari, Istituzioni di diritto pubblico, v. 1, p. 143- 205). Os vários órgãos confluem "nello atto finale", onde "si exprime láttivitá imputabile all' ente e che diviene efficace verso l'externo" (p. 181). Quanto à contestação de que tais relações não são jurídicas: "... i rapporti in parola, per il fatto di trovare nel diritto la loro regolamentazione ed i mezzi per il superamento delle posizioni di contrasto possibili, divengono necessariamente giuridici". A dificuldade teórica reside em se ter como pressuposto de relações jurídicas o dar-se entre sujeitos-de-direito. Mas a unidade do Estado total não é prejudicada com a multiplicidade interna, estrutural de sua compositividade. Há unidade sem exigir unicidade de órgão. Cada órgão é parte, sendo "centri autonomi de imputazioni giuridica". Parte não existe sem a referência ao todo. Podemos talvez dizer: a personificação total do Estado não exclui a subjetividade parcial de seus órgãos: a competência da competência que estaria numa Constituição total (die Gesammte Verfassung kelseniana), coexistindo com a distribuição da competência entre os órgãos, como feixes ou plexos de competência (E. Crosa).

94. Um órgão é uma repartição estrutural interna da competência do Estado, não em razão do território, das pessoas, da matéria (que leva a formas de Estado, formas de governo, regimes políticos). Na *competência* se einfeixam várias *funções*. Uma função *F* pode ser exercida pelos órgãos *A, B* ou *C*. Inversamente, um órgão A pode exercer funções *F', F"* e *F'"* (ora em relações jurídicas externas, ora internas). A correspondência entre cada espécie de função e cada órgão é um postulado político, que pode ou não ter expressão jurídica. V. Bidart Campos, Derecho constitucional, cit., v. 1, p. 695-714.

12. O órgão como sujeito

Não existe o Estado como sujeito de direito, e ante si o órgão, ou os órgãos, como autônomos sujeitos de direito. Sem órgão, não sobrerresta o Estado; sem Estado, o órgão não é órgão, sim sujeito de direito individual ou colegiado, ou órgão de pessoa não pública (de uma sociedade civil ou comercial, de associação, de fundação, no domínio privado), ou órgão de pessoa pública não estatal.

O Estado não preexiste nem sobrevive ao órgão. Em fases de desconcentração, há órgãos judicantes, administrativos (com direito não legislado), dispersos, infixos, sem um centro comum de imputação. Com a estatização da nação (nação, povo, comunidade), confluem esses órgãos para um ponto, tornando-se partes do ente central. Essa relação da parte com a totalidade, em direito público, é relação orgânica, relação de órgão para com o todo. Vê-se, a palavra "órgão" insere-se num contexto semântico que é o do *sistema de normas*. O organicismo sociológico, pois, aloja-se *fora* desse sistema de normas: é uma *teoria*, não uma norma *sobre* o social, jurídico e extrajurídico.[95]

Quando as funções legislativa, administrativa, jurisdicional são exercidas por um só órgão (monarquia absoluta, ditadura), o órgão único, ou único predominante, confunde-se com o Estado. O Estado concentra-se no órgão, e o órgão personaliza-se no seu titular, dando margem à exacerbação de o

95. Kelsen vê ponto comum na representatividade e na organicidade. Diz: "Die vielfach eroerterte Frage nach dem Unterschied zwischen Orperschaft als juristischer Person zugeschrieben, das heisst aber: auf die Einheit ist ebenso wie Organschaft Zuschreibung; Stellvertretung is ein Individuum, sofern seine Akte und die durch diese Akte erfuellten Pflichten oder ausgeuebten Rechte einem anderen Individuum. Organ sofern seine Akte und die durch diese Akte erfuellten Pflichten und ausgeuebten Rechte einer Koerperschaft als juristischer Person zugeschrieben, das heisst aber: auf die Einheit einer normative Ordnung bezogen werden, die durch diese Zuschreibung personifiziert wird" (Kelsen, Reine Rechtslehre, p. 193). Os denominados por Jellinek "órgãos representativos" são mescla de conceitos de duas teorias. Têm um sentido político no direito público (Jellinek, Allgemeine Staatslehre, cit., p. 566). Em sentido estrito, é relação de um órgão com os membros de uma corporação (Koerperschaft). "Repraesentative Organe sind... sekundaere Organe, Organe eines andere, primaere Organes." São órgãos de órgãos.

titular dizer que o Estado é ele mesmo. Na prática, a unicidade do titular é impossível. As funções destacam-se do centro, mas o titular a todo instante pode avocá-las, pois apenas delegou-as, sem perder o poder unilateral de desconvergir, quando entenda. Juridicamente, tão só, pois, politicamente, há limites. Sociologicamente, há a tendência para a multiplicação de centros de dominação (religiosos, militares, nobiliárquicos, econômicos, raciais), entre os quais se desdobram processos de competição, de supraordenação e subordenação, de luta. É um vector dirigido para a dominação do Estado.

Num Estado de órgão supremo único, unipessoal, concentrador de funções, não se oferece o fato objetivo que provoca o problema da personalidade do órgão, em face da personalidade do Estado. Mas, repartidas as funções entre órgãos diferenciados, surge o problema. Tais órgãos têm uma individualidade, distinguem-se uns dos outros, entram em relações recíprocas, relações de cooperação e relações de conflito: tomam posições em relações jurídicas, ora como titulares ativos, ora como titulares passivos. Há relações jurídicas dos titulares ante os órgãos, os titulares têm direitos e deveres de órgãos, que não se confundem com os seus, como não titulares, pessoas individuais.[96]

---

96. José Paulo Cavalcanti, em estudo sobre a natureza da relação entre pessoas físicas e pessoa jurídica do Estado (incluído no Direito civil (escritos diversos), p. 522-611), escrito na literatura brasileira, faz o contraponto entre a relação representativa e a relação orgânica, inclinando-se pela teoria da representação. Impossível, mesmo em nota, resumir o essencial. Para a teoria da representação, os atos de vontade (ação e recepção) são da pessoa física com efeitos para a pessoa jurídica; para a segunda teoria, os atos são da própria pessoa jurídica, sendo a pessoa física mero instrumento. A abordagem compreende tanto a pessoa jurídica de direito privado quanto a de direito público. Tem em conta os órgãos externos, que relacionam a pessoa com terceiros (p. 533-534), pois essa é a relação que se dá na representação. Com isso está o corolário da responsabilidade: indireta a responsabilidade civil da pessoa jurídica, pois é responsabilidade por fato de outrem, considerando-se a pessoa física como representante. Com a teoria orgânica, a responsabilidade se tem por direta, por fato próprio. No caso do ato ilícito, mais difícil se torna admitir, segundo José Paulo Cavalcanti, a teoria orgânica: "Mas a inexatidão da teoria orgânica é sobretudo comprovada pela sua impossibilidade de explicar tanto a ação que o terceiro prejudicado pelo ilícito tem contra a pessoa física quanto a ação regressiva da pessoa jurídica contra a pessoa física, pelo que tiver indenizado ao terceiro" (Direito civil (escritos diversos), cit., p. 583).

Pode ou não haver relações de delegação (entrega de competência própria, ou de parcela de competência concorrente), que são relações jurídicas interorgânicas, diferentes das relações jurídicas intraorgânicas. Umas, reguladas por *normas externas*; outras, por *normas internas*. Irrecusável que há relações e relações cujo suporte fáctico preenche os quadros delineados pelas regras jurídicas do sistema. Há relações jurídicas (V. F. Bassi, *La norma interna,* p. 17-46).[97]

13. Órgão e relação processual

Sem a tese de que cada órgão imediato ou constitucional, como repartição da competência, atua como um centro parcial de imputação, e, como tal, na qualidade de sujeito de direito, não podemos explicar a relação do órgão em posição processual ativa ou passiva. É um dado objetivo, do direito positivo, que o órgão estatal ingressa em relações processuais, ora no exercício de direitos públicos subjetivos, ora no exercício de direitos subjetivos privados (e respectivas posições de deveres subjetivos privados).

97. A relação, em direito das gentes, entre Estado e órgão não é de representante para representado, caso o órgão careça de subjetividade ou personalidade internacional, sustenta A. P. Sereni (La rappresentanza nel diritto internazionale, p. 207). O Estado não entra em relações jurídicas internacionais, através de órgão seu, como representante, caso o órgão não possa ser sujeito dessa relação: só há relação de representação entre dois sujeitos. Mas, segundo Sereni, a qualificação de representante provém de um ordenamento. Se o direito internacional atribui subjetividade a um órgão comum a dois sujeitos-de-direito internacionais, e lhe dá representatividade, relativiza-se a oposição órgão/representação: um mesmo sujeito pode alternativamente funcionar em um ou em outro papel. É um problema de imputação. "Giuridicamente l'imputazione di un atto ad un soggeto non avviene in quanto questo lo abbia voluto, ma al contrario si considera che lo abbia voluto in quanto gli è imputato" (La rappresentanza nel diritto internazionale, cit., p. 209). Sereni mostra que a norma, fonte da representação em direito das gentes, vem de um ato jurídico, o acordo (do qual advém norma particular, eficaz inter partes). Princípio fundamental no Direito Internacional Público é: "... un soggeto non può volere che gli effetti giuridici di un atto giuridico che esso pone in essere o riceve, si producano per soggetti diversi da quelli che tale atto emanono o rivervono" (La rappresentanza nel diritto internazionale, cit., p. 42). Fonte da representação internacional é o "accordo costitutivo" (p. 64).

O órgão jurisdicional é um complexo de facultamentos, de direitos, de deveres, de obrigações: é um plexo de competência. Apresenta-se, nas relações jurídico-processuais, como um sujeito de direito. A ele acodem tanto os indivíduos e coletividades personificadas de direito privado quanto os entes de direito público. Entre estes, o Estado-administrador e o Estado-legislador. A relação é imediata. No ato administrativo o órgão executivo não representa o Estado: é o Estado mesmo, imediatamente, que ingressa em juízo, desde que de seu ato resulte controvérsia, quer entre o órgão executivo e outros órgãos – inclusive o judiciário –, quer entre órgão executivo e administrados.[98]

98. Já em sua obra (monumental) de 1911, Kelsen (Hauptprobleme der Staatsrechtslehre, p. 693-709) ocupa-se da organicidade (Organschaft) e da representação (Stellverthetung). Critica a vontade total do Estado (Gesammtwille) como substrato diverso da vontade individual, fundamento da distinção em Laband, Preuss e outros. O problema não é de psicologia social. E jurídico: Relation zur Rechtsordnung ou Relation zum Rechtssatz. Relação com o sistema de normas, não relação entre sujeitos-de-direito: assim, não há lugar para discutir se a relação entre órgão e Estado é imediata, ou se mediata, como na representação. Representação e organicidade apresentam "eine vollkommene Uebereinstimmung", uma completa correspondência. O sujeito individual ou coletivo, juridicamente, é um "Endpunkt der rechtlichen Zurechnung". Tanto na relação-de-órgão quanto na relação-de-representação, o órgão e o representante defrontam-se com duas classes de normas: numa, têm personalidade como centros de imputação; noutra, carecem de subjetividade, são Durchgangspunkten der rechtlichen Zurechnung (Hauptprobleme der Staatsrechtslehre, cit., p. 706- 707). A conduta, tanto do representante como do indivíduo-órgão, é sua conduta, referida ou imputada, em função de norma, a um centro de imputação: o Estado ou o representado.
A mesma tese é retomada em 1925 (Kelsen, Allgemeine Staatslehre, cit., p. 268). Aqui a vontade do Estado é expressão antropomórfica da unidade do ordenamento. "De Wille de Staa ist der – die Einheit der Ordnung ausdruekende – Endpunkt der Zurechnung fuer die als Organakte, Staatsakte qualifizierten Tatbestaende". O conceito jurídico-material de órgão é que leva a se procurar o substractum real-psíquico, ou real-sociológico, como suporte da função (conceito jurídico-formal), que é jurídica – criação, aplicação ou observância de normas.
O conceito material de órgão do Estado é que confere ao conceito de imputação a referência à unidade do ordenamento, tão só dos atos de pessoas que desfrutem "a specific legal position", ou "specially qualified persons". O Estado é um "common point of imputation" (Kelsen, General theory of law and State, cit., p. 191-200). A unificação do sistema leva à personificação, que significa "hypostasize the personification". A ficção leva o pensamento científico à substancialização: os órgãos são partes de um ente ou substância, que permanece sob os acidentes.
Kelsen não vê diferença entre organicidade e representação: a tese de 1911 retoma mais vigor na Reine Rechtlehre de 1960. Ambas repousam na ficção de que um ato de um indivíduo é ato de outro (individual ou coletivo). O ato do representante como o ato do órgão são atribuídos a outro sujeito, pela operação de imputação.

Se o órgão não fosse uma porção diferenciada e individualizada de competência, se não adotasse a posição de sujeito de direito, *confundir-se-ia com os demais órgãos,* e descaberia o exercício da pretensão da tutela jurisdicional: incorreria na impossibilidade jurídica do Estado contra si mesmo, do Estado autojulgando-se. O Estado-administrador, com seu órgão, usaria do direito subjetivo público processual, e o Estado-julgador, com seu órgão, tomaria a posição passiva de cumprimento de dever público subjetivo de receber a demanda e instaurar o processo. A unidade do Estado não se confunde com a unicidade da função: coexiste a unidade com a diferenciação funcional de competências.

Por outro lado, com a tese de que um órgão constitucional é um centro parcial de imputação, um parcelamento da imputação ao Estado total (o Estado como totalidade), *e tem a posição, nas relações jurídicas, de um sujeito de direito,* melhor se explica a dúplice qualidade em que se investe o órgão: ora em relações jurídicas (materiais) públicas, ora em relações jurídicas (materiais) privadas. Às vezes, a dúplice posição reúne-se num ato. Assim, na concessão de serviço público, pode-se discernir o lado publicístico (susceptível de alteração unilateral pelo órgão, que atende razões de interesse coletivo, público) e o lado negocial (insusceptível dessa alteração unilateral, discricionária, em sentido técnico-administrativo), no qual o equilíbrio de prestações e contraprestações recíprocas obedece a critérios econômicos ou patrimoniais.

Recorrendo ao Judiciário, quando obstado em sua *executoriedade,* o órgão administrativo leva sua pretensão substantiva, que não se confunde com sua pretensão processual: esta tem-na sempre, no uso de seu direito subjetivo público

---

Imputação é, aqui, uma referência ou atribuição personificadora (imputação central, distinta da imputação periférica: esta, de um fato a outro fato; aquela, de um fato a uma comunidade unificada). A analogia é maior na representação legal: órgãos e representante, com sua conduta, atuam como se (als ob) a comunidade ou o representado exercesse, através deles, seus direitos e seus deveres (*v.* General theory of law and State, cit., p. 166). Somente através dessa ficção ... "Nur mit Hilfe dieser Fiktion kann die Gemeinschaft als handelnde Person...".

processual; daquela, pode carecer, com a sentença denegatória de seu pedido (*V.* Seabra Fagundes, *O controle dos atos administrativos pelo Poder Judiciário*, cit., p. 252-256).

14. Relações de imputação

Distinguem-se, como vimos, as relações jurídicas no interior dos órgãos e relações dos órgãos entre si. Num órgão complexo (órgão de órgãos, órgão uni ou pluripessoal que entra a compor outro órgão) há relações, ainda que regidas por *normas internas* (Regimento Interno do Congresso, composto de dois órgãos pluripessoais). Cada órgão é sujeito de direito, é um *centro unitário de imputação*, de atribuição de direitos e deveres. É um dado do direito positivo brasileiro que Senado e Câmara são órgãos dotados de subjetividade, que entram compondo outro sujeito de direito, que é o Congresso. Há direitos, poderes, deveres de cada um deles. A personificação é um processo técnico, uma construção dogmático-positiva de unificação: sem a unificação personificadora, há dispersão de direitos e deveres e não se demarcam as competências, que pressupõem subjetividade (o ser sujeito de direito, ativo e passivo, termo de relações jurídicas).

Recusa-se ao órgão a personalidade. Tem-se a personalidade como exclusiva do Estado. A personificação total, sim. E soberana: o que não impede a repartição da subjetividade entre os órgãos. O que é a unidade da personalidade total do Estado, sob o ponto de vista normativo, é a soberania exclusiva, a supremacia do Estado em face de todos os grupos e em face dos seus órgãos (sobretudo o monarca). Carré de Malberg mostra, em penetrante análise crítica, o significado jurídico e político da soberania do Estado em face da teoria da soberania do rei ou da nação. E, ainda, a despersonalização dos órgãos. Mas seria ir contra os dados do direito positivo não advertir *que cada órgão é um centro de imputação*, é um sujeito de direito, como cada indivíduo-membro da comunidade o é, e cada universalidade de pessoas o é. A referência unitária de direito/deveres é um processo homogêneo, como sempre sustentou Kelsen, no direito privado e no direito público.

Cada órgão estatal carece de personalidade, como ente por si suficiente: o órgão é-o no interior, na estrutura do Estado. Se a personificação importa em converter o órgão em soberano, é contraditório pensá-lo soberano dentro do Estado, ou contra o Estado. A soberania, como qualidade de uma ordem jurídica que acima dela não tem senão o direito das gentes, reside no Estado, não o alterando a centralização ou descentralização de competências, a existência de órgão único, ou de órgãos repartidos. A repartição é no *exercício* da soberania, que se estende num *processo de diferenciação de competências*.

A unidade, que requer o ser sujeito de direito, não se compromete pelo fato de em seu interior haver relações jurídicas. Relações jurídicas verificam-se entre termos. Os termos da relação são sujeitos, não objetos, coisas, situações objetivas. A relação entre um juiz e outro juiz, entre juiz singular e órgão colegial julgador é relação jurídica, ainda que entre subórgãos de um órgão total – o Poder Judiciário.

15. Outra relação

Além das relações que se verificam no interior de um órgão complexo, e das relações de órgão para órgão, temos a destacar as relações entre titular de órgão e órgão. Sempre claro e incisivo, Ugo Rocco observa que entre juiz e cargo (órgão) há relações administrativas (seleção, nomeação, posse, deveres e direitos funcionais da qualificação de membro do Poder Judiciário), que não se confundem com as funções de órgão judicante. Algumas normas estão, possivelmente, na Constituição; outras, em lei ordinária; outras, ainda, em Regimento Interno do órgão colegial supremo (Tribunal): normas que definem relações jurídico- administrativas, que não se confundem com as normas de organização, ou normas instituintes do órgão, como porção constitucional de competência.

Para o administrativista Celso A. Bandeira de Mello, as relações interorgânicas. Afirma: "... as chamadas relações interorgânicas não são relações entre órgãos, mas relações entre agentes no exercício das respectivas competências... os órgãos são, na verdade, relações entre ofício e agente, não tem sentido dizer que os órgãos relacionam-se entre si ..." (*Apontamentos sobre os agentes e órgãos públicos,* p. 76). Coincidimos na admissão da teoria orgânica. Assim pensamos nesse ponto: os atos dos titulares ou agentes valem como atos de órgão, porque normas de competência os demarcam, os qualificam; o órgão, como esfera abstrata de atribuições, ou seja, como situação jurídica objetiva, requer *fato* (ato de vontade individual do agente) que concretize ou efetive o plexo abstrato de atribuições; tal fato estabelece a situação jurídica individual, *como suporte de fato juridicamente relevante;* finalmente, as relações jurídicas são efetivações (a passagem do abstrato das normas para a concrescência dos fatos juridicamente qualificados, na tese kelseniana) somente possíveis mediante atos de titulares determinados, individuais ou colegiados.

Por isso, sem os titulares, os órgãos, como parcelamentos abstratos de atribuições (poderes/deveres), não manifestam vontade juridicamente imputável ao Estado: é *a vontade concreta do agente ou titular que vale juridicamente como vontade do órgão e imediatamente como vontade do Estado.* O Estado não atua por meio de órgão, como seu representante: *imediatamente* é o Estado mesmo que legisla, administra ou sentencia por meio de órgãos, cujo complexo é o Estado mesmo.

Certo que a explicação de Bandeira de Mello tem precedente. Assim, Zanobini (*Curso de derecho administrativo,* v. 1, p. 179, nota 47) observa, sobre o tema, que, segundo Miele, "... as relações seriam jurídicas enquanto se desenvolvessem entre os titulares dos órgãos, os quais estariam providos de personalidade instrumental posta a serviço do ente público". Essa personalidade instrumental não parece aceita pelo publicista pátrio. Dificulta, pensamos, a admissão da juridicidade de relações interorgânicas o pressuposto de que tais relações requerem a personalidade dos órgãos dentro do Estado, o que inarticularia a unidade estrutural do Estado mesmo.

Capítulo X

CONFLUÊNCIA DE PONTOS DE VISTA

SUMÁRIO: 1. Tese dominante - 2. Anotações lógicas - 3. Unissubjetividade - 4. Imprecisão terminológica - 5. Ainda a unilateralidade de declaração - 6. Ponto de confluência - 7. Graus de abstração.

1. Tese dominante

A tese dominante neste trabalho de Teoria Geral do Direito é a de que a relação jurídica, em sentido amplo ou em sentido restrito, é efeito de uma hipótese fáctica sobre um dado de fato. Este, precisamente por ser ponto de incidência da hipótese, *é fato jurídico*. A relação entre o fato jurídico e sua eficácia (plexo de efeitos) é *relação de causalidade jurídica:* relação estatuída, constituída por norma jurídica. É norma que constitui ou desconstitui a relação de causalidade jurídica. Vê-se, esta não se confunde com a relação jurídica *em sentido técnico-dogmático.* A relação jurídica, em sentido técnico-dogmático, é *efectual,* é o que sobrevém do fato jurídico pela conexão estatuída pela norma, que se compõe de *hipótese fáctica* e *consequência fáctica.*

É certo que uma relação jurídica em sentido técnico--dogmático (uma relação jurídica de direito substantivo ou de direito processual) pode figurar na posição, ou com a função tópica, de fato jurídico, objeto de incidência de *outra* hipótese fáctica, delineada por *outra norma.* Recordemos que a sentença, que é eficácia, efeito, decorrente de fatos processuais, pode figurar como fato processual, fato jurídico produtor de efeitos próprios, e de efeitos secundários (na terminologia de Liebman). Um fato jurídico ora é causa, ora é efeito, na série de fatos qualificados por normas de direito (*relatividade do suporte factual das normas*). Só nos pontos terminais, com o *primeiro fato,* não precedido por norma alguma e com o *último fato,* do qual não mais decorre qualquer efeito juridicamente qualificado, têm-se posições absolutas.

Como construção científica, aí, sim, é que tem lugar a *hipótese-limite da norma fundamental kelseniana,* para dar começo (epistemológico) ao sistema jurídico-positivo. Num sistema normativamente concluso, *conceptualmente* fechado (o que não exclui seja positivamente, factualmente, aberto), todo fato é fato jurídico. Se não, coloca-se *fora* do sistema. Juridiciza-se se norma expressa ou implícita do sistema sobre ele incide, descrevendo-o como *fattispecie astratte* de que o fato é *fattispecie concrete.* A norma juridicizante do meramente fáctico pode provir de qualquer órgão criador de norma, inserido no sistema (órgão legislativo, órgão administrativo ou órgão jurisdicional). *Fonte é o* complexo de fatos (fatos e atos) normativamente qualificado, quer dizer, suporte fáctico de incidência de normas sobre normas (as denominadas "normas do processo legislativo" são uma espécie, entre outras).

Completando o acima exposto: a relação de causalidade jurídica é a conexão entre o fato-causa e o fato-efeito (deve ser: se *A,* então *B).* Mas ela mesma não é obrigacional, ou real, de direito privado ou de direito público, entre sujeitos do direito e sujeitos do dever; não é relação material, ou relação processual. Enfim: o que ocorre dentro de uma relação jurídica em sentido técnico não se transpõe para a relação de causalidade, que é *relação lógico-empírica,* forma de conexão entre elementos de um sistema, como adverte Kelsen.

2. Anotações lógicas

Outra tese deste ensaio é a de que a relação jurídica é uma estrutura *bimembre*. Muito embora na linguagem dos juristas e na linguagem do direito positivo a locução *relação jurídica* seja ambígua, conceptualmente podemos isolar a relação jurídica como *relação formal*, ou seja, como *estrutura lógica*. Como tal estrutura, uma relação é sempre entre *termos*, ainda que o segundo termo seja iteração do primeiro. Assim, nas relações *reflexivas* (por exemplo: *A* é igual a *A*,ou, formalizando, *R* (*A*, *A*)). A relação pode ser *simétrica* (por exemplo: *A* é igual a *B*, assim como *B é* igual a *A*), no caso de a convertenda e a convertida não mudarem o *relator*. Já na relação *A* é *maior que* B não se converte em B é *maior que* A, mas em B é *menor que* A. A *assimetria é* patente, assim como a *irreflexibilidade* (nunca, A *maior que* A).

No domínio do direito positivo, dada a sua textura própria, as relações jurídicas são irreflexivas e assimétricas. Com efeito, A não pode ser credor de A, nem A ser devedor de A. O puro dado "ser sujeito de direito" é irreflexivo. Assim, A não é sujeito de direito perante A: é-o perante os demais sujeitos de direito, que, por sua vez, são-nos uns perante os outros. Nem A é sujeito de direito, de modo absoluto: é-o relacionalmente. Exprime-se assim a *intersubjetividade* ou *alteridade* da relação jurídica: a relacionalidade, irreflexiva e assimétrica, das estruturas de condutas juridicamente reguladas.

A assimetria ressalta nos termos correlatos vendedor/comprador, comodante/comodatário, no direito privado; expropriante/expropriado, no direito público administrativo; exequente/excutido, no direito público processual. A relação jurídica pede dois termos *assimetricamente correlatos: um requer o outro*. Sem outro sujeito de direito contraposto, nenhum sujeito *A é* concedente, ou mutuante, ou autor. Assim também, *A* não pode ser concessionário, mutuário ou réu, sem sujeito de direito *B*, em contraposição relacional. *Que relações são possíveis* no domínio do direito positivo não é *problema*: é o *universo empírico-social do direito* que o determina. Onde é possível relações em paridade, a simetria aplica-se. Assim a relação jurídica de sociedade, de comunhão. Se *A* é sócio de *B*, *B* é sócio de *A*. Se *A* é condômino de *B*, *B* é condômino de *A*. Tecem-se possíveis relações simétricas entre ambos, e assimétrica em face de terceiros.

A relação "ser sócio de", que é simétrica, em rigor não desfaz as assimetrias entre *A* e *B*. *Ser sócio de* é um direito subjetivo, fundado em norma contratual ou estatutária, de *A* e *B* que, *reciprocamente,* têm deveres. O direito subjetivo de *A não é o mesmo* direito subjetivo de *B:* se o fosse haveria contraposição *ao mesmo dever,* com o que cada sujeito seria pretensor e devedor de si mesmo. Dar-se-ia uma *confusão subjetiva:* convergência das posições *correlatas* de sujeito ativo é sujeito passivo num único sujeito de direito. A norma que dá o direito subjetivo de ser sócio *incide sobre dois suportes fácticos diferentes, A e B.* É a *mesma* norma, com *projeção eficacial* diversa, porque *diversos foram os suportes de incidência.* Desse direito subjetivo, que se dá em relação jurídica, irradiam *outros efeitos* (outros direitos, poderes, pretensões, deveres, obrigações, em função de *outras* normas incidentes).

3. Unissubjetividade

Temos como assente que a relação jurídica se dá entre termos (antecessores ou referentes e sucessores ou relatos). Cada termo pode ser singular ou plural. A pluralidade de sujeitos (parte em sentido material, e parte em sentido formal) se estabelece com sujeitos que, por sua vez, mantêm relações entre si. Assim nas obrigações solidárias, ativas e passivas. Mesmo no ato complexo, as vontades marcham paralelas, sem entrecruzarem-se com interesses contrapostos (como nos contratos). Porém, há relações jurídicas entre os participantes do ato complexo (*Gsamtakt*). Essas relações internas são possíveis, não necessárias, em qualquer ato no qual participe, em um só lado, como parte, mais de um sujeito de direito.

Pode a relação ser determinada quanto ao sujeito passivo, e indeterminada quanto ao sujeito ativo. Assim na promessa de recompensa, nos títulos ao portador. A indeterminação do sujeito não equivale à inexistência. O subscritor do título é individuado, enquanto o último portador, sujeito ativo da relação obrigacional, é um possível sujeito a individuar-se. Do ponto de vista lógico, é uma *variável* a tomar valores, nas sucessivas transferências do título. A relação existe, entre uma *constante individual,* o subscritor, e a *variável,* o possível portador. É uma relação jurídica, abstratamente simbolizada por "*R* (*A*, *x*)", onde *A* é a *constante individual e x é a* variável, o possível sujeito credor. É uma indeterminação atual, com potencial individuação futura. O futuro, como modal do tempo, compõe o fato jurídico da individuação subjetiva.

Depende, é certo, do direito positivo. Mas tem-se, em geral, a promessa de recompensa como manifestação unilateral de vontade, vinculante desde a *emissão,* independentemente da *aceitação* do possível destinatário. O promitente obriga-se, a relação jurídica compõe-se, com a unissubjetividade da declaração de vontade. Não se trata de oferta de contrato, em que a declaração do oferente se completa com a do aceitante, que se espera, para perfazer a relação jurídica contratual? É ponto controvertido em doutrina. O que nos importa é o fato de a manifestação unilateral, na promessa de recompensa, compor relação jurídica negocial. A *unissubjetividade na composição do suporte fáctico* (poderia ser multissubjetiva, com vários, *mais de um,* promitentes), a unilateralidade na *formação* do fato jurídico não condiciona unilateralidade ou bilateralidade na *eficácia* (nos efeitos). Mas unilateralidade ou bilateralidade na eficácia *dá-se em relação jurídica,* onde uma só, ou ambas as partes, ficam com direitos e deveres correlatos. O caráter sinalagmático dos efeitos é possível, não necessário.

Nem o ser *receptício* ou *não receptício* impede a formação da relação. Dos negócios jurídicos, unilaterais ou bilaterais *quanto aos efeitos,* unissubjetivos ou multissubjetivos *quanto à composição do fato jurídico* de que dimanam os efeitos, *promanam sempre relações jurídicas*. Ambas as espécies podem ser simbolizadas: se se dá o fato jurídico *F*, então sobrevém a eficácia *E*. No ato unilateral ou bilateral, o *fato jurídico* pode ser subjetivamente simples ou subjetivamente complexo, o fato donde procedem os *efeitos jurídicos*, a *eficácia relacional*.

4. Imprecisão terminológica

Os termos "unilateral" e "bilateral" têm uso equívoco. Ora caracterizam a *composição* do suporte fáctico, ora qualificam a *relação jurídica* (o lado eficacial, os *efeitos jurídicos* do *fato jurídico*). Assim, um contrato é bilateral pela composição, e unilateral ou bilateral pela eficácia (deveres/direitos, ou prestações/contraprestações, para uma só ou para ambas as partes). Na declaração unilateral de vontade, a composição é unissubjetiva ou multissubjetiva, o fato jurídico consta de vontade ou vontades de uma só *parte*. Parte pode ser unipessoal ou pluripessoal. A composição interna, simples ou composta, não condiciona o efeito (as consequências jurídicas): *a relação não é unissubjetiva*. Se *A* somente, ou *A, B* e *C* fazem promessa de recompensa, a unissubjetividade ou a plurissubjetividade diz respeito ao compor-se internamente o suporte fáctico da eficácia. A eficácia, nos contratos ditos unilaterais, é relação bilateral, entre as partes contratantes. As prestações, os direitos, quer dizer, os efeitos para cada uma das partes é que não se distribuem em partilha de prestações e contraprestações recíprocas.

Agora, se A, *B* e C fazem declaração unilateral de vontade, compõem pluripessoalmente o fato jurídico. O efeito é relação entre o promitente e o destinatário. São combinações possíveis: *a) unissubjetividade* do suporte fáctico com *bissubjetividade relacional* (bimembridade da relação jurídica), com ou sem *bilateralidade* (assim nos contratos unilaterais ou bilaterais, pelos seus efeitos); *b) multissubjetividade* do suporte fáctico e *bissubjetividade relacional*, com ou sem *bilateralidade* da eficácia. Já sabemos, no que respeita à *eficácia*, as possíveis relações são uni/uni, uni/multi, multi/uni e multi/multi. Em outros termos, as *partes* da relação jurídica compõem-se de um sujeito em face de outro sujeito; de um em face de vários; de vários em face de um e de vários em face de vários. Não alongamos o texto com exemplificação. O leitor pode recordar a teoria das obrigações solidárias, ativas e passivas, e dela sacar exemplos dessas possíveis combinações, que articulam a *eficácia relacional* (os efeitos *jurídicos* do ato), na textura do direito positivo.

Quando se fala em unilateralidade ou bilateralidade está-se ambiguamente, ora no nível do fato jurídico, ora no nível da eficácia. Como observamos, a denominada declaração unilateral de vontade, inclusa em nosso Código Civil com os títulos ao portador e a promessa de recompensa, [informação de acordo com o conteúdo do CC/16] caracteriza a composição do suporte fáctico: um ou mais de um sujeito de direito obriga-se em ato jurídico que consta *de um só lado* (um título ao portador emitido por um ou mais de um subscritor, uma promessa de recompensa de um ou mais de um promitente). O efeito é bilateral, é *relação* entre o promitente e o destinatário, entre o subscritor e o portador. O ser receptício ou não receptício não desfaz a relacionalidade. A recepticiedade, na promessa de recompensa, não implica *aceitação*, ato jurídico que bilateralizaria a declaração unilateral, na fase da composição do fato jurídico.

5. Ainda a unilateralidade de declaração

Dizemos que a unilateralidade no compor-se o suporte fáctico (o *lado único*, que pode compor-se plurissubjetivamente, em ato subjetivamente composto) não implica relação unimembre, relação unissubjetiva. A inexistência *atual*, no compor-se o fato jurídico (o ato jurídico), de partes, a indeterminação de uma delas, não unilateraliza a relação, fazendo-a unissubjetiva. A promessa, como observa C. Ferrara, só é negócio *a se stante* porque se objetiva na declaração feita pública, conferindo possibilidade de *conhecimento* (ainda que sem isso importe em *aceitação),* ainda que não se dirigindo a nenhuma pessoa singularmente determinada. Publicada, porque é negócio receptício, sem aceitação, porque o destinatário *ainda* não se atualizou ou determinou, é ato perfeito, com sua eficácia: a obrigação de realizar a prestação. Outra coisa, observa ainda Ferrara, é a oferta ou proposta feita ao público, aguardando aceitação, para perfazer o contrato (C. Ferrara, *El negocio jurídico,* p. 123-125; ainda sobre o tema, Pontes de Miranda, *Tratado de direito privado,* v. 3, p. 137-157).

Se conceptuamos como negócio unilateral o ato celebrado por uma só parte, é unilateral aquele dirigido a "destinatário determinado", mas "este não constitui parte no negócio, posto que não é chamado a concorrer com seu consentimento": é a tese de E. Betti. A *unicidade* da *parte* é compatível, pois, com sua composição subjetivamente simples, ou subjetivamente composta (vários titulares legitimados convergentemente por um centro comum de interesses). No caso, a unissubjetividade de *parte* (pois o favorecido com o negócio não é parte nele) não exclui a bissubjetividade efectual ou eficacial. O sujeito favorecido entra a compor a relação jurídica eficacial, ainda que não ingresse como integrante do suporte fáctico. (No que concerne ao destinatário determinado, não parte no negócio, E. Betti, *Teoría general del negocio jurídico,* p. 223.) Reinsistamos: a *bissubjetividade,* no sentido de *bimembridade* de toda relação, é aspecto diverso de sua unilateralidade ou bilateralidade, em sentido técnico-dogmático (bilateralidade como recíproca obrigação dos sujeitos integrantes da relação contratual). Aditemos: em teoria lógico-formal das relações, uma relação tem, pelo menos, dois termos. Pode ter mais de dois: ser *binária,* ou *trinária,* ou *n-termed.*

No caso, admitido ou repudiado nos diversos direitos positivos, controvertido em doutrina, da sociedade de um só sócio, extinguem-se os *vínculos jurídicos internos* (Betti, *Teoría general del negocio jurídico,* cit., p. 227).

A unipessoalidade, pondera Lamartine Correia de Oliveira, compatível com sociedade de capital, pois, que a de pessoas assenta em ato contratual, é originária ou superveniente (*v.* seu denso e atual estudo *A dupla crise da pessoa jurídica*, p. 560-568). Sob nosso ângulo, dizemos: a unipessoalidade determina extinção de relações jurídicas internas. Persiste, porém, a relação jurídica sócio/sociedade, membro e pessoa jurídica. Impossível relação jurídica contratual, interpessoal, entre *A* e, ele mesmo, *A*. A unissubjetividade no fato jurídico é suporte suficiente para constituir ou manter a sociedade, em face da lei ou por determinação estatutária (que se fundamenta em lei).

6. Ponto de confluência

Em qualquer ponto deste trabalho, entrecruzam-se as diversas análises, umas com relevo maior ou menor, ora desenvolvidas, ora indesenvolvidas, porque uma delas tomou o primeiro plano e as outras saíram de foco. Vendo-as sob o prisma da linguagem (porque sempre está presente a linguagem, para falar sobre as coisas, ou sobre ela mesma) temos: *a)* a linguagem formal das relações; *b)* a linguagem generalizante da Teoria Geral do Direito; *c)* a linguagem material das ciências jurídicas dogmáticas; e, finalmente, *d)* a linguagem técnica do direito positivo, em alguns de seus ramos. Permanecendo no domínio do *conhecimento,* temos o conhecimento lógico-formal (teoria formal das relações), o conhecimento teórico-geral e o conhecimento jurídico elaborado por cada ciência jurídica especial. O ponto de partida e o ponto de regresso estão na realidade do direito positivo.

São níveis dispostos em superposição. De uma relação contratual concreta, individualizada pelos sujeitos intervenientes, pelo fato jurídico, pelo objeto, pelos direitos/deveres determinados, ascendemos à relação contratual típica, pois já nos oferta tipificação normativa o direito positivo, na norma geral. Depois, pomos entre parênteses o individual e o típico, o caso concreto e a norma incidente, para isolarmos a relação jurídica obrigacional, ou tributária, ou administrativa, ou processual. Relativamente à linguagem do direito positivo, essa é uma sobrelinguagem – a linguagem da ciência dogmática.

Em cada segmento jurídico, a relação jurídica especifica-se com alguma (pelo menos uma) propriedade. Comparativamente, percebemos que todas são *relações jurídicas,* são espécies desse gênero, ou subclasses da classe sobreposta "relação jurídica". Alcançamos essa sobreclasse comparativamente. O *processus* para alcançar esse nível é a *generalização.* Esse é justamente o nível da Teoria Geral do Direito: teoria das categorias jurídicas, empiricamente fundadas. Se já as normas gerais delineiam tipos, desenham classes de hipóteses fácticas e de consequências fácticas, essa generalização opera em nível *prescritivo.* A generalização científico-dogmática é *descritiva.*

Depois, regressivamente a nível mais alto, pomos entre parênteses a juridicidade da relação, retendo tão só a relação como relação. Da relação contratual concreta para a relação contratual típica deslocamo-nos no domínio do direito positivo. Do direito positivo para a ciência dogmática especializada operamos cognoscitivamente: o que é generalizador não é a *norma,* mas o *conhecimento científico.* Do conhecimento especializado para o conhecimento geral da teoria geral procedemos com *abstração e generalização.* Daqui para o nível lógico, só o alcançamos mediante a *formalização.* Uma relação jurídica cabe *na forma lógica* "*R(A, B)*". O logicamente específico da relação jurídica é que tal relação deve ser. O *deôntico modaliza essa relação.* Vimos essa modalização na relação de causalidade jurídica. Dada a hipótese fáctica, à qual corresponde o fato jurídico, deve ser a consequência, à qual corresponde a *eficácia,* ou os "efeitos jurídicos": se A, então deve ser *B,* conforme a fórmula kelseniana.

7. Graus de abstração

Por sucessivos graus de abstração transitamos de uma relação contratual concreta para o contrato como tipo, normativamente prefixado. Já o tipo normativo é generalização em face do concreto. Depois, no momento da construção dogmática, comparativamente, pomos em evidência notas comuns e notas diferenciais do tipo normativo e obtemos os conceitos de compra e venda, de mútuo, de comodato, de representação. E, depois, mediante novas abstrações (tomando um todo *A*, isolando suas notas m, *n, o)*, alcançamos a relação jurídica como sobretipo científico, o denominador comum que está em qualquer tipo normativo e em qualquer relação jurídica individuada. As partes gerais das dogmáticas (a Teoria Geral do Direito Civil, a Teoria Geral do Processo) representam generalização *no interior* de cada ciência jurídica particular, e preparam o passo para a Teoria Geral do Direito. Em grande porção, representam aplicações da Teoria Geral do Direito ao subdomínio jurídico de cada disciplina.

Generalizando alcançamos a relação jurídica. Da relação jurídica, para obtermos a relação, como estrutura lógica, é preciso outro processo diferente da *generalização: a formalização. A forma*"*R* (*A*, *B*)" não é um sobregênero, do qual as relações jurídicas (privadas e públicas, com suas subespécies) derivassem: do *operador R* e das *variáveis A* e *B* não obtemos, por concretização, uma norma ou uma relação jurídica individual. Só *desformalizando*, ou seja, ingressando no domínio de objetos do direito, dele tirando os *valores* para preencher as variáveis. Em lugar de uma *relação qualquer* (abstrata) *R*, e de *termos quaisquer A* e *B*, obtemos a relação determinada, de direito público ou de direito privado, de direito interno ou de direito internacional, entre os sujeitos de direito individualmente determinados, relação proveniente de um fato jurídico, dado aqui e agora, como eficácia (ou efeito) sua, estatuída pelas normas de um sistema de direito positivo.

Esse trânsito, do individual da relação para o tipo normativo, do tipo normativo para as categorias gerais da Teoria Geral do Direito, destas para o nível formal da lógica das relações, explica que não é possível fazer-se Teoria Geral do Direito sem relacionamento com as ciências jurídicas dogmáticas: é um prolongamento delas, não uma enciclopédia de conhecimentos históricos, sociológicos, políticos, filosóficos, tudo compaginado como propósito de uma visão global, abrangente, exaustiva. E, ainda, que não é possível trabalhar em nível da analítica formal (lógica) sem embasamento nas ciências jurídicas dogmáticas: como na teoria husserliana, cada nível de experiência é suporte da experiência ulterior – da experiência sensível passa-se à experiência categorial; na experiência científica especializada assenta-se a experiência formalizadora, que atinge o plano lógico.

Somente assim evita-se a peripécia dos conceitos, sem apoio nas intuições da experiência. Em nosso caso, evita-se a lógica jurídica com desconhecimento das ciências jurídicas, e o cultivo dessas sem apoio em algum ângulo da experiência do direito positivo; ou a Teoria Geral do Direito movendo-se no vácuo, ela que é ponto de ligação entre todos os níveis de investigação sobre o Direito.

Capítulo XI

LICITUDE E ANTIJURIDICIDADE

SUMÁRIO: 1. Enunciados de validade - 2. Saturação do conjunto jurídico - 3. Validade e não validade - 4. Gradação da validade - 5. Nulidade em Kelsen - 6. Sobre Cossio e Schreier - 7. Invalidade de lei - 8. Invalidade e nulidade - 9. Limites da tipificação - 10. Correspondência ao tipo – 11. Ainda sobre a correspondência ao tipo - 12. A continuidade no heterogêneo - 13. Ainda o suporte fáctico.

1. Enunciados de validade

Há enunciados de valor que se colocam fora do sistema de normas jurídicas. Mas têm critérios de referência em outros sistemas normativos não jurídicos: éticos, políticos (ideológicos), religiosos. Sem referência ou pertinência, inexistem enunciados assim. E com seu contexto. Até um fonema vocal, por exemplo, não é por si só: é fonético e não puro som físico por sua relação com consoantes e outras vogais, que fazem o contorno de antecessores e sucessores. E assim as palavras, em seu contexto frasal. E as frases demarcam-se dentro do texto.

Podemos emitir enunciados de validade sobre todo um sistema, como sobre normas-membros desse sistema. Os denominados "juízos-de-valor" (*value-judgements*) em Kelsen[99]

99. Os juízos-de-valor em Kelsen compreendem dois tipos: a) os juízos jurídicos de

são enunciados *intrassistêmicos*. A validade é relação-de-implicação entre normas. A *relação de delegação*, como ele denomina, é, logicamente, relação implicacional. Os chamados "atos de produção de normas" são fatos (ou condutas) que se qualificam pelas normas objetivas que deles provêm e neles retroincidem, conferindo-lhes *sentido objetivo*, inserindo-os no interior do sistema. Se o *sentido subjetivo* de tais atos não objetivasse normatividade, o sistema os eliminaria por nulidade, anulação ou método de invalidação. Assim ocorre com as normas materialmente inconstitucionais por conflitarem com normas formalmente rígidas, não emendáveis, ou por defeito no processo de emenda. Se o ato jurídico processual infringe regra de capacidade ou de legitimação, ou de licitude do objeto, a vontade processual não põe norma objetiva que venha retrovalidar o ato. Ele não entra no sistema como fato jurídico. Fica como puro fato, ou é aproveitado, já agora a título de suporte fáctico de outras normas, que liguem efeitos a algum componente fáctico restante. Torna-se, então, fator na relação de causalidade normativa.

Há que distinguir a invalidade das normas e a invalidade dos atos. Um ato é inválido se não corresponde ao esquema descritivo do tipo – a *hipótese fáctica* – ou ao *consequente fáctico*, sua eficacidade. E, além disso, requer que a norma mesma seja válida. De norma não válida não pode decorrer ato válido. Mas há, no sistema, normas válidas que são delimitadoras de atos inválidos. São normas que preenchem a parte complementar da antijuridicidade. As normas penais destacam-se como subclasse mais relevante. Valem porque foram postas segundo as regras sintáticas do sistema, mas os fatos-condutas a elas correspondentes realizam o penalmente antijurídico. *Os fatos puníveis são preenchentes dos tipos normativos do*

---

valor e b) os juízos de justiça (*juristc* value judgements/judgements of justice). Aqueles verificáveis empiricamente, porque obtêm-se relacionando o fato com a norma positiva; os últimos, inverificáveis, porque a norma que serve de parâmetro é, dizemos nós, extrassistêmica (moral, ético-política, de direito natural). V. Value judgements in the science of law, What is justice? 1957, p. 229.

ilícito. O crime realiza, no mundo dos fatos, a antijuridicidade punitivamente sancionada.

2. Saturação do conjunto jurídico

O conjunto que o sistema jurídico projeta, dissemos, é um conjunto cheio, repartindo-se em dois subconjuntos: um, é o da licitude, o outro é o da ilicitude. É a esse que se denomina a parte da antijuridicidade. O conjunto total compõe-se, assim, de juridicidade positiva e de juridicidade negativa. Um não é maior, nem menor que o outro, pois a normatividade cobre-os exaustivamente. Também, por necessidade lógica, opõem-se em complementariedade.

Também, com isso, traça-se a órbita dos enunciados de validade: juízos-de-valor e juízos-de-desvalor, juízos-de-legitimidade e juízos-de-ilegitimidade. Todo enunciado normativo é base empírica para um juízo de valor, mas no processo de geração da norma está uma valoração, que fica subjacente à objetivação valorativa, que a norma, positivamente posta, delineia. A descida até essas valorações subjacentes ocorre na interpretação e na aplicação do direito.

Mas ir-se-ia perder-se no indiferenciado da licitude e da ilicitude, da juridicidade positiva e da antijuridicidade se não fora um processo que o sistema normativo utiliza: o da *tipificação do fáctico*, processo mais sobressalente no direito tributário e no direito penal.[100] A parte descritiva da norma (o descritor) tipifica; a parte consequencial tipifica, com maior ou menor flexibilidade, a eficácia. Tanto na norma primária como na norma secundária (sancionadora). Não é qualquer

100. Diz, com acerto, Paulo de Barros Carvalho: "a diferença entre os critérios da hipótese da regra-matriz de incidência e os elementos do fato jurídico tributário está, precisamente, no grau de determinação. Naquela, encontramos predicados ou notas individualizadas de uma ação-tipo". Cita Ruy Barbosa Nogueira, quando este acentua a subsunção do fato concreto à norma tipificadora. V. *Fundamentos jurídicos da incidência tributária*, São Paulo, USP, 1997. Tese apresentada no Concurso de Professor Titular, p. 117-118.

fato (evento ou conduta) que acarreta qualquer consequência. Se assim fosse, diretriz alguma teriam os membros da comunidade, nem os operadores (órgãos) do sistema. Os conflitos intersubjetivos cairiam na *anomia*. Seriam atípicos, ou tipificados por outras espécies de normas, sem a coatividade jurídica que se concretiza no *processo de execução*. Sem os atos de execução, também tipificados, com sanções, igualmente tipificadas; sem atos de poder, por sua vez realizando condutas típicas, a órbita sistêmica do direito positivo perderia sua diferenciação (sociológica ou política).

Em princípio, não há ou não deve existir *vazios de tipicidade* no conjunto normativamente saturado. Se as houver[101] (as lacunas), o sistema preenche, com normas-princípios que abrangem as subclasses: i) a dos casos tipificados (previstos, diz-se), e a dos casos não tipificados (não previstos), mas análogos. Para serem análogos, uns e outros apresentam um *núcleo conotativo* "m, n, ..." comum – o feixe genérico – e *notas diferenciadas* – o feixe específico. O princípio contém a porção conceptual típica. A norma-princípio evita sair do sistema, valorando- se de fora. Inserindo tipificação extrassistêmica. E são os órgãos (operadores), baseados em normas de competência, ou os juristas, que, *generalizando em órbita,* alcançam as normas-princípios, às vezes cobertas na implicitude.

3. Validade e não validade

Podemos projetar o sistema positivo em um círculo com duas partes complementares: numa fica o domínio do válido, noutro o domínio do não válido. São subdomínios que tiram seu sentido da contraposição complementar. Fatos naturais e condutas humanas estão no interior do domínio total, porque o sistema de normas qualificou-os tornando-os fatos jurídicos.

101. Para M. Helena Diniz, o sistema jurídico compõe-se de três subsistemas isomórficos: o das normas, o dos fatos e o dos valores. Se essa isomorfia se quebra, temos lacunas, que podem ser colmatadas, passando de um subsistema a outro. V. *As lacunas do direito*, 1981, p. 258.

Se todos são fatos jurídicos, porque o sistema os caracterizou, há, no interior do sistema, critérios de valoração. Uns formam a subclasse dos positivamente jurídicos; outros a subclasse dos negativamente jurídicos. A licitude e a ilicitude, a validade e a invalidade, a juridicidade e a antijuridicidade, a legitimidade e a ilegitimidade são opoências de valoração interna. O que se coloca fora do sistema é valorativamente neutro, indiferente. Não é recolhido como elemento de causalidade normativa. Não ingressa, preenchendo o lugar aberto pelas *hipóteses fácticas*, nem figuram no lado eficacial que as *consequências fácticas* delimitam. Por isso, descabe qualificar como antijurídico o raio que atinge o animal, tranquilamente pastando, e o mata. Como fato, não é jurídico. Só tem efeitos jurídicos, atingindo relação jurídica de propriedade, se há norma no sistema que sobre ele incidiu, qualificando-o. Se o animal era sem dono, relação jurídica se fez ou se desfez. O antijurídico é-o em referência à norma. O "não", aí, é includência de elemento pertencente ao sistema de normas, que demarca o conjunto total. A antijuridicidade é opoente contrário à juridicidade, como licitude. Em termos lógicos, "estar conforme ao direito" é equívoca: o fato ou conduta que se insere quer na norma primária, quer na norma secundária (sancionadora), ingressam em tipos normativos. Realizam o tipo na concrescência dos fatos e condutas.[102]

Assim, o não jurídico nem se inclui na licitude, nem na ilicitude. E acrescente-se: essa opoência não é exaustiva, muito embora seja incompatível. É uma antinomia, mas simplesmente contrária. Não contraditória. Há uma escala de graus entre a juridicidade e a antijuridicidade. Do ilícito-nulo não se passa

102. Num dos livros mais densos que se escreveu sobre a tipificação, apontamos o de K. Engisch, no qual se tem uma tipologia dos tipos. Que os tipos não são construídos por arbitrária abstração lógica, frisa-o, dizendo: "Wir sahen kurz zuvor dass die Vertragstypen nicht deduktiv, sonder induktiv gefunden werden. Entsprechendes giet fuer Deliktstyen und anderen ahnlichen. Typen. Das Rectsleben selbst hat die Fragelinchen Typen geboren Haufig ist das rechtslich Typische vor wir nach der Typisierung als ein 'Typische' Geschehen in der Wirklichkeit anzutreffen (...)". Engisch, Die idee der Konkretisierung in Recht und Rechswissenschaft underer Zeit, 1953, p. 272.

para o ilícito-anulável, porque a classe intermédia dos atos ilícitos do art. 159 do Código Civil [art. 186 do CC/2002], em que a ilicitude é causa normativa da indenização por perdas e danos, oferece uma terceira possibilidade. A sanção é meramente patrimonial, sem provir de ato jurídico ilícito, nas espécies do nulo e do anulável, nem provir de antijuridicidade penal, tributária, administrativa, ou outra, tipificada no sistema de normas. Por isso, não se pode aplicar o princípio lógico da não contradição. A exaustividade do conjunto delineado pelo sistema reparte-se em juridicidade e antijuridicidade. O sistema abre-se para captar o juridicamente indiferente. Mas de acordo com sua gramática interna. Nisso está sua autonomia.

4. Gradação da validade

Cabe à Teoria Geral do Direito, ao estudar a teoria do ato jurídico válido, estabelecer os pressupostos de licitude desse ato. Está no Código Civil, arts. 81 e 82 [informação de acordo com o conteúdo do CC/16], mas a norma está presente, expressa ou implicitamente, em todo o sistema. E uma *all-embracing norm,* quer em atos de direito material, quer em atos de direito processual, com a especificação que cada subcampo do direito positivo exige. É regra que tipifica a licitude do ato jurídico. Diz o art. 82 mencionado: "A validade do ato jurídico requer agente capaz (art. 145, n. I), objeto lícito e forma prescrita ou não defesa em lei (arts. 129, 130 e 145)" [informação de acordo com o conteúdo do CC/16].

Estão expressas a hipótese ou pressuposto (nível lógico-linguístico), fáctico (pelo referencial à realidade) e a tipicidade da licitude. O fato-conduta que se insere nesse esquema (o fattispecie *concreto*) representa o *processo de concreção ou de individuação ou de positivação* como denomina Miguel Reale, o processo de positivação do direito.[103] Sem essa concreção,

103. Observa M. Reale, já na primeira edição de Filosofia do direito, esta de 1982: "Pontes de Miranda declara que a Jurisprudência é 'ciência do ser' segundo dois critérios inamovíveis: o do determinismo e o da unidade da ciência. Felizmente

as normas gerais ou as normas mesmo individualizadas não se positivam. Permanecem em nível lógico e linguístico, como estruturas conceptuais não confirmadas.

O conceito de suporte fáctico parece-nos ambíguo. Não é o fato puro, extrassistêmico, que *ainda* não se juridicizou ou é fato juridicamente qualificado, posto que com *deficit* de algum ou alguns elementos de sua composição interna. Se o fato *F* compunha-se de *a, b, c, d, e,* apesar do desfalque de "d", ele ingressou no tipo, então tornou-se fato jurídico, ainda que *insuficiente, não preenchente do tipo.* Pode até provocar um mínimo de eficácia ou ter sua eficácia suspensa (sem cair na figura de *condição suspensiva),* mas juridicamente não inexistente, ou seja, por essa deficiência permanecer como um nada, ou um existir fora do ordenamento. Talvez mais acertado seria dizer: o que do fato, em sua integridade compositiva, entrou no tipo, pode ser suporte fáctico de norma. A hipótese da norma traça o tipo, o suporte fáctico é a contraparte tipificada da realidade, feita de relações intersubjetivas e demais *material vehicles* de fala P. Sorokin.

Suportes fácticos podem ser fatos físicos, condutas, atos jurídicos. Um acórdão, que é ato jurídico processual, decorrente de uma série de outros atos, em tipificada sucessão, pode ser suporte fáctico (se a sentença não é terminativa, mas com definitividade de coisa julgada) para legitimar a abertura do processo de execução, provocando a série de atos que compõem a relação processual entre juiz e partes, abrindo nova instância. A fraude a credores, com insolvência de credor quirografário, é fato jurídico que serve de pressuposto para a anulação, que leva à ineficácia *(o corte da causalidade normativa).*

Com isso, comprova-se o princípio da *relatividade do suporte fáctico,* tema da Teoria Geral do Direito.

---

sua admirável obra dogmática bem pouco se subordina a tais pressupostos (...)", p. 182, nota 7.

5. Nulidade em Kelsen

Segundo a tese de Kelsen, não é terminologicamente exato falar de lei inconstitucional nula, de lei ordinária nula e de sentença judicial nula, equiparando o termo nulo ao inexistente. A inexistência, como o não ser normativamente caracterizado, é insusceptível de predicação deôntica, digamos assim. Há, em rigor, anulabilidade, cujo método operatório o sistema articula. Há normas gerais ou individuadas, cuja validade é provisória, impugnáveis (*Anfechtbarkeit*). A validade não é uma qualidade absoluta: é um predicado relacional. Relação com outras normas (relações internormativas) e relações com o sistema.

O processo de geração de normas é sempre este: norma geratriz incidindo na subjetividade de um ato, cujo sentido objetivo (em virtude da norma incidente) é outra norma válida. Se ocorre defeituosidade no percurso procedimental, a norma gerada não nasce nula, na espécie do inexistente. É anulável, o que requer outro procedimento, normativamente estruturado, para desconstituir a norma impugnável. Por isso, o ato, em nível processual, não se caracteriza como ação *declaratória* negativa. Desse modo, a sentença definitiva de primeira instância, por contrariar a lei ordinária, ou regra constitucional, desconstitui-se via processual pelos tipos (*tipificação processual*) de recursos cabíveis. Se se dá trânsito em julgado, com coisa julgada formal, então (acrescentemos) cabe a ação rescisória. Se precluiu o cabimento, ainda cabe (referimo-nos ao nosso sistema) a ação de anulamento do processo, o que importa um processo sobre outro processo, para anulá-lo.[104]

Substancialmente, o mesmo ocorre com a norma inconstitucional que violar o processo de produção (o *Erzeugunsprozess)* de normas. A norma inconstitucional é válida, enquanto não desconstituída pelo órgão com competência para tal.

104. Pode dar-se em qualquer fase do processo, ora suspendendo-o, ora extinguindo-o. Se a nulidade não foi desconstituída, e fez- se coisa julgada formal, cabe ação rescisória. Ou, se preclusão houve, cabimento de ação de nulidade do processo. Abre a via de um processo sobre outro processo. V. Pontes de Miranda, Tratado da ação rescisória, vol. IV, p. 117-122.

Mesmo, normas *N* e não-*N*, contraditórias entre si, são ambas válidas, ***alternativamente aplicáveis*** aos atos administrativos, aos atos judiciais e aos próprios atos de legislação ordinária. Dizemos alternativamente, pois seria insolúvel o caso concreto com incidência de *N* e não-*N*. A inaplicabilidade simultânea não prejudica a simultânea validade.[105]

Descabe buscar o princípio lógico da não contradição para solucionar o conflito. Primeiro, a contraditoriedade é recíproca; segundo, a lógica mesma não dá um critério de decisão entre *N* e não-*N;* terceiro, o princípio lógico não é norma positiva (supraconstitucional, ou intraconstitucional, ou intrassistêmica) para desconstituir normas vigentes. A ele se vai, como auxiliar indispensável, no processo de hermenêutica, que prepara o ato de decisão. Normas (materialmente constitucionais) repartem competência a órgão, instituem a forma procedimental, ponente de normas e, até, o conteúdo mínimo inafastável, como requisito de validade.

6. Sobre Cossio e Schreier

Cremos poder distinguir três planos na investigação de H. Kelsen: *a)* sobre os temas dogmáticos, políticos, filosóficos

105. Parece-nos que na teoria dos conflitos de normas, Kelsen, Reine Rechtslehre, p. 71, mescla três sistemas, que seu agudo sendo lógico logo vem a superar. Temos o sistema lógico-formal S'; o sistema científico-dogmático S" e o sistema de normas jurídicas positivas S"'. Os dois primeiros falam sobre o terceiro: por isso são, respectivamente, metalinguagem formal e metalinguagem material. O conflito contraditório que ocorre em S"' não se desloca para S". Assim, afirmar, como são intrassistêmicos os enunciados "de acordo com S"' a norma N é válida" e "de acordo com S"' a norma não-*N* é válida". Estes dois enunciados são ambos verdadeiros, descrevendo uma situação objetiva de contraditoriedade de normas. E o sistema lógico S' não ingressa, no interior de S"' para invalidar *N* ou não-*N*. A contradição é uma relação simétrica. Qual o critério de decidibilidade? Mesmo, a lei formal-lógica não é norma. Confere estrutura consistente (ou quase consistente) ao sistema, mas não conta com suporte fáctico que, por incidência de norma positiva, se torne fato jurídico geratriz de norma lógica. Isso dar-se-ia com a positivação, que converteria enunciados descritivos em enunciados deônticos. Em Allgemeine Theorie der Normen (p. 168), Kelsen argumenta com acerto: se as normas não fossem ambas válidas, inexistiria conflito. Mais: a invalidação não é processo declaratório, mas desconstitutivo. Não validade é inexistência.

e sociológicos; *b)* sobre temas nitidamente de Teoria Geral do Direito; e c) outros que se alojam na lógica formal. Segundo Cossio, um dos mais profundos (e prolixos) filósofos argentinos, a teoria pura, em sentido amplo, compreenderia os dois primeiros itens, a teoria pura kelseniana, *stricto sensu,* reduz-se à lógica formal (clássica). É a parte que versa sobre estruturas das normas e estruturas do ordenamento em seu todo, como relação imputacional. Imputação é o nexo deôntico que domina as partes e o todo. É a teoria do sistema como totalidade escalonada em níveis de validade. Em "A deve ser *B*" não há juízo predicativo. Há uma relação formal. A norma completa é bimembre: duas proposições, uma endonorma, disjuntivamente ligada a uma perinorma (denominações que correspondem, aquela, à norma primária, e esta à norma secundária de Kelsen). A teoria egológica pretende recuperar a autêntica teoria pura do direito pela via fenomenológica.[106]

Já antes, F. Schreier incluía a teoria pura no âmbito da lógica formal. Um dos conceitos fundamentais é o de fato jurídico. Mas o *A* não diz que pressuposto dele é a norma jurídica. Creio que, em nível lógico, o fato é extraformal. Formal é a hipótese e a consequência, coordenadas por relações. A ênfase lógica de Schreier recai na relação. O suporte de sua argumentação é a teoria de Hurssel, sobre o todo e suas partes. Com essa base, faz uma tipologia dos fatos jurídicos. O nexo entre hipótese e consequência é a causalidade jurídica, diversa da causalidade natural. Schreier acertaria mais se formulasse o específico, cuja forma abstrata seria "Dever-ser a implicação de *H* para C".[107] Não se encontram no mesmo nível "fato jurídico" e "hipótese" ou "pressuposto". Como E. Gass anota. "Ursache" e "Wirkung" estão num plano; noutro, acham-se "Grund" e "rechtsfolge". Há, sim, relação de correspondência: o suporte fático, correspondente ao "juristische Voraussetzung" torna-se fato jurídico. O mesmo dir-se-á da consequência e eficácia:

106. V. Cossio, La teoría egológica del derecho, 1964, p. 360-365.

107. O exposto sobre o penetrante, em argumentação, do livro de Schreier é *concepto y formas fundamentales del derecho,* Capítulos IX, X, XI e XII, 1942.

nível lógico-normativo e nível factual. Parece excessivo dizer, como Schreier, que: "(...) a transformação ou extinção do fato natural não exercem nenhuma influência nas consequências jurídicas" (p. 146). Exercem, sim, se norma jurídica tomou essa mutação do fato como suporte de uma relação de causalidade, conferindo-lhe eficácia (relação jurídica). Está certo dizer que logicamente o legislador é livre no estatuir relações de causalidades entre fatos físicos e sociais; mas, *sociologicamente,* é limitado: move-se dentro de uma textura de relações intersubjetivas, espessamentos de interações que demarcam o contorno de possibilidades combinatórias desse legislador. Há que contar com o mundo exterior, para alterá-lo, diria Ortega y Gasset *(Ensimesmamento y alteración).*

7. Invalidade de lei

A invalidade pode alcançar normas de diversas espécies: leis constitucionais de emenda à constituição (conflitos intraconstitucionais *in thesis),* leis complementares à Constituição, leis ordinárias e outros atos geradores de normas (atos normativos), e atos em execução de normas. Há fatos geradores de normas que tomam denominações de medidas provisórias (em nível de validade das leis ordinárias), resoluções, decretos legislativos. Ao nosso tema interessa a invalidade por inconstitucionalidade, entre normas de nível constitucional. Interessa-nos em tese, por isso que não trabalhamos "com a Constituição à mão".

Há, na Constituição, dois tipos de processos de geração de normas. Um processo dedicado às normas constitucionais, e outro disciplinando a construção de leis ordinárias e outras normas. Se há um *iter* procedimental, isso importa dizer que há suportes fácticos – os atos de legislar – que devem revestir a forma procedimental: o processo (seja ele meramente procedimental, seja, ainda, o processual – judicial) é uma *série ordenada de atos jurídicos tipificados.* Desviantes dos tipos, são abertos à invalidação. Assim, a norma constitucional pode incorrer em invalidade por infringência procedimental (convocatória do órgão em *função revisora de constituinte de segundo grau*, quórum, quebra da série ordenada de atos). Dá-se, então, a inconstitucionalidade formal, por desvio da *forma-tipo*.

Mas a Constituição que, em seu todo, coloca-se em nível mais alto de validade (todas as normas contidas na Constituição são formalmente constitucionais) tem, ela mesma, uma *hierarquia interna de níveis de validade*. O constituinte originário pode demarcar uma zona normativa insusceptível de alteração pelo órgão em função constituinte de segundo grau. Essa fração de normas imodificáveis é a expressão da valoração ética, política e social, pressuposto axiológico do ato constituinte originário. A norma constitucional que satisfaz a tipologia procedimental e infringe o *núcleo fixo de* normas incorre em *inconstitucionalidade material*. *Não é a* lógica que estabelece essa estratificação. É a *decisão valorativa do constituinte originário*. A aplicação da lógica, nesse conflito de contraditoriedade ou de contrariedade, vem depois. Não é por *derivação lógico-formal* que uma norma provém de outra. Ocupar a ponência de norma mais alta em validade no sistema constitucional é *ato extralógico: é ato-de-valoração e ato-de-decisão*.

Mas a norma, inconstitucional por desvio de forma processual, ou por conflito material, encontra na sintaxe do sistema as regras que impedem sua incidência nos fatos, desqualificando-os como fatos jurídicos.

8. Invalidade e nulidade

A invalidade atinge não somente a norma jurídica, como o fato jurídico que corresponde ao seu esquema estrutural. Sem o referencial da norma, o fato nem é válido, nem inválido. Mais, sem o fato conter elemento de vontade ou inserir-se numa relação intersubjetiva, é inexistente para o sistema. Existe para outros sistemas (físico, biológico). O desvio do curso de um rio é fato geográfico. Se produz efeitos físicos para duas propriedades contíguas, tais efeitos se tornam suportes fácticos de relações jurídicas reais (de servidão, por exemplo).

A validade advém se passa a pressuposto de eficácia, onde forma relações jurídicas.

Mas nem todos os atos são válidos. Válida é a norma, por cuja incidência o ato juridiciza-se. Donde a necessidade de o sistema criar *tipos de validade* e *tipos de invalidade*. A espécie mais grave de invalidade de atos é a nulidade.

Vê-se, essa tipificação na área da validade, recortando subclasse do válido e subclasse do não válido é indispensável critério para orientar normativamente as condutas em suas recíprocas interações. Há, em nosso direito positivo, três subclasses de invalidade: *a)* atos nulos, *b)* atos anuláveis e *c)* atos ilícitos, em decrescente gradação (respectivamente nos arts. 145, 147 e 159, excetuados deste os casos do art. 160) [arts. 166, 172 a 177 e 927, excetuados deste os casos do art. 188 do CC/02]. A validade total de um ato depende de norma válida e de ato conforme a norma válida. O pressuposto, ou hipótese da norma, prefixa o que, do fato total, é dado relevante. Se o dado de fato preenche a configuração típica, temos o *Tatbestandmassigkeit,* a correspondência fáctica ao pressuposto. Para que o ato se qualifique de licitude ou de ilicitude é necessária a conformidade ao tipo. *Sua projeção eficacial, ligada pela causalidade normativa, depende desse ser conforme ao típico.*

Esse é um problema para a Teoria Geral do Direito. Não é só pertinente ao direito civil, comercial, trabalhista, administrativo ou processual, ou ao direito constitucional. Muito embora cada subcampo do direito positivo ofereça suas peculiaridades. Sobre elas, ergue-se uma teoria geral da licitude e da ilicitude, da juridicidade positiva e da antijuridicidade. A teoria geral sem o apoio do sistema positivo resvala no perigo da abstração sem compromissos empíricos. É por meio das ciências dogmáticas particulares que se alcança a positividade do direito e o *núcleo de generalidade como inerência comum diferenciada nas espécies.*

Alcança-se o nível da Teoria Geral do Direito não por *formalização,* mas mediante a *generalização empírica.* Obtêm-se *conceitos gerais,* ou categorias com referencial empírico, não, porém, *conceitos formais.* Não é uma sobrelinguagem formalizada, mas uma linguagem no mesmo nível da linguagem da ciência jurídico-dogmática.

9. Limites da tipificação

Já dissemos que a tipificação recorta a totalidade normativamente homogênea do conjunto em tipos de licitude e tipos de ilicitude. Antijuridicidade difere de não juridicidade, pois esta denota o juridicamente indiferente, os fatos que estão fora da relação de causalidade normativa: não ingressa como contraparte: de pressupostos ou hipóteses fácticas, ou de consequências eficaciais.

Mas se os tipos permanecessem como esquemas, num plano de gêneros, espécies e subespécies, esse plano seria abstrato, relativamente à realidade heterogênea das interações sociais da conduta. O caráter conceptual da tipificação contrasta com a concrescência do real. O tipo, para diferenciar-se de outro tipo, tem um núcleo conotativo firme, com uma área de aplicação definida. Mas um conceito-tipo, tecnicamente convencionado, não deixa de contar com um contorno de notas vagas, indeterminadas, que perfaz um campo aberto à individuação. Não há conceitos isoladamente; há-os dentro de feixes conceptuais, cujas notas se misturam por relações formais e extraformais. São os denominados tipos abertos, flexíveis, com gradações diversas. Uns mais fixos, outros, até infixos, dependendo do ramo do direito, se privado ou público. Mais determinados no Direito Penal, no Direito Tributário e no Direito Processual. Com maior delimitação conotativa no direito civil que no Direito do Trabalho.[108]

---

108. No livro de G. R. Carrió, Notas sobre derecho y lenguaje, observa ele que o número de casos é inexaustivo e não se pode incluir ou excluir todos. Daí advêm os conceitos flexíveis, indeterminados. Na textura aberta, o termo T vê-se colocado em

Quando dizemos (com Kelsen) que o direito é sistema autônomo, dotado de autoprodução (*Selbsterzeugunsprozess*), não suprimimos o suporte fáctico (sociocultural) do sistema. Os tipos não são configurações arbitrárias das fontes intrassistêmicas (fontes formais). Em sua maior parte, dimanam da experiência social, que é uma textura de relações intersubjetivas. Neste é que se formam os contratos e os demais atos jurídicos: a compra e venda, a compensação, o penhor, o mútuo, a novação, a cessão de obrigações, a representação. E as instituições (família, associações e sociedades, tipologicamente diferenciadas). A politização do Poder é um processo em dialética reciprocidade de *dominação preponderante e normatividade.* A convalidação do Poder é *retroefeito da norma que ele põe.*

A hipótese-limite de uma só norma dá-lhe competência, ainda que aberta (discricionária). É a hipótese-limite de um sistema unitário: quer dizer unimembre, de um só elemento (conjunto unitário). O sistema jurídico é aberto aos suportes fácticos, que nele ingressam, muitas vezes, já normativamente configurados sobre os quais retro-operam as regras sintáticas do próprio sistema, que os recolhem como dados da experiência, e os reformam ou transformam: é assim como o direito do costume se faz direito dos códigos.

10. Correspondência ao tipo

No art. 81 do Código Civil [artigo sem correspondência no CC/2002] está configurado o tipo geral de ato jurídico. É o fato, na espécie de ato voluntário, que é lícito e tem por fim imediato adquirir, resguardar, transferir, modificar ou extinguir direitos. Nos artigos seguintes preceituam-se os requisitos de validade: capacidade do agente, objeto lícito (e juridicamente possível), forma prescrita ou não defesa em lei. Este art. 81, definiente do ato jurídico lícito, completa-se com a remissão

contextos K', K", K"'. Donde a polissemia e áreas de indeterminação normativa (op. cit., p. 36).

aos arts. 129, 130 e 145 [informação de acordo com o conteúdo do CC/16]. De sorte que o *fato-ato* que corresponde ao *tipo normativo* (diferente de *tipo descritivo*, que se faz em nível de *conhecimento dogmático*, em sobrenível de linguagem, pois) é espécie de fato jurídico, do qual se pode predicar validade. De puros fatos físicos não se fazem juízos jurídicos de validade. Sim, quando eles se acham inseridos em *relações intersubjetivas, normativamente qualificadas*. A conformidade ao tipo é que dá lugar a incidência (a *Tatbestandmassigkeit*. O fato é suporte (*support, Bestand*), a porção de realidade que sustenta a incidência do tipo.[109] No plano do real, o ato tem propriedades; no plano da linguagem da norma tipificadora, temos requisitos de validade.

Por isso, só há déficit ou incompletude se, em relação aos elementos necessários ao tipo normativo, o *fato-ato* (não estamos a falar sobre o *ato-fato*) carece de um ou mais de um deles. Dar-se-ia uma desconformidade não pelo excesso (*Unmassigkeit*), mas pela carência ou deficiência, e a desconformidade proviria disso.

Tomamos a tese da tipificação (K. Engisch) e a aplicamos ao ato jurídico nulo. Nulo é predicado de validade que se aplica ao ato jurídico. É a antilicitude, a antijuridicidade como o não lícito, mas juridicamente intrassistêmico. Se assim é, tem razão Pontes de Miranda quando recusa energicamente tomar o ato nulo como o *inexistente para o sistema*, o fato extrassistêmico, dizemos. O ato jurídico nulo pode, ainda que excepcionalmente, produzir efeitos: do fato-ato inexistente não decorre eficácia, que é uma relação jurídica. Que é intrassistêmica. Seria, o que está fora do sistema, estar ao mesmo tempo dentro dele. A causalidade do existente, fora do ordenamento,

---

109. Na linha de Pontes de Miranda, mas com autonomia de construção, Marcos Bernardes de Melo continua sua Teoria geral do fato jurídico, agora em outro volume, abordando o tema da validade. Sobre validade e inexistência, p. 43-52 e 57-60. Apresenta a nulidade e a anulabilidade como graus de ilicitude. O nulo é existente: a via processual coloca-o na inexistência, onde já não se pode falar de eficacidade, em sentido dogmático. Exploramos aqui o tema da nulidade sob o ponto de vista da causalidade jurídica.

está submetida ou à causalidade física, biológica ou psicológica, *que não se tornaram suporte fáctico de causalidade jurídica.* Pois a causalidade extranormativa pode servir de suporte fáctico à causalidade jurídico-penal e, quase sempre, é indispensável para a relação normativa de imputabilidade.[110] As denominadas causas excludentes de punibilidade excluem a causalidade natural: corta-lhes a sanção punitiva, como ato de coação, penalmente tipificada. Não se disse que os tipos na norma penal inflexível são rígidos. Eles fletem, dobram-se aos juízos-de-valor que o caso concreto exige. O princípio normativo "nenhum ato é crime sem lei e sanção prévias" é norma na espécie de norma-lei, norma que é de direito penal e num regime democrático seguro, norma constitucionalizada. Isso impede a retroincidência e a retroeficacidade, na espécie de retroatividade. Salvo se for para reduzir ou extinguir efeitos que favoreçam o agente.

11. Ainda sobre a correspondência ao tipo

O suporte fáctico para ingressar como ato jurídico nulo precisa conter *elementos* que correspondam às *notas* que perfazem o tipo normativo do nulo. As notas, cada uma de per si, são *suficientes* para invalidação do ato. Basta a incapacidade, ou a impossibilidade do objeto, ou sua ilicitude, ou infringência de forma, ou falta de solenidade, para invalidar o ato jurídico e *suprimir ou suspender a causalidade que levaria à eficácia.* Não é preciso, pois, que o fato jurídico seja preenchente da *conotação,* que é, logicamente, *disjuntiva e bastante,* como causa de nulidade. Não falemos de outros tipos que a lei taxativamente (sem ampliação analógica) declara como nulos os atos que os implementem.

---

110. Que não coincidem causalidade natural e causalidade jurídica mostra-o F. Antolisei; toca no tema da omissão, do ângulo naturalístico, o omitir conduta não é causa do efeito (resultado). Na omissão, juridicamente causal, existe o dever jurídico de impedir o resultado. A omissão não é ato neutro: é normativamente qualificado e típico. V. Il rapporto di causalità nel diritto penale, 1960, p. 140 et seq.

Quando Pontes, nas diversas análises de sua obra,[111] fala em suportes fácticos *deficitários*, que entram no ordenamento (e são jogados no plano da inexistência, pela via processual), interpretamos assim: os atos nulos são de *suporte fáctico suficiente em referência à norma de nulidade;* satisfazem um, ou alguns, ou todos os requisitos conotativos do tipo. Analogamente, se passa com o fato punível ante a tipicidade antijurídica. Da antijuridicidade total, o tipo recorta o penalmente sancionável. Nesse aspecto lógico-normativo, o delito não infringe a hipótese. As propriedades do ato delitivo correspondem à conotação da hipótese. E a causalidade natural só é juridicamente relevante se for suporte fáctico da causalidade especificamente normativa. Logicamente, é implicação: "deve ser: se *H*, então C" ou "D ($H \rightarrow$ C)". Logicamente, o esquema está incompleto. A norma penal não é um imperativo de fazer ou não fazer. É como *aplicação*, para os órgãos do Estado. Não, dirigidas aos súditos. A infração é da norma, *implícita na norma penal*, mas explícita em todas as regras protetivas de *bens jurídicos*, os mais altos na valoração social, que se consagram em normas constitucionais e em normas-leis ordinárias. É *bem jurídico* pessoa, conduta ou coisa, a qual se toma como suporte de valiosidade juridicamente protegida.

Assim, o ato jurídico nulo é preenchente do tipo da nulidade. O ato anulável ou o ilícito (causa de reparação do dano) nele não ingressam. *Só em face do ato lícito, ele é carecente, como déficit em conotação de validade.* Simetricamente, são contratipos, um do outro. Mas, assim mesmo, algo mínimo do nulo produz eficácia. Casamento nulo de que veio gravidez, o art. 215 do Código Civil [art. 1.551 do CC/2002] suspende a ineficácia total. Se um elemento fáctico entra na causalidade normativa e, por si só, produz eficácia (casamento com impedimento de parentesco ineliminável), E. Betti o tem como *fattispecie:* desprende-se do *plexus* do ato, mas continua fato intrassistêmico. A tipificação do nulo, quer nas leis, quer em

111. A construção científico-dogmática de Pontes de Miranda (*Tratado de direito privado*) foi o suporte teorético deste ensaio.

atos, se faz em nível de normas constitucionais, ou de leis ordinárias. Tal é a desvaliosidade do nulo.

12. A continuidade do heterogêneo

A causalidade normativa é uma relação de pressuposto ou hipótese para consequente eficacial. Pode, como dissemos, ter por base causalidade natural (física, biológica, psicológica) ou causalidade sociocultural (Maciver, Sorokin). Mas, ainda que essa causalidade sirva de suporte fáctico, sobre ela o sistema normativo é que tece aquela estrutura relacional de implicação, em termos reciprocamente referidos (Ernest Gass).[112] São dois planos: a *causa (Ursache)* e *efeito* (*Wirkung*), e outro, pressuposto básico (*Grund*) e consequência (*Rechtsfolge*). Mas, ainda que a causalidade normativa se construa com independência de suporte fáctico natural, a norma é posta para realizar-se. Realizar-se, efetivar-se, nas relações intersubjetivas, não se dá contra a causalidade natural ou social.[113] Direitos e obrigações, pretensões e deveres, tendo por objeto *objetos fisicamente impossíveis,* representam eficacidade inviável, sem vias de concretização no curso dos fatos. Mas o ato, em que se incluiu o fisicamente impossível, existe, como nulo.

Uma relação implicacional de causalidade normativa é, em seu todo, uma tipificação do processo social em seu instável modo de ser. São pontos de apoio no suceder histórico-social, que ofertam previsibilidade de ocorrências uniformes, a reiteração de condutas que satisfazem expectativas, base da segurança e da ordem. Um poder sem normas, anômico, qualquer órgão do poder político sem pautas *(patterns of behaviour)*, detém o máximo despótico. Como realidade social, impossível.

---

112. Ernest Gass, Versache, *Grund u. Bedingung in Rechtsgeschehen,* 1960, p. 40-59.

113. R. Maurach pondera que o conceito de causa, próprio do direito penal, não pertence à ciência natural. Ser agente não equivale a ser autor da punibilidade do ato. V. Derecho penal, v. 1, 1962, p. 224.
H. Welsel, por sua vez, não vê na relação causal um nexo lógico, mas legal. Mas retorna ao naturalismo, de certo modo, porque acrescenta que não há uma causalidade jurídica especial. Há um "conceito ontológico" comum. V. Derecho penal, 1956, p. 45, 48 e 49.

O devenir histórico-social é uma fluência: aqui, com estabilidade; ali com infixidez. Num ponto, as interações se adelgaçam em precárias e transitórias porções, de inter-relações efêmeras; noutro ponto, condensam-se em coalescências, cujo processo dá lugar às estruturas (situações jurídicas, instituições, formas duradouras de relações recíprocas (G. Simmel).

O direito é um sistema com um *quantum* de estabilização e um *quantum* de mudança. Essa, a sua eficácia sociológica. Eficácia extrassistêmica. Estabilizador e alterador da realidade social: são funções que requerem relações intersistêmicas. A juridicização e a desjuridicização de fatos exprimem o *input/output* de um sistema autonômico, que tem, na sua gramática (sintaxe) interna, o mecanismo regulador do equilíbrio. Sempre a desfazer-se e a recompor-se.

A realidade histórico-social é uma heterogeneidade contínua. As porções discretas que os sistemas fazem são cortes temáticos, conceptualmente elaborados, para separar o homogêneo, sem cortar a inter-relacionalidade. O objeto de um sistema não é substância, mas um ponto de interseção de relações. Essa é a ontologia subjacente em todas as páginas deste livro.

13. Ainda o suporte fáctico

O sistema de normas traça o círculo (conjunto) de juridicidade positiva e negativa, em recíproca complementariedade. Os fatos (físicos e sociais) ou se acham fora dele, ou no seu interior. Aqueles têm existência não juridicamente qualificada (Cammarata) e, por isso, não são suportes fácticos. A ideia de "suporte" implica a de algo superposto. O suporte está em nível sotoposto, como sustentáculo. O que se lhe superpõe é a norma, com sua incidência, marcando-o e demarcando-o. Assim, o fato, que denomina "suporte fáctico", é intrassistêmico. Se for fato extrassistêmico, *eo ipso,* não é suporte de incidências. Só assim se compreende que o ato jurídico possa entrar "como elemento de suporte fáctico", e a "capacidade delitual" insere-se como elemento de suporte fáctico do tipo penal. Na hipótese da norma está a fração de antijuridicidade tipificada.

Queremos dizer: o suporte fáctico só é tal porque uma norma *N* nele incide, tornando-o fato jurídico. O fato jurídico *F* que, num ponto (temporal e lógico), é fato jurídico, noutro funciona como suporte fáctico de uma ou múltiplas incidências. Assim, o conceito de suporte fáctico é um *conceito operativo,* com função instrumental para interpretar o material jurídico positivo. Suporte fáctico e fato jurídico podem ter o mesmo referente, em posições lógico-normativas distintas. Ambos são conceitos jurídicos fundamentais, que se alojam na Teoria Geral do Direito. E, por isso, são indispensáveis a qualquer ramo da Ciência do Direito.

Os conceitos de existência e de inexistência, que o conhecimento jurídico usa, são com referência a normas. A norma é sempre o *pressuposto da experiência especificamente jurídica,* mostra-o Norberto Bobbio.[114] Separar os planos da *existência,* da *validade* e da *eficacidade* é acertado epistemologicamente e metodologicamente. Mas, na textura do real, o ser e o não ser são relevantes porque se predicam como qualificados em juízos-de-validade. A correspondência entre os elementos do fato e as notas do tipo (prefiguradas na hipótese da norma) não é de neutra conformidade ou desconformidade, mas de simultânea e inevitável valoração, nas espécies de licitude ou ilicitude. *O que é logicamente separável, onticamente é interconexo.*

Temos trabalhado, em todo este livro, com a consciência alerta para a substancial diferença na conceptuação de validade e eficacidade, em Kelsen e em Pontes de Miranda: duas correntes que aqui confluem, procurando o autor o difícil equilíbrio. O positivismo normativo aproxima-os. O positivismo lógico de Pontes afasta-os. Mas, como logo advertimos, esse logicismo positivista não perturba a *homogeneidade dogmática* de sua profunda e extensa obra, produto de setenta anos de inexcedível dedicação.

---

114. Norberto Bobbio, *Studi sulla teoria generale del diritto*, 1945, p. 45.

BIBLIOGRAFIA

ALCHOURRÓN & BULYGIN. *Introducción a la metodología de las ciencias jurídicas y sociales. 1974.*

ALLARA, M. *La fattispecie estintive del rapporto obbligatorio.* Corso di diritto civile. 1952.

ALVIM, *A. Código de Processo Civil comentado, v. 1.*

_______. *Direito processual civil*; teoria geral. 1972. 2 v.

AMATO, *N. Logica simbolica e diritto. 1969.*

ANDRADE, M. A. D. *Teoria geral da relação jurídica. 1974. 2 v.*

ANTOLISEI, F. *Il rapporto di causalità nel diritto penale. 1960.*

ANZILOTTI, D. *Cours de droit international. 1929.*

ARNAUD, A. J. *Critique de la raison juridique. 1981.*

ASCENSÃO, J. O. *O direito:* introdução e teoria geral. 1977.

ATALIBA, G. *Hipótese de incidência tributária. 1973.*

BANDEIRA DE MELLO, C. A. *Apontamentos sobre os agentes e órgãos públicos. 1984.*

_______. *Ato administrativo e direitos dos administrados.* 1984.

BANDEIRA DE MELLO, O. A. Princípios gerais de direito administrativo. *1969/1974. 2 v.*

BARACHO, J. A. O. *Teoria da Constituição.* 1979.

BATIFFOL, H. *Aspects philosophiques du droit international privé. 1956.*

BATISTA MACHADO, J. Âmbito de eficácia e âmbito de competência das leis. *1970.*

BECKER, A. A. *Teoria geral do direito tributário. 1972.*

BELAID. S. *Essai sur le pouvoir créateur et normatif du juge.* 1974.

BERNARDO DE MELLO, M. *Contribuição à teoria do fato jurídico. 1982.*

BETTI, E. *Teoría general del negocio jurídico.* Madrid, s/d.

BEVILÁQUA, C. *Código Civil* (comentado). 1939. 6 v.

______. *Direito das obrigações. 1936.*

______. *Teoria geral do direito civil. 1929.*

BLANCHÉ, R. *Introduction à la logique contemporaine. 1957.*

BOBBIO, N. *Studi sulla teoria generale del diritto.* 1955.

______. *Teoria della norma giuridica.*

______. *Teoria dell'ordinamento giuridico.*

BOCHENS KI-MENNE. *Grundriss der Logistik.* 1965.

BONAVIDES, P. *Ciência política.* 1967.

BRUNO, A. *Direito penal.* 1956, t. 1 e 2.

BULOW, O. von. *Excepciones procesales y presupuestos procesales.* 1964.

BURDEAU, G. *Traité de science politique.* v. 1 e 3. 1949/1953.

CALAMANDREI, P. Appunti sulla sentenza come fatto giuridico. *Rivista di Diritto Processuale Civile.*

CAMMARATA, A. E. *Formalismo e sapere giuridico.* 1963.

CAMPOS BATALHA, W. S. *Teoria geral do direito.* 1982.

______. *Tratado elementar de direito internacional privado.* 1961. 2 v.

CAMPOS, Bidart. *Derecho constitucional.* 1966. 2 v.

CARCATERRA, G. *Il problema delia fallacia naturalistica.* 1969.

CARIOTA FERRARA, L. *El negocio jurídico.* 1956.

CARNELUTTI, F. *Teoría general del derecho.* 3. ed., 1955.

CARRIÓ, G. R. *Sobre los límites del lenguaje normativo.* 1973.

CARVALHO DE MENDONÇA, M. I. *Doutrina e prática das obrigações.* 1956. 2 v.

CARVALHO, Paulo de Barros. *Teoria da norma tributária.* 1974.

CASTANHEIRA NEVES, A. *O problema metodológico da juridicidade. 1967.*

CASTRO NUNES. *Teoria e prática do Poder Judiciário.* 1943.

CASTRO, Torquato. *Da causa no contrato.* 1947.

CAVALCANTI, J. P. *Direito civil* (escritos diversos). 1983.

CAVALEIRO DE FERREIRA, M. *Direito penal português.* 1981/ 1982. 2 v.

CERETTI, C. *Corso di diritto costituzionale italiano.* 2. ed. s/d.

CHIOVENDA, G. *Instituciones de derecho procesal civil. 1954.* 3 v.

CICALA, F. *Il rapporto giuridico. 1959.*

COELHO, L. F. *Lógica jurídica e interpretação das leis.* 1979.

COHEN, M. & NAGEL, E. *Logic and scientific method.* 1951.

CONTE, Amedeo. *À propos des lacunes du droit.* Études de logique juridique. 1966. v. 1.

COPI, I. M. *Symbolic logic.*

CORREIA DE OLIVEIRA, L. *A dupla crise da pessoa jurídica.* 1979.

COSSIO, Carlos. *La teoría egológica del derecho. 1964.*

_______. *Teoría de la verdad jurídica.* 1954.

COSTA, N. C. A. *Os fundamentos da lógica.* 1979.

COVIELLO, N. *Doctrina general del derecho civil. 1949.*

CRETELLA JÚNIOR, J. *Tratado de direito administrativo.* 1967.

CROSA, E. *Corso di diritto costituzionale; parte 1.* s/d.

CUETO RUA, J. *El common law.* 1957.

DABIN, Jean. *Le droit subjectif.* 1952.

DEAÑO, Alfredo. *Las concepciones de la lógica. 1980.*

DEMPF, A. *Filosofía de la cultura. 1933.*

DIAZ, Elias. *Sociología y filosofía del derecho. 1974.*

DINIZ, M. Helena. *As lacunas no direito.* 1981.

______. *Conceito de norma jurídica como problema de essência*. 1976.

DUGUIT, L. *Traité de droit constitutionnel. 1930. 4 v.*

EATON, R. M. *General logic*. 1959.

EDUARDO FARIA, J. *Sociologia jurídica*. 1984.

EHRLICH, E. *Fundamental principles of the sociology of law*. 1936.

ENGISCH, K. *Die Idee der Konkretisierung in Recht u. Rechtswissenschaft unserer Zeit. 1953.*

______. *Einfuerung in das juristische* Denken. 1956.

______. *Von Weltbild des Juristen. 1965.*

ENNECCERUS & NIPPERDEY. *Tratado de derecho civil*. 1953. v. 1 e 2.

ESPÍNOLA, E. *Sistema do direito civil brasileiro. 1944. v. 2, t. 1 e 2.*

______; ESPÍNOLA FILHO, E. *Tratado de direito civil brasileiro*. 1941. v. 9 e 10.

FALZEA, A. *Voci di teoria generale del diritto*. 1978.

FARRELL, M. D. *Cuestiones de filosofia y derecho*. 1977.

______. *Hacia un critério empírico de validez*. 1972.

FERRAJOLI, L. *Teoria assiomatizzata del diritto. 1970.*

FERRARA, F. *Trattato di diritto civile italiano*. 1921.

FERRAZ SAMPAIO, T. *Conceito de sistema no direito*. 1976.

______. *Teoria da norma jurídica*. 1978.

FERREIRA, L. P. *Da Constituição*. 1946.

FLEINER, F. *Instituciones de derecho administrativo*. 1933.

FORSTHOFF, E. *Tratado de derecho administrativo*. 1958.

GARDIOL, A. A. *Introducción a una teoría general del derecho*. 1975.

GAVAZZI, G. *Norme primarie e norme secondarie*. 1967.

GOLDSCHMIDT, Werner. *lntroducción al derecho*. Buenos Aires. 1967.

GOMES, Orlando. *Introdução ao direito civil. 1977.*

GRECO, M. Aurélio. *Teoria da norma tributária.* Norma jurídica tributária. 1974.

GURVITCH, G. *Le temps présent et l'idée du droit social.* 1932.

______. Sociology of law. *1942.*

HART, H. L. A. *The concept of law*. 1961.

HEGENBERG, L. *Lógica* — o cálculo de predicados. *1973.*

HELLER, H. *Staatslehre. 1934.*

HERNANDEZ GIL, *A. Metodología de la ciencia del derecho. 1973. 3 v.*

HODGES, H. A. *The philosophy of Wilhelm Dilthey.*

HOHFELD, W. N. *Concetti giuridici fondamentali. 1969.*

HOROVITZ, J. *Law and logic. 1972.*

HUSSERL, E. *Recherches logiques.* 1969. 4 v.

JELLINEK, G. *Allgemeine Staatslehre. 1960.*

______. *System der subjektiven oeffentlichen Recht.* 1963.

JÈZE, G. *Principios generales del derecho administrativo.* 1949/ 1950. 7 v.

KALINOWSKI, G. Études de Logique.

KAUFMANN, F. *Logi und Rechtswissenschaft.* 1966.

______. *Methodology of the social sciences.* 1944.

KELSEN, H. *Allgemeine Staatslehre.* 1966.

______. *Allgemeine Theorie der Normen.* 1979.

______. *Der soziologische u. der juristische Staatsbegriff.* 1928.

______. *General theory of law and State.* 1945.

______. *Hauptprobleme der Staatsrechtslehre.* 1960.

______. *Principles of international law.* 1956.

______. *Reine Rechtslehre.* 1960.

______. *The law as a specific social technique. What is justice?* 1957.

KLUG, U. *Juristische Logik.* 1966.

KORKOUNOV, N. M. *Cours de théorie générale du droit.* 1903.

LAER, R H. van. *Philosophic-scientific problems.* 1953.

LANGER, S. K. *An introduction to symbolic logic.* 1953.

LEGAZ Y LACAMBRA. *Filosofía del derecho*. 1972.

LEVI, A. *Teoria generale del diritto. 1953.*

LEWIS, C. I. A survey of symbolic logic. 1960.

LEWIS & LANGFORD. *Symbolic logic.*

LIEBMAN, T. *Efficacia ed autorità della sentenza. 1962.*

______. *Processo de execução*. 1946.

LOPES MEIRELLES, H. *Direito administrativo brasileiro*. 1966.

LUHMANN N. *Sistema giuridico e dogmatica giuridica*. 1978.

MALBERG, C. de. *Teoría general del Estado*. 1948.

MARGENAU, H. *The nature of physical reality*. 1950.

MARQUES, F. *Instituições de direito processual civil*. 1960. 5 v.

MAURACH, R. *Tratado de derecho penal. 1962. 2 v.*

MAYNEZ, E. G. *Filosofia del derecho. 1974.*

______. *Lógica del juicio jurídico. 1955.*

MENDONÇA LIMA, A. *Comentários ao Código de Processo Civil*. 1979. v. 6, 2 t.

MENEZES, D. *Filosofia do direito. 1975.*

______. *O problema da realidade objetiva. 1972.*

MENNE, A. *Einfuerhrung in die Logik. 1966.*

MERKEL, A. *Enciclopedia jurídica. 1924.*

MERKL, A. *Teoría general del derecho administrativo*. 1975.

MEZGER, E. *Tratado de derecho penal. 1955. 2 v.*

MORAIS FILHO, E. *O problema de uma sociologia do direito*. 1950.

MORELLI, G. *Nozione di diritto internazionale*. 1951.

MORTARI, C. *Instituzioni di diritto pubblico*. 1967. 2 v.

MOTA PINTO, C. A. *Teoria geral do direito civil. 1976.*

NAEF, W. *Staat und staatsgedanke*. 1935.

NAWIASKI, H. *Allgemeine Rechtslehre*. 1948.

______. *Allgemeine Staatslehre*. 1945. v. 1.

OPALEK, K. *On the logical-semantic structure of directives*. Études de logique juridique. v. 4.

______. *Some problems of the theory of norms*. Études de logique juridique. 1969. v. 3.

PARESCE. *La dinamica dei diritto. 1975.*

PARSONS, T. *El sistema social*. 1966.

______. *The structure of social action*. 1966.

PATTARO. E. *Filosofía del derecho*. Ciência jurídica. 1980.

PECZENIK. A. *Empirical foundations of legal dogmatics*. Études de logique juridique. 1969. v. 3.

PEREIRA, C. M. S. *Instituições de direito civil*. 1976. v. 1.

PIAGET, J. *Traité de logique* – essai de logistique operatoire. *1949.*

PONTES DE MIRANDA. *Comentários à Constituição de 1946. 5 v.*

______. *Comentários ao Código de Processo Civil*. 1958. v. 1.

______. *Tratado das ações*. 1974. v. 1 e 5.

______. *Tratado de direito privado*. 1955. v. 1 e 6.

PRIOR, A. N. *Formal logic*. 1962.

______. *Logic and the basis of ethics. 1949.*

PUGLIATTI, S. *Diritto civile* – Il rapporto giuridico unisoggettivo. 1951.

RÁO, Vicente. *Ato jurídico*. 1961.

RASELLI, A. *Stude sulla potere discrezionale del giudice civile*. 1975.

RAZ, Joseph. *The concept of a legal system*. 1978.

REDENTI, E. *Derecho procesal civil*. 1957. 3 v.

REHBINDER, Manfred. *Sociologia del diritto.*

REICHENBACH, H. *Elements of symbolic logic*. 1948.

REINACH, A. *Zur Phaenomenologie des Rechts*. 1953.

REIS, J. Alberto dos. *Processo de execução*. 1954/1957. 2 v.

ROBLES, G. *Epistemología y derecho. 1982.*

ROCCO, Ugo. *Trattato di diritto processuale civile*. 1957. v. 1, 2 e 4.

ROSENBERG, L. *Tratado de derecho procesal civil*. 1955. 3 v.

ROSS, A. *Lógica de las normas*. 1971.

______. *On law and justice*. 1958.

______. *Theoriè de Rechtsquellen*. 1929.

ROUBIER, P. *Droits subjectifs et situations juridiques*. 1963.

______. *Le droit transitoire*. 1960.

______. *Théorie générale du droit*. 1946.

RUGGIERO, R. de. *Instituições de direito civil*. 1957. 3 v.

RUSSEL, B. *Human knowledge*.

______. *Our knowledge of external world*.

SACRISTAN LUZON, M. *Introducción a la* lógica *y al análisis formal*. 1964.

SALDANHA, N. *Formação da teoria constitucional*. 1983.

SANDER, F. *Rechtsdogmatik oder Theorie der Rechtserfahrung*. 1921.

SANTIAGO NINO, C. *Introducción al análisis del derecho*. 1980.

SANTI ROMANO. *L'ordinamento giuridico*. 1962.

______. *Lo Stato moderno e la sua crisi*. 1969.

______. *Principi di diritto costituzionale generale*. 1947.

SCHREIBER, R. *Die Geltung von Rechtsnormen*. 1966.

______. *Logik des Rechts. 1962*.

SCHREIER, Franz. *Concepto y formas fundamentales del derecho*. 1942.

SEABRA FAGUNDES, M. *O controle dos atos administrativos pelo Poder Judiciário*. 1957.

SERENI, A. P. *La rappresentanza nel diritto internazionale*. 1936.

SFORZA, W. C. *Filosofia del diritto*. 1955.

SOMLÓ, F. *Juristische Grundlehre*. 1927.

SOROKIN, P. *Society culture and personality:* their structure and dynamics. 1947.

______. *Sociocultural causality, space and time*. 1943.

SOUTO, C. Teoria *sociológica geral*. 1974.

SOUTO MAIOR BORGES, J. *Lançamento tributário*. Tratado de direito tributário brasileiro. 1981. v. 4.

______. *Obrigação tributária* (uma abordagem metodológica). 1984.

SOUSA SAMPAIO, N. *O processo legislativo*. 1968.

STAMMLER, R. *Theorie der Rechtswissenschaft*. 1970.

STEBBING, S. *A modern introduction to logic*. 1953.

STONE, J. *Legal system and lawyers' reasoning*. 1964.

TÁCITO, C. *Direito administrativo. 1975.*

TARELLO, G. *Diritto, enunciati, usi. 1974.*

TARSKI, A. *Introduction to logic and to the methodology of deductives sciences*. 1949.

THON, A. *Norma giuridica e diritto soggettivo*. 1951.

TRABUCCHI, A. *Istituzioni di diritto civile*. 1966.

TREVES, R. *Introduzione alla sociologia del diritto*. 1980.

TUHR, A. *von. Tratado de las obligaciones. 1934. 2 v.*

VANOSSI, J. R. A. *Teoria constitucional*. 1975/1976. 2 v.

VASCONCELOS, A. *Teoria da norma jurídica*. 1978.

VERDROSS, A. *Derecho internacional público. 1955.*

VERNENGO, R. *Curso de teoría general del derecho*. 1976.

VILANOVA, J. M. *Elementos de filosofia del derecho*. 1977.

______. *Filosofía del derecho y fenomenología existencial*. 1973.

VILANOVA, L. As estruturas lógicas e o sistema do direito positivo. 1977.

______. *Lógica jurídica*. 1976.

______. Níveis de linguagem em Kelsen. *Revista Brasileira de Filosofia*, 32(125):3-42, 1982.

______. *Semiótica del deber ser.* 1° Congreso Internacional de *Filosofía del Derecho*. 1982. v. 2, p. 515-533.

______. *Teoria da norma fundamental*. Estudos em homenagem a Miguel Reale. 1977. p. 1-53.

______. *Teoria das formas sintáticas. 1968.*

______. *Teoria jurídica da revolução (comentários à margem de* Kelsen). As tendências atuais do direito público – estudos em homenagem a Afonso Arinos. 1976.

VIRALLY, M. *La pensée juridique*. 1960.

VISSCHER, Ch. de. *Théories et réalités en droit international publique*. 1965.

WARAT, L. A. *Mitos e teorias na interpretação da lei*. 1979.

______. *Semiótica y derecho*. 1972.

WEBER, Max. *Rechtssoziologie*. 1960 (Sociologische).

WEINBERGER, O. *Rechtslogik*. 1970.

WEYR, F. Natur u. Norm Allgemeine Betrachtungen ueber die Dignitaet wissenschaftlicher Erknnetnisobjekte. Beitraege zur Reinen Rechtslehre. Hans Kelsen-Institut. 1974. p. 533-545.

WRIGHT, G. H. von. *An essay in modal logic*. 1951.

______. *Logical studies*. 1957.

______. *Norm and action*. 1963.

______. *Un ensayo de lógica deóntica y la teoría general de la acción*. 1976.

WROBLEWSKI, J. *Meaning and truth in judicial decision*. 1979.

______. *Normativity of legal sciences*. Études de logique juridique. 1966. v. 1.

______. *Statements on the relation of conduct and norm*. Études de logique juridique. 1970, v. 4.

ZULETA PUCEIRO, E. *Paradigma dogmático y ciência del derecho*. 1981.